I0876487

Kohlhammer

Carsten Gennerich
Mirjam Zimmermann

Bibelwissen und Bibelverständnis bei Jugendlichen

Grundlegende Befunde – Theoriegeleitete Analysen – Bibeldidaktische Konsequenzen

Verlag W. Kohlhammer

1. Auflage 2020

Gesamtherstellung: W. Kohlhammer GmbH, Stuttgart

Print:
ISBN 978-3-17-038910-6

E-Book-Format:
pdf: ISBN 978-3-17-038911-3

Inhaltsverzeichnis

1. Einleitung und Problemstellung

„Was ich sehr vermisst habe, ist die Arbeit mit der Bibel, die eigentlich ‚Hauptwerkzeug' des Unterrichts sein sollte, wie die Formelsammlung in Mathematik oder das Wörterbuch in Englisch." (Kliemann & Rupp, 2000, S. 50)
„Sicherlich ist es wichtig, die Bibelgrundlagen zu beherrschen, aber zu bibeltreuer Unterricht rief bei mir eher Desinteresse hervor." (Kliemann & Rupp, 2000, S. 51)
„Und was ich wirklich schade finde ist, dass ich mich nach so vielen Religionsstunden kaum in der Bibel auskenne. Aber das ist wahrscheinlich auch vom Lehrer und vom Schüler selbst abhängig." (Kliemann & Rupp, 2000, S. 81)
„Während wir in den Klassen 1-7 sehr viel mit der Bibel gearbeitet haben, wurde der Unterricht in den späteren Klassen immer theoretischer und philosophischer. Dabei haben wir unser Bibelwissen weitgehend verloren." (Kliemann & Rupp, 2000, S. 71)
„Eigentlich hat mich das Fach immer interessiert, aber inhaltlich ist mindestens aus den ersten zehn Schuljahren nicht besonders viel hängengeblieben. Manchmal finde ich es fast bedenklich, wie wenig ich mich z. B. in der Bibel auskenne." (Kliemann & Rupp, 2000, S. 123)

Diese Statements von jungen Erwachsenen, die auf ihren Religionsunterricht zurückblicken und schreiben, wie sie die Arbeit mit der Bibel in ihrem Religionsunterricht erlebt haben, sollen am Anfang unserer Studie über Bibelwissen und Bibelverständnis bei Schülerinnen und Schülern der Jahrgangsstufen 5/6 und 10 stehen, die wir in Deutschland, England und Australien durchgeführt und ausgewertet haben. Wir wollten das Defizit aktueller empirischer Forschungen auf diesem Feld aufgreifen, um u. a. zu erkunden, von welcher Sozialisation mit der Bibel die Befragten berichten, welche Einstellung sie zur Bibel haben, wie stark das Interesse bzw. Desinteresse heutiger Schülerinnen und Schüler am Thema Bibel ist, in welcher Weise im Religionsunterricht mit der Bibel gearbeitet wurde und ob das Bibelwissen womöglich mit wachsendem Alter tatsächlich abnimmt. Antworten nicht nur auf diese Fragen werden in Darstellung und Auswertung unserer Studie in diesem Buch versucht.

Nach dieser bewusst knappen Hinführung geht es in Kapitel 2 darum, den Forschungsstand zu beschreiben. Dazu werden ausgewählte Untersuchungen zu Kindern bzw. Jugendlichen und deren Bibelwissen, Bibelverständnis sowie ihren Umgang mit der Bibel vorgestellt. Studien, die sich ausschließlich auf Erwachsene beziehen, werden nicht berücksichtigt (z. B. Beckmayer, 2018). Weitergeführt wird dieser Orientierungsteil durch die Vorstellung ausgewählter theoretischer Forschungszugänge zum Thema, die hermeneutisch und teilweise in Bezug auf die vorgestellten Studien den Zusammenhang von Bibelverständnis und Lebensstil, von Bibel und Gender, zur Frage nach der Wahrheit der Schrift und zur Konzeptualisierung persönlicher Bedeutsamkeit von biblischen Texten darstellen. Aus diesen Vorarbeiten heraus werden unter Kapitel 2.3 die Forschungsfragen der eigenen Studie formuliert.

Im folgenden Teil (Kapitel 3) wird die Methodik der Studie beschrieben, indem die Konzeption des Fragebogens erklärt und die Durchführung erläutert wird. An dieser Stelle wird auch die Zusammensetzung der Stichprobe (Alter, Geschlecht, Konfession, religiöse Ausrichtung, Werthaltungen u. a.) offengelegt.

Im vierten Kapitel werden die Ergebnisse der empirischen Befragung zu Lernorten, zu Vorstellungen und Einstellungen zur Bibel, biblischen Lieblingsgeschichten, Bibelwissen u. a. präsentiert und interpretiert. Vertieft wird die Auswertung in den dann folgenden theoriegeleiteten Analysen, bei denen die gewonnen Daten anhand der Themen aus Kapitel 2.2 (Lebensstile, Gender, Wahrheit, Bedeutsamkeit) gedeutet werden.

Abschließend versuchen wir in einem letzten Teil (Kapitel 5) einige bibeldidaktische Konsequenzen im Blick auf die genannten Fragen und Themen auszuführen.

Wir danken unserer australischen Kollegin Dr. Margaret Carswell an der Australian Catholic University für die gute Zusammenarbeit und Unterstützung. Sie hat auch die Organisation der englischen Fragebögen übernommen. Für kritische Nachfragen und Anregungen bei der Konzeption der Untersuchung sind wir Prof. Dr. Thomas Naumann, Siegen; Prof. Dr. Ruben Zimmermann, Mainz und Prof. Dr. Susanne Luther, Groningen dankbar verbunden. Wir danken außerdem den studentischen Hilfskräften Leonard Blümer, Nils Euteneuer, Friederike Koch, Kira Kotthaus und Jule Nagel, die viele, viele Stunden mit der Eingabe von Fragebögen, Übernahme von Kodierungen und weiteren Recherchen verbracht haben.

2. Forschungsstand

In diesem Teil soll es darum gehen, den Forschungsstand kurz zu beschreiben. Dazu werden einerseits vorliegende Untersuchungen, die als Ganze oder in Teilaspekten Bibelwissen bzw. die Bedeutung bzw. den Umgang mit der Bibel von Kindern bzw. Jugendlichen zum Inhalt haben, knapp dargestellt. Andererseits werden theoretische bzw. thematisch-analytische Forschungszugänge dargelegt (Kap. 2.2), nämlich zum Zusammenhang von Bibelverständnis und Lebensstil sowie von Bibel und Gender, zur Frage nach der Wahrheit der Schrift und zur Konzeptionalisierung persönlicher Bedeutsamkeit von biblischen Texten. Auf diesem Forschungsüberblick basierend werden in Kapitel 2.3 dann die leitenden Fragen unserer Studie formuliert.

2.1 Vorliegende Untersuchungen

2.1.1 Ronald Goldmann, Religious Thinking from Childhood to Adolescence (1964)

Zur Anlage der Untersuchung

Goldmann untersuchte das Bibelkonzept britischer Kinder und Jugendlicher im Alter von 6–16 Jahren als Teil einer Studie zum religiösen Denken (Kapitel 5: Concepts of the Bible). Dafür legte er den Kindern eine Zeichnung vor, auf der ein Kind auf eine beschädigte oder verunstaltete Bibel blickt, und stellt dazu Fragen („What do you think the boy/girl is thinking? Does he/she think this because the Bible is different from other books? What is so different about the Bible, what's so special about it, that he should think this way? You can see from the picture it's called ‚Holy Bible'. What is holy about it? What makes it holy? How did the Bible come to be written?"; Goldmann, 1964, S. 252).

Außerdem wurden drei biblische Geschichten (Brennender Dornbusch, Durchzug der Israeliten durchs Meer, Versuchung Jesu) präsentiert und dazu Fragen gestellt, um das Bibelkonzept aus vier Blickwinkeln zu erforschen:

- Der Charakter der Bibel
- Die Autorität der Bibel
- Die Wahrheit und Glaubwürdigkeit der Bibel
- Die Relevanz der Bibel

Kurze Darstellung der Ergebnisse

Hinsichtlich der Einschätzung vom Wesen der Bibel stellt Goldmann vier Entwicklungsphasen fest:

Bis 10,5 Jahren äußern sich die Kinder zur Erscheinung der Bibel (Größe, Farbe, Typographie etc.) und wie die Bibel benutzt wird. Danach bis zu ca. 12,5 Jahren sprechen sie von der Bibel als einem wahren Buch, aus dem wir über Gott und Jesus erfahren und ziehen deren Inhalt zur Beschreibung heran. Ihre Autorität wird ihr aber durch Autoritätspersonen wie den Pfarrer, Eltern oder Lehrerinnen und Lehrer zugebilligt. In der dritten Phase bis zu ca. 14 Jahren liege der Schwerpunkt auf der religiösen Bedeutung und der Botschaft der Bibel: Ihre Autorität hat sie deshalb, weil sie von Gott bzw. Jesus handelt („because its subject matter is God and Jesus or the words themselves sound true"; Goldmann, 1964, S. 79). Ab ca. 15 Jahren werde der geistliche Sinn und die Bedeutung der Bibel betont (Goldmann, 1964, S. 77) und die Autorität dadurch begründet, dass hier menschliche Erfahrungen über Gott enthalten seien, bzw. weil die Bibel Menschen immer wieder anspräche.

Korrespondierend dazu sind die Antworten auf die Frage „Wie wurde die Bibel geschrieben?" unterschiedlich. Bis ca. 9 Jahren glauben die Kinder an einen magischen Ursprung der Bibel, die durch Gott, Jesus oder andere mächtige Initiatoren verfasst wurde. Bis ca. 14 Jahren werden dann mehrere Verfasser als Augenzeugen oder als Übermittler der mündlichen Tradition angeführt, bevor danach die Autoren als „inspiriert" charakterisiert werden, was wichtiger sei als die genaue Faktenüberlieferung.

Auch auf die Frage „Ist die Bibel wahr?" meint Goldmann drei Phasen feststellen zu können: Bis ca. 10 Jahre würde die Bibel als im „buchstäblichen Sinne wahr" aufgefasst, weil sie von Gott geschrieben sei. Dann werde bis zum Alter von 12 Jahren die Bibel als wahr angesehen, weil Gott die Grundlage der Wahrheit sei, der sich für deren Inhalte verbürge. Auch in der dritten Phase werde die Wahrheit damit begründet, dass sie „Augenzeugenberichte" enthalte, die mit anderen zuverlässigen Informationsquellen übereinstimmen. Nach Goldmann setzt das kritische Nachdenken über die Glaubwürdigkeit der Bibel erst spät mit Eintritt der Pubertät ein.

2.1.2 Martin Bröking-Bortfeld, Schüler und Bibel (1984)

Zur Anlage der Untersuchung

In den 1980er Jahren wurden in dieser Studie 750 niedersächsische Schülerinnen und Schüler zwischen 13 und 16 Jahren und eine Kontrollgruppe mit 84 Befragten aus Nordrhein-Westfalen nach der Bedeutung der Bibel befragt. Als sozialstatistische Merkmale wurden das Alter, Geschlecht, Wohnortgröße,

Klassenstufe, Schulart, Konfessionszugehörigkeit und Schulbildung des Vaters und der Mutter erhoben (Bröking-Bortfeld, 1984, S. 119). Grundlage der Untersuchung war ein Fragebogen mit 49 Items, die nach der Faktizität der Bibel („Haben die Menschen, die in der Bibel vorkommen, wirklich gelebt?"), nach der Häufigkeit der Bibellektüre, nach der Bedeutung der Bibel für die Probanden, nach für die Schülerinnen und Schüler wichtigen Personen aus der Bibel, nach Vermittlern in ihrem Umfeld (Eltern, Großeltern, Lehrer u. a.), nach dem Potenzial der Bibel u. a. fragen. Über die Bibel hinaus wurden aber auch Aspekte zu Jesus, zum guten Religionsunterricht, zur Bedeutung des Religionsunterrichts, danach, was einen christlichen Menschen auszeichnet, zur Aufgabe der Kirche, zur Beschreibung Gottes, zu Zukunftsvorstellungen abgefragt.

Es fand eine Experten-Validierung und ein Pretest statt (Bröking-Bortfeld, 1984, S. 115), um die Aussagekraft des Fragebogens zu überprüfen. Wie Hanisch und Bucher schreiben, ist das eine „pionierhafte" Studie, weil hier gründliche statistische Analysen durchgeführt wurden, „die die in der Religionspädagogik vielfach üblichen Auflistungen von Prozentwerten hinter sich lassen (insbesondere Kontingenz- und Korrelationsanalysen)" (Hanisch & Bucher, 2002, S. 90).

Kurze Darstellung der Ergebnisse

Schon zur Zeit der Befragung, also in den 1980er Jahren, verneinen mehr als die Hälfte die Frage, ob es in der Bibel beeindruckende Geschichten gebe (Bröking-Bortfeld, 1984, S. 162–163). Aufgezählt wurden dann als bekannte Geschichten am häufigsten die Schöpfungsgeschichte, die Sintflut, die Exodusgeschichte, die Kindheitsgeschichte Jesu aus dem Neuen Testament und die beiden Gleichnisse vom barherzigen Samariter und dem verlorenen Schaf.

Nur 31 % konnten für sie beeindruckende Personen aus der Bibel benennen wie Jesus, Mose, Noah, Petrus, weitere Jünger, Abraham, Johannes der Täufer, Maria und Josef. Selten wurden Paulus, Stephanus, Ruth, Salomo, Simson und Jesaja erwähnt.

Deutlich wird, dass die Bibel schon vor fast 50 Jahren eine geringe Bedeutung in den Familien hatte. Die Mehrheit der Jugendlichen (ca. 80 %) gab an, dass es in ihrer Familie egal sei, ob sie sich mit der Bibel beschäftigten (Bröking-Bortfeld, 1984, S. 23). Entsprechend wenige lasen die Bibel (39 %: eigentlich nie; ziemlich oft/regelmäßig: 8 %).

Nach der Benutzung bestimmter Bibelausgaben befragt, verwendeten 9 % eine Kinderbibel, 42 % eine vollständige Bibel, 26 % die Gute Nachricht, 11 % die Bibeltexte im Religionsbuch (Bröking-Bortfeld, 1984, S. 160).

Mit der Bibel in Beziehung kamen die Befragten im Zusammenhang mit Konfirmandenunterricht (65 %), Religionsunterricht (45 %) oder (Kinder-)Gottesdienst (36 %) (Bröking-Bortfeld, 1984, S. 155). Das entspricht der Tatsache, dass 62 % angaben, durch einen Pfarrer in Kontakt mit der Bibel gekommen zu sein,

38 % durch eine Religionslehrerin oder einen Religionslehrer (Bröking-Bortfeld, 1984, S. 211).

Bedeutsam sei die Bibel besonders für kranke (63 %), alte (59 %), einsame (54 %), traurige (37 %) Menschen, nicht aber für junge (4 %), fröhliche (4 %), zufriedene (2 %) Menschen (Bröking-Bortfeld, 1984, S. 125). Ihre Bedeutsamkeit gewinnt die Bibel also nach der überwiegenden Mehrheitsmeinung in Problemsituationen. Allerdings glauben nur zwischen 25–40 % der Befragten mit dem Alter zunehmend, dass man Menschen mit Problemen mit der Bibel helfen könne (Bröking-Bortfeld, 1984, S. 126). Auch zukünftig wollen sich nur wenige Schülerinnen und Schüler intensiver mit der Bibel beschäftigen (7 %).

Zur Bedeutungsdimension „Bibel als Wort Gottes“ wurde festgestellt, dass diese alterstypisch abnimmt (52 % mit 13 Jahren, 31 % mit 16 Jahren), ebenso erkennen mehr Mädchen (52 %) die Bibel als das Wort Gottes an als Jungen (42 %) und Hauptschüler (50 %) eher als Gymnasiasten (41 %) (Bröking-Bortfeld, 1984, S. 135).

Bei der Frage nach der Historizität biblischer Personen und Geschichten zeigt sich eine deutliche konfessionelle Differenz: Während 63 % der Katholiken der Meinung sind, die biblischen Figuren hätten wirklich gelebt, sind dieser Meinung nur 37 % der Evangelischen. Das gleiche Ergebnis findet sich bei der Frage, ob die Geschichten wirklich geschehen sind: Nur 25 % der Evangelischen, aber fast die doppelte Anzahl von 45 % der Katholiken bejahen das (Bröking-Bortfeld, 1984, S. 148). Gerade im Bereich der Schülerinnen und Schüler an Gymnasien wird diese deutliche Präferenz für eine historisch-kritische Position deutlich, nach der ein Teil biblischer Inhalte eben nicht auf historischen Tatsachen beruhen (Bröking-Bortfeld, 1984, S. 149).

Die Ergebnisse seiner Untersuchung zusammenfassend, schreibt Bröking-Bortfeld, dass man zwar nicht von einer umfassenden Bedeutung der Bibel für 13- bis 16-Jährige sprechen könne, aber der „Großteil der Schüler, durchgehend in den verschiedenen Schultypen, Alters- und Klassenstufen, bestimmte einzelne biblische Traditionselemente aufgreift und mit erheblichen Bedeutungsgehalten in die eigene – vielfach problembesetzte – Wirklichkeitsdeutung integriert“ (Bröking-Bortfeld, 1984, S. 310). Daher rühre auch der Wunsch nach einem Bibelunterricht, indem die Texte auf heutige Probleme bezogen würden. Als Anknüpfungspunkte nennt der Autor zeitgemäß die biblisch-religiösen Motive „Frieden, Gerechtigkeit und Befreiung“ (Bröking-Bortfeld, 1984, S. 235).

2.1.3 Horst Klaus Berg, Die Bibel – ein wichtiges Buch für Schüler (1989)

Zur Anlage der Untersuchung

Ganz dezidiert bezieht sich Horst Klaus Berg in der Anlage seiner Untersuchung auf die Umfrage von Bröking-Bortfeld von 1984, wählt allerdings aus den 49 Fragen nur 11 aus und verändert diese leicht. Die Befragung wird „in zwei Aktionen durchgeführt", im Frühjahr 1989 mit „etwa 1150" Schülern aus dem Raum Weingarten und Ravensburg in den Klassen 5–10 (Berg, 1989, S. 92–93). Eine genaue Darstellung der konfessionellen Mischung oder der Alterszusammensetzung findet man nicht. Es wird nur knapp beschrieben, „die nach Konfessionen differenzierte Auswertung zeigte jedoch kaum signifikante Unterschiede, darum wurde sie bei der tabellarischen Zusammenstellung vernachlässigt" (Berg, 1989, S. 93). Gleichzeitig wurde die Umfrage im Zuge der Vorbereitung einer religionspädagogischen Tagung mit Berufsschullehrern an 175 Klassen „mit fast 3000 Schülern" (Berg, 1989, S. 93) durchgeführt, wobei verschiedene Schultypen der Berufsschulen berücksichtigt wurden.

Eine Differenzierung nach Konfessionen fand hier überhaupt nicht statt. Ziel der Untersuchung waren nicht nur die Ergebnisse an sich. Horst Klaus Berg wollte den Leserinnen und Lesern auch den Fragebogen zur Durchführung eigener Untersuchungen anbieten, um „Aufschlüsse über die Einstellung seiner Schüler und Hinweise für die Anlage des Unterrichts zu geben" (Berg, 1989, S. 95) und Vergleiche mit anderen Klassenstufen anzustellen und über die Ergebnisse in der Klasse ins Gespräch zu kommen. Was Berg damit meint, dass die Umfragen „nicht empirisch angelegt und durchgeführt" wurden (Berg, 1989, S. 95), wird nicht näher ausgeführt. Seine Interpretation der Ergebnisse ist einerseits auf den Vergleich der beiden Untersuchungsteile, andererseits auf die eben doch statistische Auswertung bezogen.

Kurze Darstellung der Ergebnisse

Grundsätzlich stellt Berg ein „starkes Erfahrungs- und Relevanzdefizit fest, das offenbar durch den bisherigen Bibelunterricht nicht aufgefangen wurde" (Berg, 1989, S. 96). Das folgert er aus den Antworten der Schülerinnen und Schüler auf die Frage „Wie sollte man sich Deiner Meinung nach im Religionsunterricht mit der Bibel geschäftigen?", auf die 54 % der Gesamtbefragten aus den Klassen 5–10 und 55 % der Berufsschulschüler angaben: „Man sollte sich mit heutigen Problemen beschäftigen und dabei auch Texte aus der Bibel berücksichtigen." Dagegen waren nur 32 % bzw. 15 % der Berufsschüler der Meinung „Man sollte sich vor allem mit heutigen Problemen beschäftigen" (Berg, 1989, S. 96). Außerdem zieht er als Argument die positive Einschätzung der Schülerinnen und Schüler heran, dass die Bibel heutigen Menschen helfen kann, Probleme zu lösen (38 % bzw. 31 % Zustimmung bei Frage 8).

Dass die Schülerinnen bzw. Schüler einen solchen Zugang noch nicht gefunden hätten, leitet er von den Antworten auf die Fragen 2–5 ab, da nur für 17 % die Bibel eine große Bedeutung hat, 51 % bzw. 35 % keine besonderen Situationen/Stimmungen kennen, in denen sie in der Bibel lesen bzw. solche nicht erlebt haben (62 % bzw. 63 %), 66 % bzw. 39 % eigentlich nie in der Bibel lesen und 67 % bzw. 53 % keine Geschichten kennen, die sie besonders gerne hören oder lesen und 35 % bzw. 30 % keine Personen nennen können/wollen, die sie besonders beeindruckt haben (Berg, 1989, S. 96).

Berg präferiert von den Ergebnissen ausgehend einen erfahrungsbezogenen Bibelunterricht und begründet dies mit den Geschichten mit deutlichem Lebensbezug, die die Schülerinnen und Schüler als beliebte oder beeindruckende Geschichten angeben (Erfahrung von Freiheit und Geborgenheit, Vergebung, Solidarität). Hier könne im Blick auf eine produktive Weiterentwicklung des Bibelunterrichts angesetzt werden. Das Vorgehen und die so dargestellten Ergebnisse der Studie haben den Anschein, als sollten sie vor allem als Fundierung eines problemorientierten Ansatzes herangezogen werden.

2.1.4 Kalevi Tamminen, Religiöse Entwicklung in Kindheit und Jugend (1991/1993)

Die vorliegende Publikation ist die Übersetzung der 1991 publizierten Untersuchung, bei der „möglichst umfassend und differenziert die religiöse Entwicklung bei Kindern und Jugendlichen aufgezeichnet wird“ (Tamminen, 1993, S. 11). Sie besteht aus mehreren Einzelstudien: Die Daten der Basisuntersuchung wurden 1974 zusammengetragen; 1976 und 1980 folgten jeweils Follow-Ups, 1986 noch einmal eine Wiederholungsstudie (Tamminen, 1993, S. 11). An dieser Stelle soll aus den Bereichen religiöse Erfahrungen, Glaubensvorstellungen, religiöses Denken nur ein spezifischer Bereich, nämlich das religiöse Konzept der Jugendlichen von der Bibel (Kap. 5, S. 146–166), vorgestellt werden. Tamminens grundlegender Ansatz war es, „unterschiedliche Seiten der Religiosität am gleichen Personenkreis unter Anwendung verschiedener paralleler Methoden und Messungen zu untersuchen“ (Tamminen, 1993, S. 146).

Zur Anlage der Untersuchung

Tamminen wollte das Bibelkonzept von finnischen Kindern unterschiedlichen Alters und Geschlechts erforschen und dabei besonders der Frage nachgehen, wie sie die Wahrheit der biblischen Geschichten verstehen, „wie buchstäblich bzw. nicht buchstäblich ihr Konzept von der Bibel eigentlich ist“ (Tamminen,

1993, S. 146). Dafür arbeitete er mit einem Bild, auf dem eine Jugendliche mit einem ca. fünfjährigen Kind zu sehen ist. Als Text wurde beigegeben:

> „Helena sieht sich die große Familienbibel an. Ihre kleine Schwester stellt sich neben sie und fragt: ‚Was ist das denn für ein Buch?' Helena antwortet: ‚Das ist die Bibel' und fährt fort: ‚Die Bibel ist [...]'"

Tamminen ging davon aus, dass die 857 Befragten den Text ergänzen würden, reflektiert aber schon bei der Auswertung selbstkritisch: Die Darstellung „versetzt den Befragten gleichsam in eine Art ‚Lehrerposition'" (Tamminen, 1993, S. 150).

Außerdem legte er den Kindern und Jugendlichen im Jahr 1974 und bei der Nachfolgestudie 1986 drei biblische Geschichten vor (Brennender Dornbusch, Durchzug der Israeliten durchs Meer, Versuchung Jesu) und fragte nach jeder Erzählung danach, ob die Geschichte wohl tatsächlich passiert sei. Als Antwortalternativen wurden verschiedene Möglichkeiten präsentiert, um durch Bepunktung der Antworten in Anlehnung an Peatlings Buchstäblichkeitsskala (Literalism scale) eine Skala des nichtbuchstäblichen Verstehens aufstellen zu können. Folgende Antworten wurden vorgegeben:

a) Ja, alles ist geschehen.
b) Ja, wahrscheinlich ist so etwas geschehen.
c) Kann sein, wahrscheinschlich ist nur ein Teil davon geschehen.
a) Nein, aber irgendetwas ist wahrscheinlich geschehen, was zu dieser Erzählung geführt hat.
b) Nein, nichts davon ist wirklich geschehen.

Bei der Anschlussuntersuchung 1986 mit 859 Probanden wurde darüber hinaus mit zwei geschlechtsspezifischen Varianten eines Bildes (Markus/Maria betrachten eine Bibel) gearbeitet. Aufgabe war hier:

> „Das ist Markus/Maria. Er/sie betrachtet die Bibel und wundert sich über etwas, was ihm/ihr schon früher mal im [sic!] Sinn gekommen war. Er/sie denkt nach über [...]" (Tamminen, 1993, S. 148).

Kurze Darstellung der Ergebnisse

In Auswertung der semiklinischen Interviews stellt Tamminen zwölf inhaltliche Kategorien auf, die hinsichtlich der sieben Altersgruppen differenziert werden. Während es kaum altersspezifische Unterschiede hinsichtlich der Inhaltskategorien zum Thema Bibel als Buch und ihrem Gebrauch (Ursprung, Zusammensetzung, Aussehen, Gebrauch), zum Thema Bedeutung der Bibel (wertvoll, heilig u. a.) gibt und auch Aussagen zum Inhalt (Erzählungen über die Vergangenheit, Erzählung über Gott und Jesus, Wort Gottes, Lebensregeln u. a.) weitgehend konstant sind, nehmen altersdifferenzierend negative Aussagen zur Bibel oder Zweifel an deren Glaubwürdigkeit zu. Es ist eine „eindeutige und durchgängige Veränderung mit zunehmendem Alter nur in einer der Kategorien, nämlich bezüglich der Glaubwürdigkeit der Bibel (Kategorie 4) feststellbar“ (Tamminen, 1993, S. 157).

Tabelle 1: *Verteilung der Schülerantworten zu „Sich wundern über die Bibel“ aus den Klassenstufen III-IX nach Inhaltskategorien (Tamminen, 1993, S. 158)*

Inhaltskategorien	III %	IV %	V %	VI %	VII %	VIII %	IX %
1. Aussehen des Buches Bibel	4	1	1	3	3	4	1
2. Ursprung der Bibel	13	8	11	16	7	17	12
3. Persönliche Bedeutung der Bibel	6	2	2	3	4	6	5
4. Ist die Bibel wahr?	5	4	13	13	18	18	20
5. Allgemeine Reflexion über die Bibel	6	7	6	5	5	6	10
6. Die Welt zur Zeit der Bibel	0	5	4	2	2	3	2
7. Fragen zu einigen spezifischen Stellen im AT	5	5	5	5	3	1	4
8. Fragen zu einigen spezifischen Stellen im NT	12	7	8	6	2	2	4
Zahl der Schüler	111	116	142	136	126	199	188

Kritische, diffamierende Antworten kamen größtenteils von Jungen (Tamminen, 1993, S. 153).

Interessant sind auch Tamminens Ergebnisse im Hinblick auf die Abnahme eines buchstäblichen Verstehens, die bei den befragten finnischen Schülerinnen und Schülern zumindest während der Phase der Adoleszenz ähnlich ausgebildet waren wie bei den britischen Schülerinnen und Schülern der Goldmannstudie.

Tabelle 2: *Abnahme des buchstäblichen Verstehens bei finnischen Schülerinnen und Schülern; Angaben in Prozent (Tamminen 1993, S. 163)*

Klassenstufe (N)	III (181)	V (226)	VII (263)	IX (222)	XI (400)
Buchstäbliche	54	33	16	11	15
Halbbuchstäbliche	30	43	42	37	32
Liberale	15	22	35	49	49
Negative	1	1	7	3	5

Dazu schlussfolgert er: „Bei der Entwicklungstendenz von einem buchstäblichen zu einem nicht mehr buchstäblichen Konzept von Bibel handelt es sich keineswegs lediglich um einen ‚natürlichen‘ Entwicklungsvorgang, der sich mit zunehmendem Alter oder aufgrund des faktisch genossenen biblischen Unterrichts gleichsam von selbst ergibt. Vielmehr spielen eine Reihe weiterer Faktoren, wie etwa die allgemein religiöse und theologische Auffassung der Schüler, eine Rolle. Ein buchstäbliches Konzept von der Bibel hat z. B. sehr hohe Korrelationen mit solchen Religiositätsvariablen wie Glaube an Gott, Erfahrungen der Gegenwart Gottes und Beten“ (Tamminen, 1993, S. 164), was aber nicht näher ausgeführt oder erläutert wird.

Aus seiner Darstellung der Durchschnittswerte der Skala für die unterschiedlichen religiösen Orientierungsgruppen nach Klassenstufen wird deutlich, dass die Schülergruppen „Gläubige“ und „Positive“ zwar auch einen Abfall hinsichtlich der Glaubwürdigkeit der Bibel in den Klassenstufen V-IX erleben, dass danach allerdings ein Teil dieser Schülerinnen und Schüler ein neues „Glaubwürdigkeitskonzept“ gewinnt, das einen weiteren Begriff von Text-Wahrheit aufnimmt und die Glaubwürdigkeit der Bibel wieder erhöht.

Außerdem stellt Tamminen fest, dass nur „sehr wenige Antworten [...] Hinweise auf eine Art magischen Verständnisses der Bibel, wie es Goldman bis zu einem Alter von 9 Jahren für typisch hält“ (Tamminen, 1993, S.152), enthalten. Solche Antworten kamen dagegen mehrfach von Schülern der Klassenstufe V.

2.1.5 Helmut Hanisch und Anton Bucher, Da waren die Netze randvoll (2002)

Zur Anlage der Untersuchung

Die Autoren wollten sich in ihrer empirischen Untersuchung vor allem der Frage nähern, was biblisches Erzählen bei Kindern bewirkt. Dazu erfragten sie, woher Kinder biblische Geschichten kennen, welches Interesse sie mit ihnen verbinden, an welche Inhalte sie sich erinnern, welche Lieblingsgeschichten sie haben und warum und wie sie die Bibel als Buch beurteilen (Hanisch & Bucher, 2002, S. 8).

Die befragte Stichprobe setzt sich aus 2402 Kindern aus vierten Grundschulklassen mit einem Altersdurchschnitt von 10,1 Jahren zusammen. 1703 Kinder kamen aus eher kleinstädtisch geprägten Gegenden in Baden-Württemberg, 699 Kindern kamen aus dem großstädtischen Kontext Berlins. 21,5 % der Kinder waren katholisch, 78,5 % evangelisch (Hanisch & Bucher, 2002, S. 15). Die Untersuchung wurde anhand eines Fragebogens durchgeführt, der nach bekannten biblischen Geschichten fragt, darum bittet, eine Lieblingsgeschichte nachzuerzählen, anzugeben, woher die Geschichte bekannt ist und wer sie erzählt hat, zu begründen, was an dieser Geschichte besonders wichtig ist und was sie mit dem eigenen Leben zu tun hat, aufzuschreiben, wem diese Geschichte erzählt werden sollte und warum.

In einem zweiten Teil sollten Sätze aus unterschiedlichen biblischen Geschichten jeweils einer Geschichte (Arche Noah, Josefsgeschichte, Mosesgeschichte, Sturmstillung, Blindenheilung, Gleichnis vom verlorenen Sohn) zugeordnet werden. Im Anschluss wurde die Häufigkeit erfragt, in der Bezugspersonen biblische Geschichten erzählen. Außerdem wurden Informationen zu den Personen und ihrem Glauben und zur Einschätzung der Bibel erbeten.

Kurze Darstellung der Ergebnisse

Hanisch und Bucher können in ihrer Auswertung von 2402 befragten Viertklässlern beider Konfessionen feststellen, dass mehr als 80 % der Kinder eine Lieblingsgeschichte aus der Bibel haben und diese nacherzählen können (siehe Abb. 1).

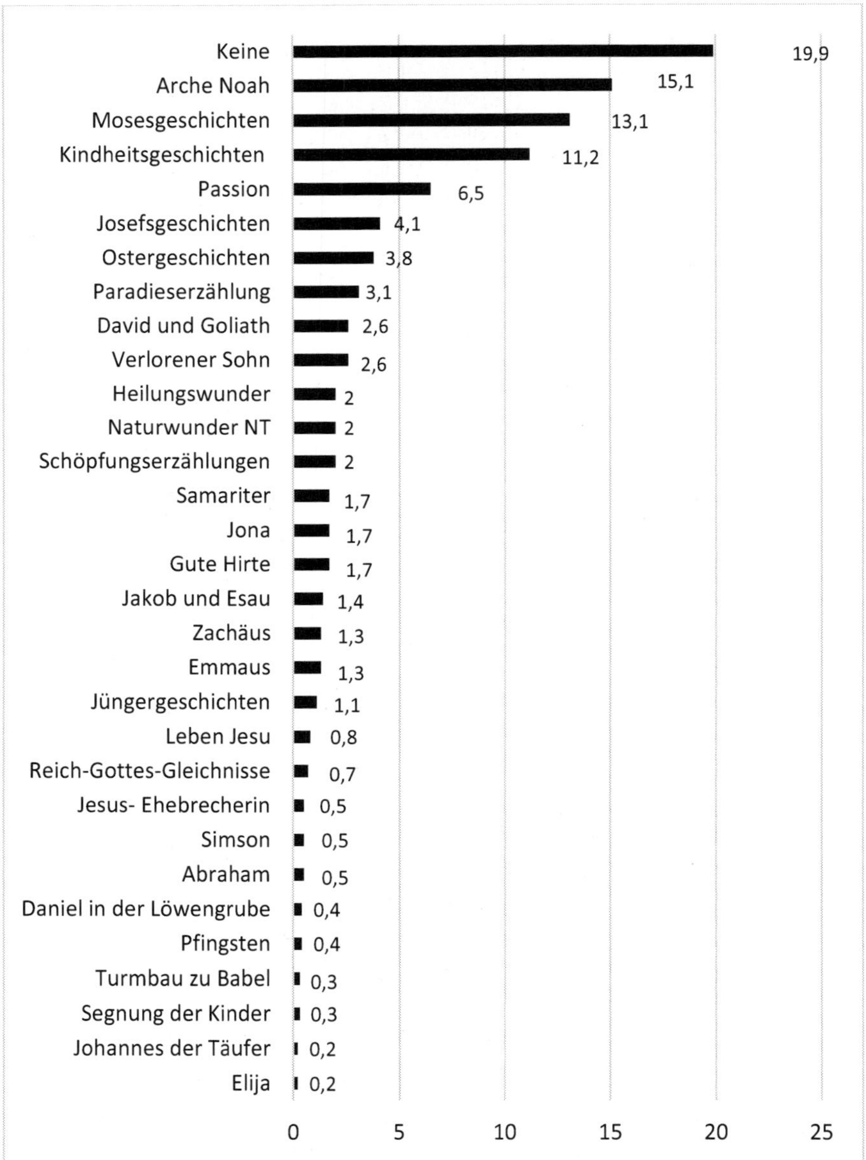

Abbildung 1: *Prozentuale Verteilung der biblischen Lieblingsgeschichten von Grundschülern nach Hanisch und Bucher (2002, S. 40)*

Dabei werden aus dem AT die Arche Noah (15 %, jeweils gerundet), die Mosesgeschichte (13 %), die Josefsgeschichte (4 %), die Paradieserzählung (3 %), David und Goliath (3 %), die Schöpfung (2 %), Jona (2 %), Jakob und Esau (1 %) und Abraham (1 %) am häufigsten genannt (Hanisch & Bucher, 2002, S. 40).

Aus dem NT dominieren die Kindheitsgeschichte/Geburtsgeschichte Jesu (11 %), die Passionsgeschichte (7 %), die Auferstehung (4 %), weitere Jesusgeschichten (19 % aller genannten NT-Geschichten), Gleichnisse (16 % aller genannten NT-Geschichten) und Heilungsgeschichten (14 % aller genannten NT-Geschichten) (Hanisch & Bucher, 2002, S. 24). Insgesamt werden fast ausschließlich Geschichten erzählt, die im Religionsunterricht eine Rolle spielen. Typische Gemeindegeschichten wie Esther und Ruth kommen quasi nicht vor, was unter Genderfragen herauszuheben ist, weil hier weibliche Identifikationspersonen vorhanden wären.

Die Aufgabe, einen Vers der Schöpfungsgeschichte zuzuordnen, konnten 84 % der Kinder richtig lösen, 61 % gelang dies bei der Josefsgeschichte, 71 % bei der Mosesgeschichte, 38 % bei der Sturmstillungsgeschichte, 34 % bei der Blindenheilung und 42 % beim Gleichnis vom verlorenen Sohn (Hanisch & Bucher, 2002, S. 33–35). Das lässt allerdings eher Rückschlüsse auf die Schwierigkeit des ausgewählten Verses als auf die Bekanntheit der Geschichte zu. Mädchen erzielten hier bessere Ergebnisse, ihnen fielen auch deutlich mehr Bibelgeschichten ein. Konfessionsbedingte Differenzen sind marginal, ebensolche zwischen Berlin und Baden-Württemberg (Hanisch & Bucher, 2002, S. 35).

Bei der Frage nach der Wichtigkeit werden inhaltliche und moralische Gründe genannt. Es wird durchgängig die Schwierigkeit deutlich, Bezüge zwischen der Geschichte und dem eigenen Leben herzustellen, so dass nur knapp ein Viertel der Befragten die Geschichte auf das eigene Leben beziehen kann, was mit den Kategorien „Bekenntnis und Glaube, gleiche oder ähnliche Erfahrungen und moralische Schlussfolgerungen, die sie aus ihrer Lieblingsgeschichte ableiten“ begründet wird (Hanisch & Bucher, 2002, S. 60).

88 % der Kinder geben dabei an, die biblische(n) Geschichte(n) aus dem Religionsunterricht zu kennen, 38 % aus der Kinderbibel, 28 % aus dem Kindergottesdienst, 16 % aus dem Kindergarten (Mehrfachnennungen waren möglich). Wie zu erwarten, werden die meisten Geschichten von der Religionslehrkraft oder dem Pfarrer/der Pfarrerin erzählt, selten von Müttern oder Vätern.

Die Eltern erzählen vor allem dann biblische Geschichten weiter, wenn ihnen selbst als Kindern biblische Geschichten erzählt wurden; das wird in Berlin entscheidend seltener getan als in Süddeutschland (Hanisch & Bucher, 2002, S. 61–69).

Die Einschätzung zur Bibel wurde in der Untersuchung durch ein semantisches Differenzial erfragt, bei dem die Kinder nur die Möglichkeit hatten, die Begriffe alt/ modern, langweilig/ spannend, wahr/ erfunden u. a. anzukreuzen. Die Problematik, wie Hanisch und Bucher zwischen „erfunden“ und „wahr“ zu differenzieren, leuchtet nicht unbedingt ein, denn der Gegenbegriff zu „erfunden“ ist eigentlich „hat real stattgefunden“, der von „wahr“ wäre „unwahr“.

Tabelle 3: *Vorstellungen der Kinder zur Bibel mit einem semantischen Differenzial nach Hanisch und Bucher (2002, S. 71)*

modern	16,4 %	83,6 %	alt
von Gott	69,0 %	31,0 %	von den Menschen
für mich wichtig	74,5 %	25,5 %	für mich unwichtig
spannend	76,0 %	24,0 %	langweilig
wahr	86,8 %	13,2 %	erfunden
gut	95,2 %	4,8 %	böse

Das Ergebnis macht deutlich, dass die befragten Kinder im Grundschulalter ein fast durchweg positives Verhältnis zu Bibel haben: 87 % waren der Meinung, die Bibel sei wahr, für 75 % ist sie wichtig, für 76 % spannend und 95 % assoziieren das Adjektiv gut mit ihr. Diese positive Einschätzung korreliert mit der Erzählhäufigkeit biblischer Geschichten. Auch wird ein Gefälle zwischen Berlin und Baden-Württemberg deutlich: Im Süden wird die Bibel positiver beurteilt.

„Wer die Bibel für erfunden hält, attestiert ihr kaum, auch wichtig zu sein“ (Hanisch & Bucher, 2002, S. 71), wie die Faktorenanalyse belegt, bei der diese Items stark interkorrelieren. So postulieren nur 4 % derer, die der Meinung sind, die Bibel sei wichtig, sie sei erfunden (Hanisch & Bucher, 2002, S. 71).

Wie zu erwarten, kann ein Einfluss der Religiosität auf die Bibelkenntnisse der Kinder nachgewiesen werden. Religiöse Praxis wie z. B. biblisches Erzählen im Elternhaus korreliert erstaunlicherweise nur geringfügig mit Bibelkenntnissen, aber hoch signifikant mit einer positiven Einstellung zur Bibel. Der (Grundschul-)Religionsunterricht kann, so könnte man im Umkehrschluss folgern, zwar gleichsam Bibelkenntnisse erfolgreich vermitteln, nicht aber in gleichem Maße eine positive Einstellung zur Bibel. Diese wird eher durch außerschulische religiöse Praxis geprägt wie z. B. das Erzählen im Elternhaus.

2.1.6 Thomas Greiner, „Verstehst Du, was Du liest?“ (2003)

Zur Anlage der Untersuchung

Während die bisherigen Studien zumindest teilweise versuchen, repräsentative Altersquerschnitte zu betrachten (Goldmann, Bröking-Bortfeld, Tamminen) und Schülerinnen und Schüler aus allen sozialen Kontexten der gewählten Schulformen hinsichtlich ihres Zugangs zur Bibel bzw. zu biblischen Texten darzustellen, beschränkt sich die vorliegende Umfrage ausschließlich auf Evangelisch-

Freikirchliche Gemeinden (Baptisten) in Bayern, ist aber in dieser Perspektive als Vergleichsgruppe durchaus interessant.

Um seine Zielgruppe möglichst umfassend zu befragen, hat der Autor 2002 45 Gemeinden angeschrieben und bei 500 verschickten Bögen lag der Rücklauf von 289 Jugendlichen im Alter von 13–26 Jahren (Altersdurchschnitt 16,7 Jahre) bei über 50 %.

Der Autor fragte nach spontanen Beschreibungsformaten („Was fällt dir ganz spontan zum Thema Bibel ein?"), nach der verwendeten Bibelübersetzung, einer Selbsteinschätzung der Bibelkenntnis, ob die Jugendlichen gemeinsam Bibel lesen und vor allem, wie sie ihr persönliches Bibellesen gestalten (Häufigkeit, Zeit, Struktur, Gründe, Vorbilder, Erfahrungen, Schwierigkeiten u. a.).

Kurze Darstellung der Ergebnisse

In Abweichung zu den in anderen Studien befragten Gruppen ist die Häufigkeit der Lektüre der Bibel mit 26 %, die regelmäßig die Bibel lesen, erhöht. Allerdings lesen selbst in dieser Gruppe 43 % unregelmäßig, 31 % selten oder nie in der Bibel.

Einen geschlechtsspezifischen Unterschied kann der Autor hinsichtlich der Gruppe der „unregelmäßigen-zwei-bis-dreimal-pro-Woche"-Leserinnen und -Leser erkennen (50 % mehr Mädchen als Jungen; Greiner, 2003, S. 339), während die Gruppe der täglichen Leser bei Mädchen und Jungen etwa gleich groß ist.

Einen Zusammenhang zwischen den verwendeten Bibeln und der Häufigkeit der Lektüren stellt er insofern fest, als die häufigen Leserinnen und Leser eher die *Revidierte Elberfelder Bibel* lesen, gefolgt von der *Guten Nachricht* bzw. der *Hoffnung für alle*. Die „Wenig Leser" verwenden die *Luther-Bibel* und haben damit häufig Probleme (Greiner, 2003, S. 339).

Bei der Kategorisierung der Begriffe, die den Jugendlichen in ihrer spontanen Beschreibung der Bibel einfallen, finden sich bildhafte Vergleiche (Liebesbrief, Kraftquelle, Orientierung, Lebenshilfe u. a.), profane Äußerungen (Buch, Bestseller u. a.), inhaltliche Themen (Mose, Maria, Jesus u. a.), Bezüge zu Gott (Botschaft Gottes, Gottes Wort, Geschichten über Gott), positive und negative Eigenschaften (Greiner, 2003, S. 324).

Weiterführend werden dann auch die Erfahrungen, die die Jugendlichen beim Lesen der Bibel machen, inhaltsanalytisch kategorisiert. „Die persönlichen Vielleser geben als Gründe zum Bibellesen an: Gewohnheit, Auftanken, Interesse an Gottes Wort, Gedanken für den Tag, Gott es will, mehr von Gott wissen, gute Erfahrungen und um den Glauben zu stärken" (Greiner, 2003, S. 341).

44 % der befragten Jugendlichen benutzen einen Bibelleseplan oder ein Andachtsbuch, davon mehr Mädchen als Jungen (Greiner, 2003, S. 343).

2.1.7 Katharina Kammeyer und Gerhard Büttner, Erfolgreiche Bibelperikopen und ihre Lernorte (2011)

Zur Anlage der Untersuchung

In dieser Studie ging es darum, Bibelwissen von Schülerinnen und Schülern zu untersuchen und herauszufinden, „warum gerade die von ihnen erinnerten Geschichten gewusst werden und [...] woher dieses Wissen stammt." (Kammeyer & Büttner, 2011, S. 16). Die Autoren betrachten hierzu drei Ebenen:
(1) Die individuellen Erinnerungsleistungen, die
(2) in eine kollektive Gedächtniskultur eingebettet sind.
(3) Weil diese sich im Erziehungssystem verorten, wo bewusste Selektionen z. B. durch die Lehrpläne vorgenommen werden, soll auch dieser Selektionsprozess untersucht werden.

Da sich die Begegnung der Schülerinnen und Schüler mit biblischen Texten nicht auf den Religionsunterricht beschränkt, wird überprüft, „ob und wie die Instanzen Familie, Schule und Kirche hierbei zusammenwirken" (Kammeyer & Büttner, 2011, S. 16). Fraglich ist allerdings, ob eine Erinnerung, in welchem Kontext und Lernort biblische Geschichten (erstmals bzw. wiederholt) kennengelernt wurden, wirklich noch treffsicher vorhanden ist.

Die Studie versteht sich in Teilen als Duplikationsstudie der Untersuchung von Hanisch und Bucher. Auch hier wurde nach den biblischen Geschichten gefragt, die den Befragten spontan einfallen, und danach, ob sie eine Lieblingsgeschichte haben und warum gerade die genannte. Es wurden 182 Personen (94 Schülerinnen und 83 Schüler, in 5 Fällen war das Geschlecht nicht bekannt; Kammeyer & Büttner, 2011, S. 17) befragt. Die Schüler kamen aus verschiedenen 6. und 7. Klassen von drei Gymnasien und drei Realschulen im Ruhrgebiet und in Baden-Württemberg, die alle am Religionsunterricht teilnahmen (76 evangelisch, 87 katholisch).

Den Schülerinnen und Schülern wurden 18 Überschriften der bei Hanisch und Bucher genannten biblischen Geschichten vorgelegt und sie wurden gefragt, ob ihnen diese bekannt seien. Dies sollten die Teilnehmenden zeigen, indem sie in einem Satz die Thematik zusammenfassten. Die Methode zur Überprüfung des Wissens wurde damit begründet, dass das der schulischen Wirklichkeit entspräche, wo häufig die Erwähnung einer Bibelstelle mit einer Geschichte verbunden werden müsste. Auf zwei freien Linien konnten die Kinder weitere Geschichten ergänzen.

Da es in der Untersuchung auch darum ging, woher die Schülerinnen und Schüler ihr Wissen und ihre Kenntnis haben, sollten diese markieren, ob sie die Geschichte aus der Schule, der Familie und/oder der Kirchengemeinde kannten.

Kurze Darstellung der Ergebnisse

65 Schülerinnen und Schüler können von den 18 angebotenen Geschichten 12–18 umschreiben, was in diesem Setting bedeutet, dass sie diese kennen. Davon können vier Schülerinnen und Schüler alle in einem Satz zusammenfassen. 98 Personen „kennen" 6–11 Geschichten, 19 Personen „kennen" weniger als 6 (Kammeyer & Büttner, 2011, S. 17).

Die bekanntesten Geschichten sind die Arche Noah (95 %), die Kreuzigung Jesu (94 %), die Auferstehung (92 %), die Geburt Jesu (91 %), Adam und Eva (84 %), David und Goliath (69 %), Durchzug durchs Schilfmeer (69 %), Blindenheilung (65 %), Abraham, Sara und Isaak (49 %), Gleichnis vom barmherzigen Samariter (48 %), Gleichnis vom verlorenen Sohn (45 %), Psalm „Der Herr ist mein Hirte" (42 %), Turmbau zu Babel (34 %), Daniel in der Löwengrube (32 %), Jesus wird von einer Frau mit Öl gesalbt (30 %), Pfingstgeschichte (28 %), Jakob und die Himmelsleiter (20 %), Esther (19 %). Eine nach Geschlecht differenzierte Betrachtung erfolgt nicht.

Wie allerdings die Beschreibung als ausreichend für die Kenntnis der Geschichte bewertet wurde, wird nicht umfassend erklärt: „Wenn die Schülerinnen und Schüler zu den Geschichten eine Beschreibung geben, die der biblischen Überlieferung entspricht, wird diese Geschichte als ‚bekannt' eingestuft" (Kammeyer & Büttner, 2011, S. 17), ein unabhängiges Ratingverfahren mehrerer Personen wird nicht ausgewiesen. Verwechslungen werden exemplarisch aufgeführt (Anmerkung 12). Bei den ergänzend genannten Geschichten finden sich mehrfach nur die Heilung des Gelähmten (viermal) und das Abendmahl (dreimal). Im Vergleich zur Studie von Hanisch und Bucher können große Ähnlichkeiten der Ergebnisse festgestellt werden.

Innovativ ist die Studie in der Hinsicht, weil sie zum ersten Mal nach dem Lernort verschiedener biblischer Geschichten fragt (siehe Tab. 4). Ob das wirklich möglich ist, sich bei so zentralen Geschichten wie der Passion, der Arche Noah etc. daran zu erinnern, wo die Quelle der Erzählung bzw. der Lektüre ausgemacht werden kann, sei dahingestellt. Als Ergebnis der Studie hinsichtlich der Kontexte, in denen die Kinder sich an die Vermittlung der Geschichte erinnern, ist die Schule z. B. der wichtigste Lernort für Passion und Auferstehung, die Familie z. B. für die Arche Noah (Kammeyer & Büttner, 2011, S. 18).

Alle christologischen Geschichten „zeichnen sich dadurch aus, dass jeweils mehr als ein Viertel der Befragten sie aus mehr als einer Quelle kennen." (Kammeyer & Büttner, 2011, S. 18). An die Esthergeschichte wird sich nach dieser Studie ausschließlich aus dem schulischen Kontext erinnert, allerdings schlecht, was die Autoren darauf zurückführen, dass das jüdische Purimfest im Kontext der Schülerinnen und Schüler im Gegensatz z. B. zu den USA nicht wahrnehmbar sei, insofern Anlässe zur Aktualisierung des Wissens fehlten. Hinzu kommt, dass gerade diese Geschichte im religionspädagogischen Kanon der Schule eine geringe Rolle spielt (Enners, 2018, S. 298) und – wie auch Hanisch und Bucher bekräftigen – eher aus dem Gemeindekontext (z. B. Kinderbibelwochen) bekannt ist.

Wie zu erwarten, sind diejenigen Geschichten am erfolgreichsten, die an möglichst vielen Lernorten thematisiert worden waren.

Tabelle 4: *Lernorte zentraler biblischer Geschichten (Kammeyer & Büttner, 2011, S. 18)*

Lernort(e)	Arche Noah	Kreuzigung	Auferstehung	Jesu Geburt	Adam und Eva
Familie	32,9 %	14,1 %	14,8 %	14,8 %	32,9 %
Schule	22,1 %	25,5 %	22,1 %	15,4 %	29,4 %
Kirche	11,4 %	16,8 %	19,5 %	14,8 %	4,0 %
Schule und Familie	4,7 %	8,7 %	6,7 %	4,7 %	2,0 %
Kirche und Schule	4,0 %	3,4 %	2,7 %	3,4 %	4,7 %
Kirche und Familie	3,4 %	4,7 %	4,0 %	6,7 %	3,4 %
aus allen 3 Orten	6,0 %	12,8 %	13,4 %	21,5, %	6,7 /
Lernort unbekannt	10,0 %	8 %	8,6 %	9,9 %	0,9 %
Geschichte unbek.	5,5 %	6,0 %	8,2 %	8,8 %	15,9 %

2.1.8 Julian Enners, „Kanon im Kanon“ und Bibeldidaktik (2018)

Zur Anlage der Untersuchung

Jeder unterrichtliche Umgang mit der Bibel ist selektiv und immer ist eine Auswahl von Texten nötig. Diese pragmatische Notwendigkeit bedeutet die faktische Reduzierung des großen biblischen Kanons auf einen begrenzten, religionspädagogisch verwendeten Kanon auch im Kontext der Religionspädagogik, in dem einzelne Bücher und Texte bevorzugt, andere „weggelassen“ werden. Diese Selektionsprozesse systematisch zu reflektieren und anhand der religionspädagogisch bedeutsamen Medien wie Lehrpläne und Schulbücher zu beschreiben und die dort erfolgte Auswahl und ihre Kriterien kritisch zu analysieren, ist die Leistung der Studie von Julian Enners (2018). Diese Studie soll hier neben den bisher aufgeführten empirischen Arbeiten vorgestellt werden, weil eine selektive biblische Bildung einen wesentlichen Einfluss auf die mit unserer Studie erhobenen Daten haben kann

Bevor in der Arbeit eine Kanonreflexion mit Blick auf die Religionspädagogik erfolgt, wird das Phänomen Bibelkanon, losgelöst vom religionspädagogischen Themenkreis, dargestellt, indem der Begriff erklärt und Wegmarken der Kanonbildung bzw. -debatte von der Alten Kirche über Luther, Calvin,

Semler, von Zahn, Harnack und Käsemann über den „canonical turn“ bis zum „canonical approach“ dargelegt werden.

Anschließend wird das Werden des Kanons unter theologischen Gesichtspunkten gewürdigt und die klar begründete, aber durchaus kritisierbare These formuliert, dass der Kanon das Ergebnis einer „vom Geist gewirkten Erfahrung im gemeindlichen Gebrauch“ (Enners, 2018, S. 59) sei, bzw. der Kanon der Kirche sogar inhaltlich vorauslaufe. Dies entbinde allerdings nicht davon, über die Mitte der Schrift nachzudenken. Ergänzend werden mit Bezug zu den geschichtlichen Konzepten unterschiedliche Modelle diskutiert (theologisch begründete Sachkritik zur Bewertung, ein rezeptionsorientiertes, subjekttheoretisches Modell sowie ein so genanntes fatalistisches Modell und das historisch-exegetisch begründete Einheitsmodell).

Zentraler ist der dann folgende Teil, in dem Bibeldidaktiken der letzten 25 Jahre daraufhin untersucht werden, nach welchen Kriterien dort die Auswahl biblischer Inhalte begründet wird. Dabei werden sowohl die konzeptionellen als auch die materialen Aspekte berücksichtigt. Der Autor kann hier drei verschiedene Typen identifizieren, die das Kanonproblem in unterschiedlicher Intensität wahrnehmen. Entweder wird mit Grundbescheiden (Typ II) oder mit „Brillen“ wie Empathiebildung oder „Hoffnung lernen“ (Typ I) gearbeitet, oder dem Kanonproblem wird über die intertextuelle Bearbeitung von Ganzschriften begegnet, bei der „am Einzelnen das Ganze und am Ganzen das Einzelne sichtbar werden“ soll (Enners, 2018, S. 167).

Kurze Darstellung der für unsere Studie besonders relevanten Ergebnisse

Die konzeptionelle Ebene bibeldidaktischer Theoriebildung in den Bibeldidaktiken wird durch die Analyse von Lehrplänen und Kerncurricula ergänzt, die neben der Analyse der Schulbücher zeigen sollen, in welcher Form die bibeldidaktische Auswahl eines „Kanons im Kanon“ in den Vorgaben der Praxis erfolgt. Dass damit zumindest begrenzte Rückschlüsse auf die Praxis des Religionsunterrichts gemacht werden können, versteht sich von selbst. Die eigene Auswahl für die Korpusanalyse hinsichtlich Bundesländer, Chronologie der Schularten Grundschule, Sekundarstufe I und Sekundarstufe II und historische Abfolge (lernzielorientierte, inhaltlich ausgerichtete Lehrpläne und kompetenzorientierte Kerncurricula) wird begründet. Aus den Ergebnissen der gerade im Anhang gut dokumentierten Fleißarbeit (Tabellen mit Synopsen zu Bibelstellen der Lehrpläne und Lehrwerke; Enners, 2018, S. 325–394) wird klar ersichtlich:

Als „Kanon im Kanon“ finden sich im AT die Schöpfungserzählungen, der Abrahamszyklus, der Josefszyklus, die Mosesgeschichte, Hiob, die Psalmen 23, 104, 139 und Amos in Auswahl. Im NT finden sich dann bei Matthäus die Bergpredigt, das Gleichnis der Arbeiter im Weinberg, bei Markus die Kindersegnung und Passion/Auferstehung Jesu, bei Lukas die Geburtsgeschichte, die Gleichnisse vom barmherzigen Samariter und vom verlorenen Sohn, die Erzählung von Zachäus und die von den Emmaus-Jüngern, dazu aus der Apostelgeschichte die Erzählung vom Pfingstereignis.

In Bezug auf die Kompetenzdidaktik wird deutlich, dass weder die kompetenzorientierten Schulbücher noch die kompetenzorientierten Kerncurricula auf verbindliche biblische Inhalte in Form von Inhaltsbereichen verzichten, wenn auch sich die vorgegebenen biblischen Inhalte im Rahmen der Kompetenzorientierung klar reduziert haben.

Die diachrone Zusammenführung entlang der Grundbescheide von Horst Klaus Berg kann zeigen, dass die Auswahl einer „Diesseitsorientierung" folgt, bei der Texte mit eschatologischen Dimensionen und solche, die die Themen Leiden oder den Heiligen Geist thematisieren, nur sehr spärlich bzw. gar nicht vertreten sind. Dies wird nicht nur in der Sicht auf alle ausgewählten biblischen Texte (Makroanalyse) deutlich, sondern auch im Blick auf Gleichnisse, was der Autor als Analyse der Mikroperspektive in Kapitel 8 integriert. Gezeigt werden kann, dass Gleichnisse wie z. B. der arme Lazarus und der reiche Mann trotz ihrer eingängigen narrativen Gestaltung wohl aus inhaltlichen Gründen ausgespart werden. So bestätigt sich gleichsam die oben genannte Tendenz in der Mikro- und der Makroperspektive.

Im Vergleich mit den Lehrplänen ergibt auch die Analyse der Schulbücher (Kapitel 7) ein ähnliches Bild, was hinsichtlich ihrer Genese auch nicht verwundert. Interessant sind hier dennoch einige Randbeobachtungen, z. B. die, dass das Kanonproblem selbst an keiner Stelle theologisch thematisiert oder problematisiert wird, und auch, dass die kanonisch intertextuelle Exegese explizit nirgends produktiv aufgenommen wird, um dem Kanonproblem zu begegnen.

2.1.9 Tobias Faix und Tobias Künkler, Empirica Jugendstudie 2018 (2018)

Zur Anlage der Untersuchung

Tobias Faix und Tobias Künkler haben mit ihrem Team 3187 evangelische Jugendliche und junge Erwachsene zwischen 14 und 29 Jahren mit Hilfe eines umfassenden Onlinefragebogens befragt und zusätzlich 62 ausführliche, qualitative Interviews durchgeführt, in denen die Jugendlichen über ihren Glauben erzählt haben. Von den quantitativ befragten Jugendlichen konnten nach einer Datenbereinigung drei Viertel (75 % bzw. 2.386) im Anschluss an den Religiositäts-Struktur-Test von Stefan Huber als hochreligiös identifiziert werden und 25 % als religiös (N = 801). Des Weiteren unterscheidet die Studie neben Alter und Geschlecht zwischen landeskirchlichen Jugendlichen, die 48 %

der Hochreligiösen ausmachen, und freikirchlichen Jugendlichen. In Abhängigkeit vom Religiositätsgrad (hochreligiös vs. religiös) und der kirchlichen Zugehörigkeit (freikirchlich vs. landeskirchlich) analysiert die Studie eine Vielzahl weiterer Faktoren wie „Ehrenamt und Engagement", „Gemeinde und Zugehörigkeit", „Sozialisation", „Glaubensquellen", „Wertorientierungen" und Einstellungen zur „Sexualethik". Für unseren Kontext sind die Analysen zum Bibelverständnis zentral.

Kurze Darstellung der für unsere Studie besonders relevanten Ergebnisse

Auf einer fünfstufigen Skala geben die Jugendlichen mit einem Wert von 4,0 an: „Ich weiß, was in der Bibel steht" und machen deutlich, dass sie sich als auskunftsfähig zum christlichen Glauben in Bezug auf die Bibel sehen. Während 76 % der Jugendlichen aus Landeskirchen der Aussage zustimmen, sind das bei den Freikirchlern 79 % (Faix & Künkler, 2018, S. 69). Die Älteren (20–29 Jahre) glauben nach eigenen Aussagen besser zu wissen (94 %), was in der Bibel steht, als die Jüngeren (14–19 Jahre mit 72 %) (Faix & Künkler, 2018, S. 69).

Vergleicht man die Zahlen mit der KMU-Studie 2014 (Kirchenmitgliedschaftsuntersuchung der EKD), stimmen in der vergleichbaren Altersgruppe der Aussage dort nur 30 % zu, während es hier 78 % sind (Faix & Künkler, 2018, S. 70).

Zur Häufigkeit des Bibellesens geben 31 % an, dass sie mehr als einmal in der Woche die Bibel lesen, 28 % sogar mehr als einmal pro Tag. Vor allem die Diskrepanz zwischen den „Hochreligiösen" und den Ergebnissen der Daten der KMU wird deutlich (siehe Abb. 2).

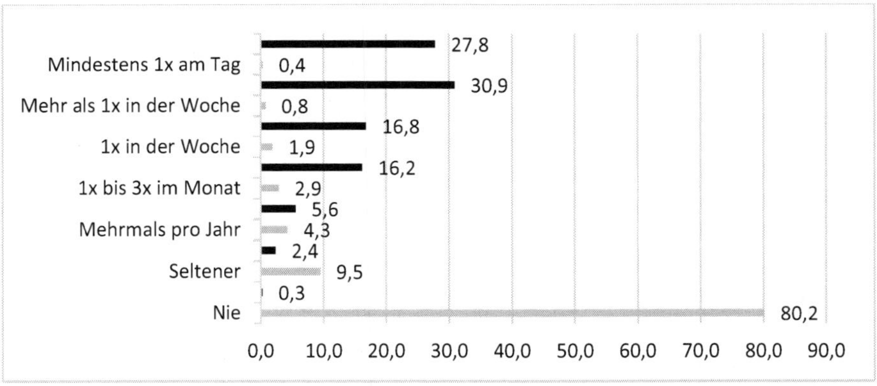

Abbildung 2: *Häufigkeit des Bibellesens in Prozent (Faix & Künkler, 2018, S. 76) in der KMU (grauer Balken) und bei den Hochreligiösen der Jugendstudie (schwarzer Balken)*

In die Studie wurden auch einzelne Items aufgenommen, mit deren Hilfe die Einstellungen der Jugendlichen zur Bibel erhoben wurden. So wurde folgendermaßen nach der Bedeutung und der Interpretation der Bibel gefragt und eine fünfstufige Antwortskala vorgegeben:

„Inwiefern treffen folgende Aussagen zu?
1. Ich richte meinen Alltag nach der Bibel aus.
2. Die Bibel sollte wortwörtlich verstanden werden.
3. Alle biblischen Gebote des AT und NT sind auch heute noch gültig.
4. Die Bibel sollte aus der Perspektive heutiger Verhältnisse gedeutet und verstanden werden." (Faix & Künkler, 2018, S. 23)

50 % der Freikirchlerinnen und Freikirchler stimmen der Aussage zu, dass sie ihren Alltag nach der Bibel ausrichten (vgl. Item 4), bei den Personen aus Landeskirchen dieser Gruppe sind es nur 30 % (Faix & Künkler, 2018, S. 77).

Vergleicht man die Mittelwerte der Religiösen mit denen der Hochreligiösen (siehe Abb. 3), wird besonders bei der „Ausrichtung des Alltags nach der Bibel" der Unterschied deutlich: Die Hochreligiösen richten sehr viel stärker ihren Alltag nach der Bibel aus. Auch sind die Hochreligiösen eher bereit, die Bibel wörtlich zu verstehen. Allerdings zeigen sich zwischen Religiösen und Hochreligiösen eher geringe Unterschiede bei den beiden Items, die den Gegenwartsbezug betonen (Gültigkeit der Gebote „auch heute noch"; Deutung der Bibel aus „heutiger" Perspektive), der für alle religiösen Personen gleicherweise relevant ist. Außerdem findet sich bei der Frage des Alltagsbezugs ein auffälliger Geschlechter- und Altersunterschied: Männer richten ihren Alltag stärker nach der Bibel aus (38 % der Frauen, aber 44 % der Männer stimmen der Aussage eher oder voll und ganz zu), Ältere stärker als Jüngere (29 % der 14–19-Jährigen stimmen dieser Aussage eher oder voll und ganz zu und 50 % bei den 20–29-Jährigen) (Faix & Künkler, 2018, S. 77).

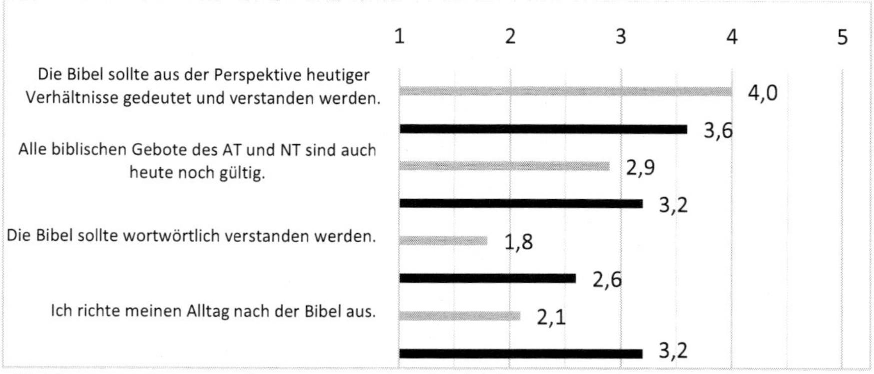

Abbildung 3: *Bedeutung und Interpretation der Bibel (nach Faix & Künkler, 2018, S. 77); Mittelwerte für Religiöse (grauer Balken) und Hochreligiöse (schwarzer Balken)*

Fast ebenso groß ist die Abweichung bei der Aussage: „Die Bibel sollte wortwörtlich verstanden werden". Bei den Personen aus Landeskirchen stimmten 14 % dieser Aussage (eher oder voll und ganz) zu, bei den Personen aus Freikirchen sind es 24 % (Faix & Künkler, 2018, S. 77). Auch hier nehmen Männer die Bibel wörtlicher (17 % bei den Frauen und 23 % bei den Männern; Faix & Künkler, 2018, S. 77).

Dagegen verstehen Jugendliche aus der Landeskirche die Bibel eher aus einer heutigen Perspektive und stimmen der Aussage „Die Bibel sollte aus der Perspektive heutiger Verhältnisse gedeutet und verstanden werden“ mit 60 % eher oder voll und ganz zu. Bei den Jugendlichen aus Landeskirchen sind es 47 % (Faix & Künkler, 2018, S. 77).

Als Beispiele der Einschätzung zu biblischen Aussagen werden in der Studie die Themen „Homosexualität“ und „Sex vor der Ehe“ gewählt. Hier sind 36 % der Personen aus Landeskirchen der Meinung, dass laut Bibel Homosexualität Sünde ist, bei den Personen aus Freikirchen sind es mit 64 % fast doppelt so viele. Für Männer ist dies eindeutiger als für Frauen, für Ältere eindeutiger als für Jüngere (Faix & Künkler, 2018, S. 79). Nicht ganz so groß ist die Abweichung bei Fragen zum Sex vor der Ehe (28 % der Landeskirchler sagen, dass in der Bibel eindeutig steht, dass Sex vor der Ehe eine Sünde ist, aber 47 % der Freikirchler). Jeweils mehr als 40 % stimmen allerdings der Aussage zu, dass in der Bibel nicht Eindeutiges zum Thema steht (Faix & Künkler, 2018, S. 78). Geschlechtsspezifische Zusammenhänge finden sich an dieser Stelle nicht.

Zusammenfassend fällt der große Unterschied der Intensität ins Auge, mit der sich hochreligiöse Jugendliche regelmäßig mit der Bibel beschäftigen, gerade auch im Vergleich zu Jugendlichen aus evangelischen Landeskirchen. Des Weiteren ist die Selbsteinschätzung der Älteren, besser zu wissen, was in der Bibel steht, bemerkenswert. Dies deutet auf einen Lernzuwachs mit dem Alter hin. Interessant sind außerdem die genderspezifischen Differenzen bei der durch hochreligiöse Jugendliche geprägten Stichprobe in der Frage nach der Bedeutsamkeit der Bibel für das Leben (für männliche Jugendliche ist sie wichtiger) und der Frage, ob man die Bibel wörtlich nehmen soll (auch hier stimmen deutlich mehr männliche Jugendliche zu). Erklärbar könnte dieser im Vergleich zu sonstigen Befundmustern gegenläufige Effekt dadurch sein, dass die männlichen Jugendlichen in der Gruppe der Hochreligiösen in der Minderheit sind (sie stellen 39 % der Hochreligiösen; Faix & Künkler, 2018, S. 48) und daher stärker unter Druck stehen, ihre Hochreligiosität zu rechtfertigten, so dass sie profilierter Einstellungen äußern.

2.2 Theoretische Zugänge zur Bibel

Neben der Intention, den beschriebenen Befunden unsererseits eigene Ergebnisse zum Vergleich beiseite zu stellen, spielen bei der Anlage und Auswertung unserer Studie vier theoretische Ansätze eine Rolle, in die im Folgenden eingeführt werden soll.

2.2.1 Bibelverständnis und Lebensstile

Schülerinnen und Schüler sollen individuell gefördert werden. Eine inklusive Pädagogik in einer pluralistisch differenzierten Gesellschaft betrachtet es als Notwendigkeit, angesichts heterogener Klassen individuell differenzierte Lernangebote zu entwickeln (Bönsch, 2011; Kunze & Solzbacher, 2008). Auch in der Religionspädagogik fand der Inklusionsbegriff Beachtung (Müller-Friese, 2011; Pirner, 2010) und trägt zu einer gesteigerten Wahrnehmung der Heterogenität von Schulklassen mit entsprechenden didaktischen Konsequenzen bei. Zum Beispiel soll im Kontext einer Didaktik der Jugendtheologie bereits in der Unterrichtsvorbereitung die Variationsbreite individueller theologischer Zugänge aufgenommen werden, mit dem Ziel, die „aktuell lebensdienlichste Vorstellung und Form des Selbstausdrucks" sensibel ins Gespräch zu bringen (Schlag & Schweitzer, 2011, S. 92). Ebenso müsse sich die thematische Auswahl an der Lebenssituation der Jugendlichen orientieren (S. 103). Als selbstverständlich gilt dabei die Norm der Anerkennung und Achtung des Jugendlichen als gleichwertiger Dialogpartner (S. 181). Entsprechend wird auch in der Bibeldidaktik auf die Heterogenität der Lerngruppen verwiesen (Steinkühler, 2019, S. 3–4) und gefordert, dass biblische Texte „vielstimmig" in den Unterricht einzubringen sind (S. 7–8).

Empirische Befunde decken hier freilich große Defizite auf (Gennerich, 2010a; Gennerich, Riegel & Ziebertz, 2008; Gennerich & Zimmermann, 2016, S. 100 u. 124–138). Sie belegen die Tendenz des Religionsunterrichts, semantisch konventionelle Deutungen zu favorisieren, so dass Schülerinnen und Schüler aus Lebenskontexten, in denen diese Deutungen weniger entwicklungsförderlich sind, nicht situationsangemessen angesprochen werden (z. B. „In den Interpretationen der Bibel und des Lebens kann ich mich nicht wiederfinden", Gennerich & Zimmermann, 2016, S. 87 u. 100). Dieser empirische Befund wiegt umso schwerer, als mit der Etablierung von Bildungsstandards und ihrer Festlegung zur Bewertung von Leistungen auch über spätere Lebenschancen entschieden wird. Es gilt also, die individuellen Anwendungskontexte für religiöse Deutungsleistungen zu berücksichtigen. Entsprechend relevant sind für eine heterogenitätsbewusste Religionspädagogik Modellbildungen, die die Verschiedenheit der Schülerinnen und Schüler in einer Weise systematisieren, dass daraus Schlussfolgerungen für die Unterrichtsplanung gezogen werden können. Eine solche Modellbildung stellt das Konzept der Lebensstile oder Milieus dar.

Diese beiden Begriffe sind durch eine gewisse Unschärfe und Uneinheitlichkeit in der Verwendung gekennzeichnet. So wird in der Religionspädagogik im Anschluss an den dominierenden soziologischen Sprachgebrauch der Begriff des „Lebensstils" verwendet (Hartmann, 1999; Rössel & Otte, 2011 sowie Gennerich, 2017b; Gennerich, 2018a). Etwas häufiger jedoch findet der alternative Begriff des „Milieus" Verwendung, weil die „Sinus-Institut GmbH" mit ihrem Milieubegriff bei kirchlichen Auftraggebern besonders erfolgreich war (Riegel, 2013 und kritisch Ilg, 2014). Auch insgesamt ist der Gebrauch beider Begriffe in den einschlägigen Publikationen sehr uneinheitlich, so dass eine konsistente Abgrenzung der Begrifflichkeiten nicht sinnvoll möglich ist (Hartmann, 1999, S. 46).

Auf der empirischen Ebene ist der Lebensstilansatz mit einer gewissen Variabilität operationalisierbar. Meist nehmen Lebensstilmodelle Bezug auf Werte oder Verhaltensweisen (Hartmann, 2011, S. 63), so dass eine Lebensstilgruppe oder ein Milieu „damit faktisch ein Aggregat von Personen ähnlicher Wertorientierungen und/oder Verhaltensweisen" ist (Otte & Rössel, 2011, S. 15). Mit Blick auf die Operationalisierung des Konzepts und der Wahl der als relevant angesehenen Merkmalsdimensionen haben sich entsprechend zwei unterschiedliche Richtungen herauskristallisiert (Spellerberg, 1996, S. 74–77): eine werttheoretische, bei der die Lebensstile auf zugrundeliegende Wert- und Bedürfnisstrukturen bezogen werden, und eine alltagsästhetische, bei der sichtbares Verhalten als Expression ästhetischer Präferenzen interpretiert wird.

Ein werttheoretisches Lebensstilmodell wird durch Gennerich (2010a; 2017b) in der Religionspädagogik umgesetzt. Bei der dabei zur Anwendung kommenden Wertefeldanalyse handelt es sich um eine religionspädagogische Modellbildung, die lebensweltliche Erfahrungen der Schülerinnen und Schüler zugleich mit ihren Einstellungen zu den Inhalten des Unterrichts abbilden kann. So können Fragen der Passung zwischen den Lernenden und dem Unterrichtsstoff reflektiert werden. Wertefeldanalysen bilden dabei die Heterogenität der Schülerinnen und Schüler in einer Weise ab, dass in der Unterrichtsplanung anschlussfähige theologische Ansätze erkannt und berücksichtigt werden können.

Ausgangspunkt der Wertefeldanalyse ist die Beschreibung der Inhaltsstruktur aller denkbaren Werte anhand zweier Wertedimensionen. Bereits Peter Biehl hatte so die Pluralität der entscheidungsleitenden Orientierungen der Schülerinnen und Schüler darstellen können (Biehl, 1993, S. 301). Mit den Forschungsbefunden von Shalom Schwartz (1992, 2006, Schwartz et al. 2012) kann diese Inhaltsstruktur für mehr als 80 Länder kulturübergreifend anhand der in Abbildung 4 dargestellten Wertedimensionen empirisch valide beschrieben werden.

Abbildung 4 beschreibt alle möglichen Werteklassen durch zwei grundlegende Inhaltsdimensionen: Traditions-, Konformitäts- und Sicherheitswerte repräsentieren den Pol Bewahrung, Leistungs- und Machtwerte den Pol Selbst-Steigerung. Selbstentfaltung, Anregung und Hedonismus werden durch den Pol Offenheit für Wandel repräsentiert und Universalismus und Prosozialität stellen den Pol der Selbst-Transzendenz dar. Dabei gilt: Benachbarte Werteklassen sind einander ähnlich. Zum Beispiel hat man mit Macht Kontrolle über die Dinge und kann sich so sicherer fühlen. Daraus ergibt sich z. B. die Ähnlichkeit von Machtwerten zu Sicherheitswerten.

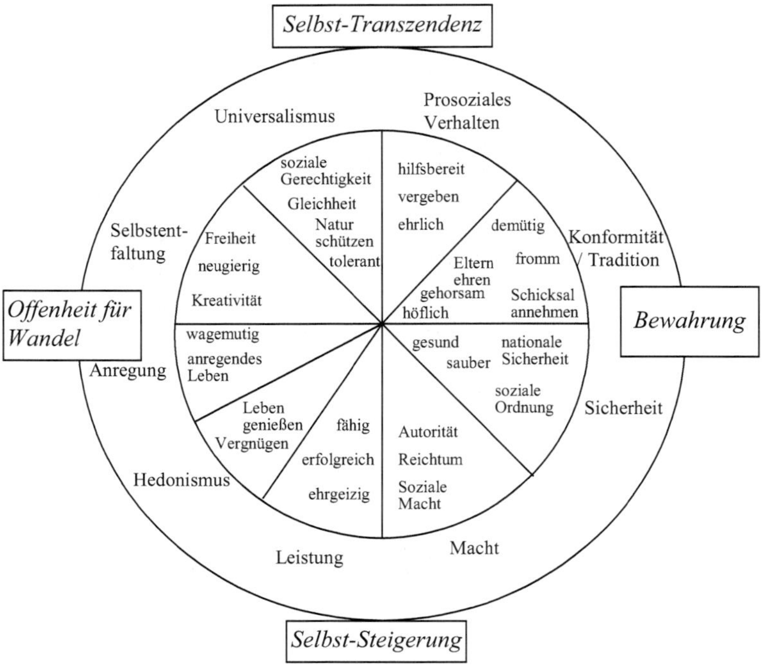

Abbildung 4: *Das Wertefeldmodell nach Schwartz 1992*

Mit dieser Modellbildung können statistisch transparent über die Quadranten des zweidimensionalen Wertefeldes vier Lebensstilgruppen unterschieden werden (Feige & Gennerich, 2008; Gennerich, 2010a, 2018a): oben/rechts die Lebensstilgruppe der Integrierten, unten/rechts die Gruppe der Statussuchenden, unten/links die Gruppe der Autonomen und oben/links die Gruppe der Humanisten. Für diese Gruppen kann ihr je spezifisches Bibelverständnis beschrieben werden, weil für die der Gruppenbildung zugrundeliegenden Wertedimensionen entsprechende Studien vorliegen. So zeigen für sieben Stichproben ($N = 1695$ insgesamt) Fontaine, Duriez, Luyten, Corveleyn und Hutsebaut (2005) im Anschluss an die Religionstypologie von David Wulff (1997), dass die Skala eines „wörtlichen vs. symbolischen Religionsverständnisses" mit $r = .95$ nahezu perfekt mit der vertikalen Dimension „Selbst-Transzendenz vs. Selbst-Steigerung" korreliert, wobei sich Personen mit Selbst-Transzendenzwerten (d. h. die Humanisten und die Integrierten) durch eine symbolische Interpretation auszeichnen und Personen mit Selbst-Steigerungswerten (d. h. die Autonomen und die Statussuchenden) durch eine „wörtliche Interpretation" (vgl. weiter unten Abb. 6 u. 9: da im unteren Feldbereich am Pol der Selbst-Steigerungswerte vor allem männliche Personen lokalisiert sind, ist der obige Befund von Faix & Künkler, 2019, dass männliche Jugendliche die Bibel wörtlicher verstehen, erwartbar). Die Dimension „Offenheit für Wandel vs. Bewahrung" ($r = .78$) und noch etwas stärker die Polarität zwischen Traditionswerten und Werten des Hedonismus (r = .85) korrelieren dagegen mit der Skala „Exklusion vs. Inklusion von Transzendenz", was bedeutet, dass Personen mit Traditionswerten (d. h. die Integrierten) Transzendenz in ihr religiöses Denken integrieren und Personen mit hedonistischen Werten (d. h. die Autonomen) Transzendenz dagegen ausschließen.

Abbildung 5 visualisiert den Befund von Fontaine und Kollegen (2005, S. 138) und zeigt auch die Bezeichnungen für die kombinierten Muster: Ein symbolisches Verständnis mit Ausschluss von Transzendenz wird als Relativismus bezeichnet, ein symbolisches Verständnis mit Einschluss von Transzendenz als Second Naiveté (d. h. religiöse Symbole werden nicht mehr wörtlich verstanden, dennoch auf einer ästhetischen Ebene als bereichernd erlebt). Ein wörtliches Verständnis mit Ausschluss von Transzendenz wird als externe Kritik beschrieben und ein wörtliches Verständnis mit Einschluss von Transzendenz als Orthodoxie im Sinne eines Fundamentalismus.

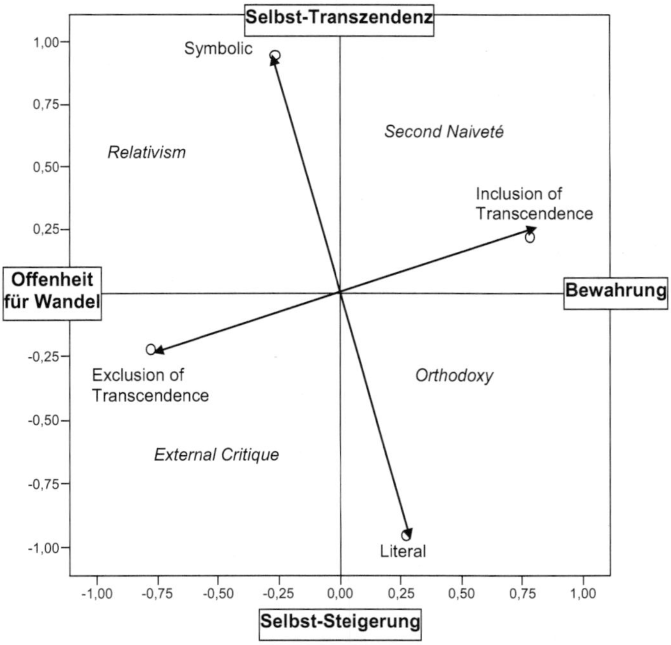

Abbildung 5: *Plot der Korrelation der Wertedimensionen von Schwartz (1992) mit den Religionsdimensionen nach Wulff (Fontaine et al., 2005, S. 138)*

Wie Riegel (2013, S. 615; 2018, 2. Aufl., S. 675) zu Recht argumentiert, kann die Wulffsche Modellbildung als eine Typologie des Bibelverständnisses interpretiert werden. Anders als bei den Sinus-Milieus, für die Riegel eine hypothetische Zuordnung der Wulffschen Dimensionen konstruieren muss, liegen für die wertefeldanalytische Lebensstilbildung entsprechende Befunde mit Abbildung 5 vor, so dass im Zusammenhang unserer Studie gut daran angeknüpft werden kann. Ergänzend können auch die jugendspezifischen Befunde von Streib und Gennerich (2011, S. 50) herangezogen werden, wonach besonders die Integrierten im Feldbereich oben/rechts hohe Werte auf der Skala „truth of text and teachings" (z. B. „Was die Texte und Geschichten meiner Religion mir sagen, ist absolut wahr und darf nicht verändert werden") haben. Den Befunden nach spiegelt diese Skala also eher den Pol „Inklusion von Transzendenz" bei Fontaine und Kollegen. Die für höhere Stufen (d. h., 4 und 5) im Entwicklungsschema nach James Fowler charakteristischen Schemata „fairness, tolerance and rational choice" und „xenos/interreligious dialogue" dagegen lokalisieren sich im Feldbereich der Humanisten. Nach den Befunden von Fontaine und Kollegen ist dies der Bereich eines religiösen „Relativismus", der durch eine „symbolische Interpretation" und den „Ausschluss von Transzendenz" gekennzeichnet ist. Darüber hinaus konnten auch Feige und Gennerich (2008, S. 184) zeigen, dass sich im Bereich des Pols „Inklusion von Transzendenz" von Abbildung 5 das Item „Die Aussagen der Bibel und des kirchlichen Glaubensbekenntnisses sind wortwörtlich wahr" verortet. Wohingegen im Bereich des „Relativismus" das Item „Ich bin nicht bewusst ungläubig – aber streng an die Bibel glauben?!? Ich stimme eher so im Prinzip überein" liegt. Insgesamt lassen sich damit für die vier Lebensstilgruppen unterschiedliche Stile der Rezeption biblischer Texte annehmen. Das Wulffsche-Schema bleibt jedoch abstrakt.

Wir wollen in dieser Studie prüfen, wie Schülerinnen und Schüler aus den unterschiedlichen Lebensstilgruppen eine konkrete biblische Geschichte, nämlich die Zachäusgeschichte, interpretieren. Ebenso fragen wir, wie häufig die unterschiedlichen Gruppen die Bibel lesen, welche Bedeutung die Bibel für sie persönlich hat und in welcher Form ihnen die Bibel begegnet. Sodann ist zu fragen, welche Eigenschaften die Bibel für die Lebensstilgruppen hat und ob die Bibel eher als Norm oder Zuspruch erfahren wird. Schließlich fragen wir auch nach der objektiven Bibelkenntnis der verschiedenen Gruppen, so dass sich insgesamt in einem breiten Spektrum ein Einblick in das Bibelverständnis der verschiedenen Lebensstilgruppen bzw. Milieus ergibt.

2.2.2 Bibel und Gender

„Gender" bezeichnet gesellschaftliche Zuschreibungsmuster und soziale Praktiken, die das biologische Geschlecht (sex) in ein soziales Geschlecht (gender) transformieren. Weil Geschlechterdifferenzen nur zum geringsten Teil auf biologischen, also „natürlichen" Gegebenheiten (sex) beruhen, sondern im Wesentlichen konstruiert werden von kulturellen Zuschreibungsmustern und geschlechtsspezifischer Sozialisation, muss man mit Generalisierungen äußerst vorsichtig sein. Hurrelmann und Groeben (2006, S. 52) konstatieren hier am Beispiel der Mediennutzung ein paradoxales Dilemma zwischen empirischer Beschreibung und theoretischer Erklärung, dem wir uns in der Durchführung und Interpretation unserer Studie auch bewusst sind:

> „Das, was empirisch valide und übereinstimmend nachgewiesen wurde – der Zusammenhang zwischen Mediennutzung und biologischem Geschlecht (Sex) –, lässt sich theoretisch nicht befriedigend erklären. Das, was theoretisch befriedigen würde – der Zusammenhang zwischen Mediennutzung und sozialem Geschlecht (Gender) –, lässt sich bislang empirisch nicht befriedigend sichern."

Deshalb gilt es, grundsätzlich zu bedenken, dass alle empirischen Daten in den referierten und in der eigenen Studie/n sich auf das biologische Geschlecht (sex) der Probandinnen und Probanden beziehen.

Zur Genese dieser Unterschiede sind Ergebnisse zum Thema Geschlecht aus der Perspektive des „Neurosexismus" interessant, bei der der unterschiedliche Hormongehalt z. B. für die genderverschiedene Ausbildung von Hirnbereichen schon während der Schwangerschaft verantwortlich gemacht wird (Baron-Cohen, 2004).

Kulturhistorische und sozialisationstheoretische Ansätze argumentieren dagegen mit einer Feminisierung z. B. der Lesekultur und der Erziehung (Bucher, 2004; Garbe, 2007; McGeown, 2015): Eine fortschreitende Feminisierung der Erziehung bis in die mittlere Kindheit hinein zeige sich dadurch, dass „Interaktionshelfer", die Kinder bei dem anspruchsvollen Prozess des Schriftspracherwerbs begleiten, heutzutage bis zum Ende der Kindheit fast ausschließlich weiblich sind. Die Lektüre erscheint so (unbewusst) als eine ‚weibliche Medienpraxis' und führt in der späten Kindheit und Pubertät zu Konflikten der Jungen mit den Anforderungen der männlichen Geschlechtsrolle. Außerdem fänden Jungen in der modernen Kinder- und Jugendliteratur, die ihnen zu Hause, im Kindergarten und in der Schule angeboten wird, immer noch zu wenig adäquaten Helden und Rollenvorbilder und substituieren Bücher durch andere Medien (s. u.).

Im Folgenden sollen zuerst die relevanten Studien hinsichtlich ihrer zum Thema Gender und Bibel relevanten Ergebnisse rezipiert werden, bevor von Seiten der genderspezifischen Leseforschung Ergebnisse zusammengetragen werden, die auch für den Kontext der Bibelrezeption und der Bibeldidaktik wertvoll sind.

Genderspezifische Ergebnisse aus Studien zur Bibel

Vor allem rezeptionsorientierte Studien zur Bibel, die in die Darstellung des Forschungsstandes (siehe Kap. 2.1) nicht explizit aufgenommen worden sind, haben sich zumindest vereinzelt auch mit der Frage nach Bibel(-lesen) und

Geschlecht beschäftigt. Zentral sind hierfür neben der Arbeit von Stuart Z. Charmé (1997), Silvia Arzt (1999) und Alexandra Renner (2013).

Charmé interviewte 71 Kinder im Alter von 4–11 Jahren. Sie wollte in Bezug auf die Geschichte von Adam und Eva herausfinden, in welchem Ausmaß der Faktor Geschlecht das Verstehen beeinflusste. Nach einer Nacherzählung wurden die Kinder gefragt, welche Figur in der Geschichte sie am liebsten sein wollten. Während sich die Jungen fast nie für Eva entschieden, wählte beinahe ein Drittel der Mädchen eine männliche Identifikationsfigur als Charaktere mit größerer Bedeutung und Macht (Charmé, 1997, S. 30–33) wie Adam oder Gott. Die Jungen dagegen wiesen sogar ausdrücklich zurück, sich mit einem Mädchen zu identifizieren (Charmé, 1997, S. 31), weil Adam eindrucksvoller als Eva sei, zuerst erschaffen wurde, mächtiger sei und den Tieren Namen geben durfte. Die Identifikationsbereitschaft sowohl mit Adam als auch mit Eva nahm allerdings grundlegend ab, sobald die Charaktere moralisch problematisch wurden, wie z. B. in Gen 3 in der Erzählung vom Fall des Menschen (Charmé, 1997, S. 33). Grundsätzlich stellte Charmé also eine Tendenz fest, sich in biblischen Geschichten mit gleichgeschlechtlichen Charakteren zu identifizieren, allerdings nur, wenn die Figur als positiver Protagonist wahrgenommen werde und damit Vorbildfunktion habe.

Arzts Studie ist die erste im deutschsprachigen Raum, die nach der geschlechtsspezifischen Rezeption biblischer Texte fragt. Die Autorin ging dabei von der Erzählung vom „Widerstand der Waschti" im ersten Kapitel des Estherbuches aus. Hierzu wurden 180 Personen im Alter von 10–15 Jahren gebeten, aus der Perspektive einer Gestalt die Geschichte nachzuerzählen. Neben der Nacherzählung bildete ein kurzer Fragebogen die Grundlage der Inhaltsanalyse, eine konkrete Nachfrage bezüglich der narrativen Darstellungen war bei dieser Methode allerdings nicht möglich.

Bei der qualitativ inhaltsanalytischen Auswertung der Nacherzählungen nach Philipp Mayring wurde die geschlechtsspezifische Rezeption der Erzählung deutlich: „Mädchen wie Jungen wählten vor allem eine gleichgeschlechtliche Person der Geschichte, um aus ihrer Perspektive eine Nacherzählung zu verfassen" (Arzt, 2009, S. 267). Von den 94 Mädchen identifizierten sich 68 mit Waschti und nur zwölf mit Ahaschwerosch, von den 68 Jungen identifizieren sich 37 mit Ahaschwerosch und nur acht mit Waschti (Arzt, 1999, S. 98). Die Mädchen erstellten außerdem deutlich umfangreichere und empathischere Nacherzählungen. Die Fragen nach den Geschlechterrollen nehmen vor allem die älteren Schülerinnen auf.

Interessant ist auch die im Kontext der Arbeit dargestellte genderspezifische Auslegungstradition, bei der Exegetinnen z. B. Waschti positiver bewerten als männliche Exegeten (Arzt, 1999, S. 43). So zeige sich schon in der Wirkungsgeschichte von Esther 1 „in den wissenschaftlichen Kommentaren, dass Frauen und Männer Texte unterschiedlich lesen" (Arzt, 1999, S. 57). Somit kann als Verdienst der Untersuchung bis heute festgehalten werden, dass die Rezeption biblischer Texte nicht nur vom Alter, sondern auch vom Geschlecht der Lesenden abhängt.

Alexandra Renner (2013) wählte keine Interviewmethode, durch die immer nur die gelenkte Interpretation erfasst werden könne, sondern mit der sogenannten Reminding-Methode unternahm sie den Versuch, ohne Lenkung genderspezifische Leseprozesse zu beschreiben. Diese Methode wurde vom britischen Kognitions- und Emotionspsychologen Keith Oatley entwickelt, um Produkte der Interaktion zwischen Text und Lesenden wie Emotionen, Erinnerungen und Gedanken zu erforschen. Dabei werden die Probandinnen und Probanden aufgefordert, dann eine Stelle im Text zu markieren, wenn Gedanken, Gefühle oder Erinnerungen in ihnen aufkommen (Renner, 2012, S. 43). Diese Markierungen sollen im Anschluss an die Lektüre nummeriert und schriftlich mit Begründung erläutert werden (Renner, 2013, S. 107). Die Vorteile eines solchen offenen Erhebungsverfahrens liegen auf der Hand, denn die Leserinnen und Leser bestimmen die relevanten Stellen selbst, und der Forschende muss bei der Erhebung nicht einmal zwingend anwesend sein.

Renner untersuchte nun die Kommentare von 93 Schülerinnen und Schülern (56 weibliche und 37 männliche, außer eine alle Schüler und Schülerinnen eines Gymnasiums im süddeutschen Raum, zu etwa drei Vierteln aus dem katholischen und einem Viertel aus dem evangelischen Religionsunterricht) danach, welche Rezeptionsformen sich beobachten lassen, welche Bezugspunkte der Rezeption hergestellt werden und welche Nähe der Rezeption es gibt. Ausgewertet wurde also neben konkreten inhaltlichen Aspekten, ob es sich um identifikatorische, empathische oder um eine distanzierte Form der Rezeption handelte.

Als Ergebnis kann Renner festhalten, dass es Rezeptionsprozesse vor allem zu Beginn und am Ende der Geschichte gibt, d. h. dass Emotionen angesprochen werden, eine Figur als Vorbild auftritt oder das Gottesbild thematisiert wird, Querverbindungen zu anderen biblischen Geschichten erkennbar sind oder Tiere vorkommen (Renner, 2013, S. 223). Dabei entdecken Mädchen eher Ähnlichkeiten, Jungen eher Unterschiede zu ihrer eigenen Lebenswelt. Häufiger äußern Jungen Desinteresse/Langeweile am Gegenstand, sie finden nichts Vergleichbares in ihrer Lebenswelt und bauen (so) weniger Nähe zum Text auf (Renner, 2013, S. 224). Hauptbezugspunkte der Rezeption sind Figuren der Geschichte, die beide Geschlechter gleichsam in der Rezeptionsform der Empathie/Gegenempathie/Bewunderungs-Identifikation wahrnehmen, wobei sich Jungen auf den (logischen) Ablauf der Geschichte, die Welt der Erzählung (Ort, Größe z. B. der Streitmacht, von Gebäuden und Gebieten) oder auf technische und medizinische Versorgung beziehen. Beide Geschlechter stellen außerdem auch Bezüge zu anderen biblischen Texten her, während eher Mädchen vom Text abkommen und ihre eigenen Erfahrungen zum Mittelpunkt der Rezeption machen.

Die biblische Gestalt Judith wird von beiden Geschlechtern in ihrer Tat begründet beurteilt und damit positiv (Rettung des Volkes Israel) und gleichsam negativ (Mord) bewertet. Die Mädchen tendieren wider Erwarten dazu, das Verhalten der Israeliten positiver zu beurteilen, während die Jungen es negativer einschätzen, sich zu rächen. Eine weitere Beobachtung ist, dass „die Vorstellung eines strafenden, wütenden, zornigen, grausamen oder gar gewalttätigen Gottes fremd ist" (Renner, 2013, S. 229) und beide Geschlechter sprachliche Probleme mit der gehobenen, fremden Sprache der Einheitsübersetzung haben.

Die These, dass Mädchen und Jungen religiöse Texte durch die „Brille des Geschlechts" wahrnehmen, zeigt sich auch in den unter Kapitel 2.1 rezipierten und verschiedenen anderen Studien (Klein, 2000; Fricke, 2005, S. 415). Mögliche Spuren sollen auch in Bezug auf die hier vorgelegte Studie verfolgt werden.

Fragt man nach genderspezifischen Ergebnissen der unter Kapitel 2.1 rezipierten Studien, dann wird deutlich, dass nicht alle Studien die Kategorie Geschlecht überhaupt berücksichtigen (so z. B. nicht bei Goldmann, 1964; Berg, 1989). An unterschiedlicher Stelle wird allerdings selbst im Kontext von älteren Befragungen festgehalten, dass Mädchen einen intensiveren Bezug zur Bibel haben als Jungen. Z. B. erkennen nach Bröking-Bortfeld (1984, S. 135) mehr Mädchen (52 %) die Bibel als das Wort Gottes an als Jungen (42 %).

Auch lesen zumindest freikirchliche weibliche Jugendliche häufiger in der Bibel und verwenden häufiger einen Bibelleseplan (Greiner, 2003, S. 339 u. 343).

In Tamminens Untersuchungen von 1974 und 1986 werden ebenso geschlechtsspezifische Unterschiede deutlich. So resümiert er, dass kritisch diffamierende Antworten größtenteils von Jungen kamen (Tamminen, 1993, S. 153) und Jungen „durchgängig zu einer kritischeren Betrachtungsweise der in der Befragung verwandten biblischen Geschichten" neigen „als Mädchen" (S. 160).

Die geschlechtsspezifische Dimension der Rezeption biblischer Geschichten wird bei Hanisch und Bucher (2002) besonders an der Auswahl der Lieblingsgeschichte deutlich. Hier liegt durch identifikatorische Textperspektiven begründet die Präferenz der Mädchen eindeutig bei der Geburtsgeschichte und bei Adam und Eva, die der Jungen bei der Mosesgeschichte (Hanisch & Bucher, 2002, S. 43). Der Kritik der feministischen Bibeldidaktik müsse hier Recht gegeben werden, dass sich Jungen und Mädchen jeweils lieber mit gleichgeschlechtlichen biblischen Gestalten identifizieren, Jungen hier mit Mose bzw. David, Mädchen eher mit der Geburtsgeschichte, bei der mit Maria profiliert eine Frau vorkommt, oder selbst mit Adam und Eva, obwohl die Rolle von Eva ja auch schwierige Facetten enthält.

Hanisch und Bucher stellen fest: „Obgleich die Mädchen in der Bibel weniger gleichgeschlechtliche Identifikationsgestalten finden, beurteilen sie sie doch positiver ($F = 40.1$, $p = .000$) als die Jungen: 80 % von ihnen halten sie für wichtig, gegenüber 68 % der Jungen." Die Bestimmung der Inhalte, was den Kindern an ihrer Lieblingsgeschichte wichtig ist, erscheint allerdings weitgehend homogen (Hanisch & Bucher, 2002, S. 47).

Geschlechtsspezifische Effekte beim Erinnern und Wiedererkennen biblischer Geschichten zeigen auch Kammeyer und Büttner (2011, S. 18) auf:

> „Unter geschlechtsspezifischer Perspektive ist es die Auferstehung Jesu, die die bei uns beteiligten Mädchen signifikant besser kennen als die Jungen. Tendenziell besser bei den Jungen bekannt ist die Salbung Jesu. Hinsichtlich der übrigen Geschichten, auch derjenigen, in denen Frauen eine Rolle spielen, gibt es keine besonderen Auffälligkeiten."

Genderspezifische Ergebnisse zum Leseverhalten

Interessant sind im Kontext des Bibel-*Lesens* natürlich auch Forschungen, die sich mit dem genderspezifischen Leseverhalten beschäftigen. Diesbezüglich sprechen Philipp und Garbe (2007) und Philipp (2011a und 2011b) von fünf Achsen der Differenz, die sich auf folgende Bereiche beziehen:

1. Lesekompetenz: Mädchen lesen nach PISA — gerade bei anspruchsvollen Aufgaben — besser als Jungen.
2. Lesequantität und -frequenz: Mädchen lesen häufiger und länger als Jungen.
3. Lesestoffe und -präferenzen: Mädchen lesen andere Bücher, Zeitschriften und elektronische Texte als Jungen.
4. Leseweisen und Lektüremodalitäten: Mädchen lesen anders als Jungen.
5. Lesefreude und Lesemotivation: Mädchen bedeutet das Lesen mehr als Jungen, sie lesen lieber und ziehen offenbar höhere Gratifikationen daraus als Jungen.

Diese Aspekte sollen knapp ausgeführt und, wo möglich, hinsichtlich ihrer Ergebnisse auf das Lesen der Bibel appliziert werden.

Die *Lesekompetenz* wir in regelmäßigen Abständen vor allem durch die sogenannte PISA-Studie international vergleichend dargestellt. PISA steht für „Programme for International Student Assessment" und ist ein Forschungsprogramm zum internationalen Vergleich von Schülerleistungen am Ende der obligatorischen Schulzeit, also mit 15 Jahren bzw. in der 9. Jahrgangsklasse, das ab 2000 alle drei Jahre durchgeführt wird. Die Federführung liegt beim „Deutschen Institut für Internationale pädagogische Forschung". Während sich nach dem Pisaschock 2000, der sich vor allem auf die schlechten Ergebnisse deutscher Schülerinnen und Schüler bezog, die Leseleistungen leicht verbessert haben, liegt Deutschland hier weiterhin nicht im Spitzenfeld, sondern „nur" oberhalb des OECD-Mittelfeldes.

Interessant ist nun der Vergleich der Lesekompetenz bei Mädchen und Jungen (vgl. Hohn et al., 2013, S. 233), die sich in der PISA-Studie 2012 um 44 Punkte unterscheidet: Mädchen (530 Punkte) sind hier deutlich besser als Jungen (486 Punkte). Dies macht sich auch in der Bibellektüre bemerkbar, bei der die Texte von den Leserinnen und Lesern sowieso als (zu) anspruchsvoll empfunden werden.

Schon zur ersten PISA-Studie wurde festgehalten:

> „Die größten und konsistentesten Geschlechterunterschiede sind im Bereich Lesen zu beobachten. In allen PISA-Teilnehmerstaaten erreichen die Mädchen im Lesen signifikant höhere Testwerte als die Jungen. In Deutschland entspricht der Leistungsvorsprung ungefähr einer halben Kompetenzstufe [...]. In der Mathematik lassen sich Leistungsvorteile für die Jungen feststellen, diese sind jedoch deutlich kleiner als die Geschlechterdifferenzen im Lesen [...]. In den Naturwissenschaften zeigt sich weder im Durchschnitt der OECD-Staaten noch innerhalb Deutschlands ein signifikanter Leistungsunterschied zwischen Mädchen und Jungen" (Deutsches PISA-Konsortium, 2001, S. 253).

Wichtig für die Lesekompetenz jüngerer Schülerinnen und Schüler ist die IGLU-Studie, die regelmäßig am Ende der Grundschulzeit ebenfalls im internationalen Vergleich durchgeführt wird. IGLU steht für „Internationale Grundschul-Lese-Untersuchung". Der Kompetenzvergleich von Mädchen und Jungen in der IGLU-Studie von 2016 zeigt die folgenden Ergebnisse: „Für die Gesamtskala Lesen lassen sich in Deutschland signifikante Leistungsunterschiede zwischen Mädchen und Jungen feststellen. Der Leistungsvorsprung der Mädchen ist mit 11 Punkten eher gering und unterscheidet sich nicht signifikant von dem internationalen Mittelwert, sowie den der EU und OECD-Teilnehmer. Mädchen zeigen beim literarischen Lesen im Mittel deutliche Vorteile gegenüber Jungen (18 Punkte), während Unterschiede beim informierenden Lesen mit 5 Punkten nur minimal sind [...]. Die geschlechtsspezifischen Differenzen haben 2016 dieselbe Größenordnung wie 2001. Dies trifft auf fast alle Teilnehmerstaaten und -regionen zu. Lediglich in den USA und in Hongkong zeigt sich eine signifikante Verringerung der geschlechtsspezifischen Leistungsdisparitäten von 2001 zu 2016" (Hußmann et al., 2017, S. 18).

Zusammenfassend kann bezüglich der IGLU- und der PISA-Studie also die eher schwache Lesekompetenz deutscher Schülerinnen und Schüler sowohl zum Ende der Grundschulzeit also auch zum Ende der Sek. I festgehalten werden. Mädchen allerdings zeigen vor allem am Ende der Sek. I deutlich bessere Ergebnisse als Jungen.

Dieses Ergebnis lässt sich leicht auch durch das Leseverhalten begründen, denn Mädchen lesen deutlich mehr, wie aus der *Nutzungsfrequenz* von Büchern nach den JIM-Studien (MPFS, 2013 und 2018) hervorgeht.

Die JIM (Jugend-Information-Medien)-Studie 2018, für die 1.200 Jugendliche zwischen zwölf und 19 Jahren in ganz Deutschland von Mai bis August 2018 telefonisch befragt wurden, führt auf, dass der Anteil regelmäßiger Leser seit 20 Jahren konstant bei 40 % liegt. Auch 2018 lesen zwei von fünf Jugendlichen regelmäßig Bücher in analoger Form (MPFS, 2018, S. 18). Die Lesehäufigkeit nimmt während der Pubertät ab und erreicht danach zumindest, was die Vielleser betrifft, nicht wieder das Niveau mit 12–13 Jahren. Der „Anteil der regelmäßigen

Leser fällt von 48 Prozent bei den Zwölf- bis 13-Jährigen auf 37 Prozent bei den volljährigen Jugendlichen. Einen noch stärkeren Einfluss als Geschlecht oder Alter hat jedoch der Bildungshintergrund auf die Lesefreudigkeit der Jugendlichen. Weniger als ein Drittel der Befragten mit formal niedrigerem Bildungsniveau liest regelmäßig Bücher, während bei Jugendlichen mit formal höherem Bildungsniveau knapp die Hälfte regelmäßig zum Buch greift. Analog dazu fällt der Anteil der Nichtleser unter Jugendlichen, die eine Haupt- oder Realschule besuchen, mit 23 Prozent fast doppelt so hoch aus wie bei den Gymnasiasten (12 %)" (MPFS, 2018, S. 19).

Der Unterschied zwischen weiblichen und männlichen (Nicht-)Lesern ist deutlich: 47 % der Mädchen (34 % der Jungen) lesen täglich oder mehrmals pro Woche, 18 % einmal pro Woche oder einmal alle zwei Wochen (18 % bei den Jungen), 24 % einmal pro Monat (28 % bei den Jungen) und 11 % seltener (20 % bei den Jungen), d. h. fast die Hälfte (48 %) der Jungen liest nur einmal pro Monat oder seltener (bei den Mädchen sind das „nur" 35 %) (vgl. MPFS, 2018, S. 18). Auch mit digitalen Büchern beschäftigen sich nur 25 % der Jugendlichen. Mädchen sind auch hier etwas affiner (regelmäßige E-Book-Nutzung: Mädchen: 11 %, Jungen: 5 %) (MPFS, 2018, S. 19).

Nach eigener Einschätzung verbringen an einem durchschnittlichen Tag die 12- bis 19-Jährigen 67 Minuten mit dem Lesen von Büchern. Mädchen lesen mit 79 Minuten deutlich länger als Jungen (56 Min.). Mit dem Alter der Jugendlichen nimmt auch die Lesedauer deutlich ab (12–13 Jahre: 81 Min., 14–15 Jahre: 67 Min., 16–17 Jahre: 58 Min., 18–19 Jahre: 64 Min.) (MPFS, 2018, S. 21).

Die JIM-Studie 2013 hat weiterführend auch nach der Medienbeschäftigung in der Freizeit gefragt, so dass deutlich wird, wie die Jungen (stattdessen) medial ihre Zeit füllen: an der Spitze steht bei der täglichen bzw. mehrmaligen Nutzung pro Woche Handy (87 %) und Internet (89 %); bei den Mädchen sind es ebenfalls das Handy mit 93 % und das Internet mit 90 %, jeweils gefolgt vom Fernsehen (89 % bei Jungen und 87 % bei Mädchen). Deutliche Unterschiede gibt es bei den Computer-, Konsolen-, und Onlinespielen, die von 70 % der Jungen, jedoch nur von 19 % der Mädchen täglich bzw. mehrmals in der Woche genutzt werden, wohingegen Bücher von 49 % der Mädchen und nur 31 % der Jungen mindestens mehrmals in der Woche gelesen werden (MPFS, 2013, S. 12).

Da die Bibel ja nicht nur als „Ganzschrift", sondern in unterschiedlichsten medialen Aufbereitungsformen zur Verfügung steht, interessiert auch, ob es geschlechtsspezifische Unterschiede im Nutzungsverhalten gibt.

Tabelle 5 zu den bevorzugten *Lesestoffen* zeigt deutlich, dass z. B. das Medium Comic, in dem auch biblische Geschichten zur Verfügung stehen, gerade für männliche Schüler eine attraktive Lektüre biblischer Texte anbieten würde.

Tabelle 5: *Buchlesepräferenzen nach Geschlecht bei österr. Dritt- bis Sechstklässlern bei dem Item „lese gerne" (Böck, 2000 nach Philipp & Garbe, 2007, S. 8)*

Genre	gesamt	männlich	weiblich
Comics	63	78	47
Sport/Hobby	58	71	44
Technik/Computer	52	76	26
Indianerbücher	34	45	21
Abenteuerbücher/Fantasy	84	87	82
Krimis	76	85	66
Mädchenbücher	33	2	65
über das Leben von Jugendlichen	55	45	67
Musik/SängerInnen/Bands	32	23	42
Märchen/Sagen	46	40	53
Tiere/Natur	78	75	81
über andere Länder	55	59	52
Lexika, Nachschlagewerke	48	52	42

Referiert man die Leseforschung hinsichtlich ihrer inhaltlichen *Lesepräferenzen* und ihren Begründungen (Philipp & Garbe, 2007; Philipp, 2011 a und b), bevorzugen Mädchen Beziehungs-, Tier- und Liebesgeschichten, Geschichten, in denen menschliche Schicksale im Vordergrund stehen, im weitesten Sinne also psychologische Geschichten oder „human-interest-stories". Jungen dagegen wählen Geschichten mit Spannung und Aktionsreichtum, Abenteuer und Kampf, Herausforderung und Bewährung, sogenannte Reise- und Heldengeschichten. Auch das kann differenzierend in der Auswahl biblischer Geschichten Berücksichtigung finden.

Mädchen wählen Themen mit Bezug zu ihrem eigenen Leben, zu ihrer Gegenwart bzw. zu ihrem gesellschaftlichen Umfeld und priorisieren eher realistische oder problemorientierte Geschichten, während Jungen narrative Settings zu anderen und fremden Welten, zu exotischen Ländern, fernen Zeiten, spannende (unwahrscheinliche) Szenarien aussuchen, wie sie z. B. in historischen Romanen und Heldengeschichten, in Fantasy und Science-Fiction inszeniert werden.

Mädchen bevorzugen bei den ausgewählten Stoffen Geschichten mit innerer Handlung (Beziehungen, Psychologie) und sie lesen eher empathisch und emotional involviert. Jungen bevorzugen dagegen Geschichten mit äußerer Handlung, in denen der Kampf gegen äußere Hindernisse oder Feinde und die Meisterung von Herausforderungen zentral sind. Dabei lesen Jungen eher sachbezogen und distanziert oder tauchen in fremde, phantastische und exotische Welten ab.

Mädchen lesen eher ernst, realistisch und identifikatorisch, Jungen dagegen lieben Komik, Witz, Parodie und alle Formen von schrägem Humor und skurrilen

Übertreibungen; dies sind für sie nicht zuletzt Möglichkeiten der Distanzierung von den fiktionalen Welten (Philipp & Garbe, 2007; Philipp, 2011 a und 2011b).

Sehr kritisch referiert Maik Philipp in seiner jüngsten Publikation von 2015 die bisher erschienenen internationalen Studien zu „Lesen und Geschlecht“, deren Ergebnisse er quasi als Metastudie vergleichend unter den Aspekten Land, Stichprobe, Klasse, Anzahl der berücksichtigten Dimensionen, Ergebnisse zu intrinsischer und extrinsischer Lesemotivation nebeneinanderstellt und nach statistisch auffälligen höheren Werten für Mädchen und Jungen vergleicht (Philipp, 2015, S. 450). Als Ergebnis hält er fest, dass

a) bei fast allen Studien die methodisch aufwändige Operationalisierung des sozialen Geschlechts nicht erfolgt sei und nur das biologische Geschlecht als sog. unabhängige Variable erfasst worden sei und

b) „praktisch alle Studien keine Zufallsstichproben aufweisen [...], so dass sich Generalisierungen [...] seriös nicht anstellen lassen“ (Philipp, 2015, S. 451).

Die Studien hätten so die Tendenz, „mit Rekurs auf die scheinbar eindeutige Empirie die Differenz zwischen den biologischen Geschlechtern zu verabsolutieren und Jungen zu einer Risikogruppe beim Lesen zu stilisieren“ (Philipp, 2015, S. 461). Rein quantitativ gäbe es z. B. bezüglich der Lesemotivation mehr Studien, „die auf keine statisch auffälligen Differenzen stießen, als solche, bei denen dies der Fall war“ (Philipp, 2015, S. 462). Auch bezüglich der Befunde über Präferenzen von Lesemedien und -genres gäbe es mehr Gemeinsamkeiten als Unterschiede zwischen den biologischen Geschlechtern (Philipp, 2015, S. 462).

Die deutschdidaktische Leseförderung hat unterschiedlich auf die genderspezifischen Erkenntnisse reagiert und z. B. genderspezifische Leseempfehlungen wie etwa auf der Internetseite „boys and books“ entwickelt, die nach den obigen Kriterien dann z. B. Kinder- und Jugendbücher, die speziell an das Leseverhalten und die Prioritäten von Jungen angepasst sind, vorstellen und rezensieren.

William G. Brozo behauptet in „To be a boy, to be a reader. Engaging Teen and Preteen Boys in Active Literacy“ (2010), dass positive männliche Archetypen (wie der König, der Krieger, der Liebhaber u. a.) den Jungen dabei helfen, sich selbst eine männliche Identität zuzuschreiben. Alfred Tatums „Reading for their Life. (Re)Building the Textual Lineages of African American Adolescent Males“ (2009) geht sogar noch einen Schritt weiter und betont die Notwendigkeit auch männlicher Lesevorbilder im (Schul-)Alltag, damit die Schüler dann durch die Vorbilder auch den Texten vertrauen würden.

Zusammenfassend kann man festhalten, dass verschiedene vorliegende empirische Studien hinsichtlich der Lesekompetenz, der Lesequantität und -frequenz, aber auch in Bezug auf die Leseweise, die Lesemotivation und die Lesefreude deutliche Unterschiede zwischen den Geschlechtern aufgezeigt haben. Eine Metastudie von Maik Philipp (2015) relativiert allerdings deren Ergebnisse kritisch. Relevant sind diese dennoch, denn die Ergebnisse könnten sich implizit oder explizit in unserer Studie wiederfinden. Unsere Studie hat allerdings das soziale Geschlecht nicht direkt erfasst (vgl. Döring, 2013), wenngleich die von uns verwendete Wertemessung auch Geschlechtsrollen repräsentiert (vgl. Abb. 9). Außerdem können die dargestellten Erkenntnisse in bibeldidaktischer Perspektive z. B. beim Textniveau, der Auswahl möglicher Stoffe, an denen die Bibel ja so reich ist, und in der methodischen Umsetzung (z. B. Arbeit mit Comics) berücksichtigt werden.

2.2.3 Zur Frage der Wahrheit der Schrift

Hanisch und Bucher (2002) haben in ihrer Studie als Gegensatzpaar „wahr" und „erfunden" eingeführt, um die Einschätzung der Grundschüler in Bezug auf den Wahrheitsgehalt der Bibel zu überprüfen. Da der Gegensatz zu „wahr" eher „nicht wahr" und nicht „erfunden" ist und der Gegensatz zu „erfunden" (fiktiv) eher „nicht fiktiv" (faktisch im Sinne von „hat tatsächlich stattgefunden") ist, könnte das Gegensatzpaar folglich bereits in der Anlage der Untersuchung als fragwürdig gelten. Die Wörterbuch-Unterscheidung der absoluten Gegensatzpaare wird sich allerdings nicht im semantischen (enzyklopädischen) Verständnis der befragten Probanden, also Kinder und Jugendliche, widerspiegeln. Wahrscheinlich machen Kinder diese Unterscheidung nicht. Für sie werden beide Begriffe demselben Konzept zugeordnet sein, weil nach dem Aristotelischen Modell der Mensch dem Wahrheit zuspricht, was wirklich ist (i. e. sensory perception). Also: wahr bedeutet, dass etwas tatsächlich stattgefunden hat und nicht wahr, dass es erfunden ist (also synonymisch gebraucht).

Auf alle Fälle zeigen sich interessante Ergebnisse: Insgesamt 87 % der Kinder plädieren für „wahr" und 13 % für „erfunden". Selbst 61 % der Kinder mit geringer religiöser Praxis, 91 % mit mittlerer religiöser Praxis und 97 % mit hoher religiöser Praxis waren der Meinung: Die Bibel ist wahr. Wer die Bibel allerdings für erfunden hält, das zeigt die Faktorenanalyse, „attestiert ihr kaum, auch wichtig zu sein. In der Tat sind von denjenigen, für die die Schrift wichtig ist, nur vier Prozent der Meinung, sie sei erfunden" (Hanisch & Bucher, 2002, S. 71).

Hieran kann verdeutlicht werden, dass die Frage nach der Wahrheit der Bibel zentral ist, auch wenn es um die Bedeutsamkeit der Schrift geht. Die Ablehnung ihrer Wahrheit kann eventuell sogar als eine der jugendlichen Einbruchstellen des Glaubens (Nipkow, 1987) in der Auseinandersetzung mit dem Thema Bibel gerechnet werden: neben der Theodizeefrage, der Frage nach Schöpfung/Entstehung der Welt, der Vertrauenswürdigkeit aktueller Zeugen, eben als Teil der Frage nach der Realität der Fiktion Gottes. Dazu kann auch die Frage nach der Wahrheit der Schrift gerechnet werden, in der und durch die sich Gott ja offenbaren soll.

In seiner Studie von 1986 konnte Kalevi Tamminen zeigen, dass „eine eindeutige und durchgängige Veränderung mit zunehmendem Alter nur in einer der Kategorien [in Bezug auf Fragen und Einschätzungen zur Bibel], nämlich der bezüglich der Glaubwürdigkeit der Bibel (Kategorie 4) feststellbar ist. In diese Kategorie wurden Schülerantworten eingeordnet wie: ‚Sind diese Ereignisse alle passiert oder wurden sie erfunden' [...] und, ‚Ist jedes Wort der Bibel wahr?' [...]. Fragen dieser Art scheinen bereits im Alter von 11–12 Jahren aktuell zu sein, darüber hinaus gewinnen sie in der Pubertät (13–14) noch an Intensität" (Tamminen, 1993, Tab. 158).

Die Zunahme von nichtbuchstäblichem Verstehen biblischer Geschichten scheint also mit einem parallel linearen Anstieg der Ablehnung von diesen als „unglaubwürdig" einherzugehen. Wer biblische Geschichten nicht mehr wortwörtlich auffasst, neigt infolgedessen dazu, sie für unglaubwürdig und unwichtig zu halten.

Dennoch oder deshalb kreisen die Fragen der Schüler und Schülerinnen schon in der Sekundarstufe I, vor allem aber des Mittel- und Oberstufenunterrichts häufig um Gültigkeit und Glaubwürdigkeit der Bibel bzw. um die zentrale Frage nach ihrer Wahrheit (im Folgenden ähnlich Zimmermann, 2018). Wenn die Schülerinnen und Schüler aber von Wahrheit sprechen, so ist damit für sie eben oft die Übereinstimmung von Gegenstand und Begriff im aristotelisch-scholastischen Sinne gemeint (Korrespondenztheorie nach Thomas von Aquin: veritas est adaequatio rei et intellectus). Weiterhin überlagern sich Wahrheitsbegriff, neuzeitlich-physikalisches Weltbild und Erkenntnismethode, so dass Wahrheit im Sinne der Korrespondenztheorie als nachprüfbare Übereinstimmung zwischen einer Aussage und einer Tatsache verstanden wird. In Applikation auf biblische Texte findet dieser Wahrheitsbegriff am ehesten durch eine historisch-rationalistische Interpretation der Texte Anwendung, d. h. ein Bibeltext ist dann wahr, wenn der Aussagegehalt eines Textes (Begriff) unmittelbar mit historischen Tatsachen (Gegenstand) übereinstimmt. Die in der Vorstellung der Schülerinnen und Schüler bekannte fundamentalistische Bibelauslegung scheint diese Zugangsweise zu bestätigen.

Den meisten Schülerinnen und Schülern ist es jedoch kaum möglich, die Korrespondenz biblischer Aussagen mit historischen Tatsachen für plausibel zu halten. Wie kann ein Mensch über das Wasser gehen (Mk 6,16–21), oder wie kann ein mehrere Tage Toter ins Leben zurückkehren (Joh 11,1–42)? Solche Aussagen widersprechen eigener Erfahrung und empirischer Nachprüfbarkeit. Es muss zu kritischen Anfragen und inneren Widersprüchen kommen. Sind die biblischen Berichte oder ist die ganze Bibel demnach unwahr?

Goldman (1964, S. 85–86) hat als Fazit seiner entwicklungspsychologischen Studie in einer rationalistischen Perspektive vorgeschlagen, Kinder darin zu unterstützen, kritisch über die biblischen Inhalte nachzudenken. Übernatürliche Elemente in den Geschichten müssten dann nicht als reales Geschehen in der Vergangenheit akzeptiert werden. Büttner und Dieterich (2013, S. 48) betonen demgegenüber, dass die „supranaturalistischen Züge in verschiedenen biblischen Geschichten [...] Teil des Phänomens Religion" sind.

Victoria Cox Vaden und Jacqueline Wolley (2011) haben in diesem Zusammenhang eine interessante Studie in den USA durchgeführt, bei der die Forscherinnen der Frage nachgingen, wieweit die Bereitschaft, übernatürliche Deutungen zu akzeptieren, in besonderer Weise biblischen Überlieferungen geschuldet wird. Sie legten 131 Kindern im Alter von 4–6 Jahren alttestamentliche Geschichten vor, dazu parallele Geschichten mit wunderhaften Zügen, bei denen z. B. ein sogenannter Matthias den Isoniten hilft durch den grünen See vor der Armee des Königs zu fliehen, in dem er das Wasser des Sees teilt (Vaden & Woolley, 2011, S. 1122). Die Kinder wurden zufällig entweder der religiösen Bedingungsgruppe, die vier originale Geschichten des AT hörten (Jona und der Wal, Mose teilt das Schilfmeer, Elia und die Witwe in Zarpat, Aarons Stab blüht) oder der nicht-religiösen Bedingungsgruppe, die die abgewandelten Parallelgeschichten hörten, zugeordnet. Sie sollten dann auf einer Skala von 0 (glaube ich nicht) bis 4 (bin ich sicher) beurteilen, für wie real sie die Personen und Ereignisse in der Geschichte hielten. Im Hinblick auf den Realitätsgehalt zeigte sich ein eindeutiger Trend: Mit der sich entwickelnden Fähigkeit, religiöse Geschichten zu erkennen, nahm in der Altersspanne von 4 bis 6 Jahren die Bereitschaft zu, diese als wahr zu akzeptieren. Ergänzend konnten Vaden und Woolley zudem zeigen, dass mit der Vertrautheit der alttestamentlichen Geschichten die Bereitschaft stieg, ihnen hinsichtlich ihres Wahrheitsgehalts zu vertrauen.

D. h. zum Beispiel, den Ereignissen in alttestamentlichen Geschichten wird mit steigendem Alter offenbar deshalb zunehmend Realität zugeschrieben, weil die Kinder zunehmend häufiger Bekanntschaft mit biblischen Geschichten gemacht haben und diese als vertrauenswürdig kennengelernt haben. Bei konstruierten Parallelgeschichten bleibt dieser Sozialisationseffekt jedoch aus. Es wird deutlich, dass die Einschätzung des Wahrheitsgehalts stark davon abhängt, dass Menschen in der Umgebung des Kindes biblischen Geschichten Vertrauenswürdigkeit zuschreiben. Bei den 4-Jährigen unterscheidet sich das Antwortverhalten in der Zuschreibung von Wahrheit kaum, weil sie das erlernte Schema von real bzw. irreal (z. B. einen See zu teilen) auf alle Texte anwenden. Die älteren Kinder dagegen haben eine Domäne für Religion ausgebildet, die eine Unterscheidung macht zwischen der Bewertung von „normalen" und biblischen Texten, selbst wenn diese nahe an biblischen Ausgangstexten konstruiert sind.

Büttner und Dieterich (2013) fassen den relevanten Punkt der experimentellen Studie zusammen: Kinder

> „sind auf das Urteil vertrauenswürdiger Anderer, i. d. Regel Erwachsener, angewiesen. Dies wird offenbar gegen Ende der Grundschulzeit zunehmend wichtig. Wer einer religiösen Gemeinschaft zugehörig ist, die der historischen Wahrheit biblischer Texte viel zutraut, der wird dies seinen Kindern so weiter vermitteln, und diese werden es dann auch so aufnehmen und vermutlich beibehalten, solange sie an diese Gemeinschaft gebunden sind. Damit wird auch hier wieder deutlich, dass das hohe Zutrauen zu übernatürlichen Ereignissen nicht primär auf mangelndes kindliches

> Unterscheidungsvermögen zurück zu führen ist, sondern auf Übereinstimmung mit dem familiären Wertekanon. Dabei ist natürlich klar, dass die Ergebnisse in einer anderen Region als den Südstaaten der USA in dieser Frage wohl ganz anders ausfallen würden – die biblischen Geschichten rangierten dann vermutlich in derselben Kategorie wie Märchen und Fantasiegeschichten, deren mangelnder Realitätsgehalt ja schon im Kindergartenalter zunehmend wahrgenommen wird" (Büttner & Dieterich, 2013, S. 51).

Religionspädagogisch bedeutsam ist das insofern, als Kinder dieser Altersstufe die Einordnung von „wahr/real passiert" und „unwahr/nicht real passiert" in Anlehnung an die Prägung ihrer Sozialgruppe gemäß der vermittelten Domäne Religion übernehmen. Insofern ist es notwendig, dieses Wahrheitsverständnis von Anfang an offen zu gestalten und für symbolische Deutungen zu öffnen.

In einer anderen Studie gingen Woolley, Cornelius und Lacy (2011) in Bezug auf andere Altersgruppen der Frage nach, wie hier das Außergewöhnliche und Zufällige gedeutet werden. Wieder arbeitete der Versuchsaufbau zur Interpretation von Ereignissen mit einer Geschichte. Es wurden jeweils zu den Themenfeldern Gerechtigkeit, Glück und Gott zwei Geschichten je positiv und negativ erzählt und danach nach möglichen Gründen für das Ereignis gefragt. Hier als Beispiel zwei der vorgelegten Geschichten:

> „Veronica lives in Austin with her husband and daughter. About two years ago, Veronica became very sick with cancer. Because of the cancer, Veronica had to quit her job, so she did not have enough money to buy medicine. Veronica became very sad because she thought she would never get better. Then one day, Veronica woke up and she did not feel sick anymore. She went to the doctor and the doctor told her that her cancer had gone away. Veronica asked the doctor, 'How did the cancer go away?' The doctor said that he did not know.
> Negative. Sarah lives in a city in west Texas that is very close to the desert. It almost never rains in Sarah's city, so everyone has to be careful when they use water. But one day, all of a sudden it started raining really hard in Sarah's city. It rained and rained for almost a week. At first, Sarah was happy that it was raining so much. But, after a while, Sarah thought that it was raining too much. Sarah started wishing that it would stop raining because she noticed that the streets were starting to flood. It rained so much that Sarah's whole neighbourhood flooded and every one's houses filled with water. Sarah wondered why it rained so much in a city where it almost never rains" (Wolley, Cornelius & Lacy, 2011, S. 332–333).

Deutlich wird aus den Auswertungen der Antworten verschiedener Altersgruppen (8-, 10-, 12- und 19–25-Jährige) wider Erwarten, dass die Bereitschaft, Ereignissen eine supranaturale Erklärung zu geben, gerade mit dem Alter zunimmt (Woolley, Cornelius & Lacy, 2011, S. 328). Während im Kindesalter mehrheitlich natürliche Erklärungsversuche herangezogen werden, kehrt sich das Verhältnis bei den im Durschnitt 21-Jährigen fast um. In der Art der Erklärung finden sich unterschiedliche Begründungsmuster, die Glück, Zufall, aber auch Gott als Ursache beinhalten und teilweise auch sich widersprechende Deutungen verbinden.

Auch in dieser Studie kann allerdings die Abhängigkeit vom religiösen Umfeld deutlich gezeigt werden, wie die Autorinnen resümieren: „much of how children think about the world is determined by their ability to evaluate the testimony of others. Children are exposed to religious concepts by their parents and through religious educational activities" (Woolley et al., 2011, S. 326).

Zusammenfassend kann man festhalten: Unterschiedliche Bibelstudien zeigen, dass die Frage nach der Wahrheit der Bibel zentral dafür ist, welche Bedeutung ihr zugemessen wird. Gerade im Grundschulalter vertrauen die in religiösen Kontexten sozialisierten Kinder den Texten trotz ihrer supranaturalistischen Aussagen und sprechen ihnen einen großen Wahrheitsgehalt zu, was allerdings während der Pubertät zu Krisen führen kann, wenn das Wahrheitsverständnis nicht entsprechend geweitet wurde. Auch Erwachsene zeigen, dass sie auf supranaturalistische Erklärungen zurückgreifen, wenn sie unwahrscheinliche Ereignisse erleben. Teilsweise steht diese Deutungsoption in der Domäne Religion sogar eher zur Verfügung als bei Kindern. Eine produktive Lösung der Frage nach der Wahrheit der Schrift ist somit notwendig, um religionspädagogisch konstruktiv mit biblischen Texten arbeiten zu können.

Mit Blick auf die Frage nach der Wahrheit konnte die Studie von Bröking-Bortfeld (1984) auch Unterschiede im hermeneutischen Zugriff auf die Bibel nachweisen. So zeigte sich z. B. bei der Frage nach der Historizität biblischer Personen und Geschichten eine deutliche konfessionelle Differenz: Während 63 % der Katholiken der Meinung waren, die biblischen Figuren haben wirklich gelebt, sind dieser Meinung nur 37 % der Evangelischen gewesen. Das gleiche Ergebnis zeigte sich bei der Frage, ob die Geschichten wirklich geschehen sind: Nur 25 % der Evangelischen, aber fast die doppelte Anzahl von 45 % der Katholiken bejahen das (Bröking-Bortfeld, 1984, S. 148). Allerdings kann Horst Klaus Berg in seiner Replikationsstudie von 1989 diese Differenz schon nicht mehr aus den Daten herauslesen: „Die nach Konfessionen differenzierte Auswertung zeigte jedoch kaum signifikante Unterschiede, darum wurde sie bei der tabellarischen Zusammenstellung vernachlässigt" (Berg, 1989, S. 93).

2.2.4 Zur Konzeptionalisierung persönlicher Bedeutsamkeit

Biblische Geschichten können als Sachwissen abgespeichert und ggf. reproduziert werden. Eine andere Frage ist, ob die Geschichten als persönlich bedeutsam erlebt und zur Interpretation und Deutung der persönlichen Erfahrungen genutzt werden, d. h., ob sie überhaupt identitätsrelevant werden. So belegen allgemeine Befunde der Rezeptionsforschung, dass insbesondere bei Kindern eine identitätsbezogene Rezeption von Geschichten unwahrscheinlich ist, wenn sie nicht dabei unterstützt werden (Gennerich, 2012b, S. 231–232). Dies zeigt sich auch mit Blick auf biblische Geschichten im Speziellen. Denn obwohl am Ende der Grundschulzeit mehr als 80 % der Schülerinnen und Schüler biblische Geschichten erinnern können (Hanisch & Bucher, 2002, S. 20 u. 24), behaupten mehr als 40 % selbst bei ihrer Lieblingsgeschichte, dass diese nichts mit dem Leben zu tun habe (S. 48). Im Jugendalter zeigen sich nicht minder religionsdidaktische Herausforderungen, wenn nach Bröking-Bortfeld (1984, S. 135) die Einstellung, dass die Bibel das „Wort Gottes“ sei, von 52 % mit 13 Jahren auf 31 % mit 16 Jahren sinkt. Dass die Bibellektüre ein Identitätsmerkmal von Christen sei, bejahen 29 % der 7.-Klässler und nur noch 5 % der 11.-Klässler (S. 249). Berg (1989, S. 96) kommt zu vergleichbaren Ergebnissen: Bejahen noch 51 % der 5.-Klässler eine persönliche Bedeutung der Bibel, so sind es in der 10. Klasse nur noch 13 %. Es stellt sich daher die Frage, unter welchen Bedingungen biblische Geschichten identitätsrelevant werden können und wie eine Rezeption von biblischen Geschichten didaktisch unterstützt werden kann, bei der biblische Geschichten als persönlich bedeutsam erlebt werden. Im Folgenden werden wir daher zunächst vom Identitätsbegriff ausgehen und Prozesse näher beschreiben, die dazu beitragen, dass eine biblische Geschichte identitätsrelevant werden kann.

Das Wort „Identität“ bezeichnet den fortlaufenden, interaktionsbasierten Prozess der Sinn-konstruktion bezogen auf das eigene Selbst (Erikson, 1973, S. 150–151; Riegel, 2005; Ziebertz, 2010). Dieser Konstruktionsprozess ist wesentlich motivational gesteuert. Vier Grundbedürfnisse der Identitätsbildung können systematisiert werden (Erez & Earley, 1993, S. 28; Spilka, Shaver & Kirkpatrick, 1985; Taylor, 1983): (1) *Ziele* und motivierende *Standards* (wie z. B. Ideale und Normen) dienen der Orientierung und zeigen an, wofür die Person steht; (2) das Motiv des *Selbstwerts* zielt auf eine positive Selbstinterpretation; (3) *Kontrolle* bzw. *Selbst-Wirksamkeit* bezieht sich auf das Bedürfnis, die eigene Person als autonom und handlungskompetent zu erleben; (4) schließlich kennzeichnet *Kohärenz* das Bedürfnis, trotz verfehlter Ziele einen sinnvollen Zusammenhang im Leben erfahren zu können. Angesichts neuer Lebenssituationen kann die Erfüllung dieser Bedürfnisse in Frage stehen. Es geht dann darum, die vier Identitätsmotive „Ziele“, „Selbstwert“, „Kontrolle“ und „Kohärenz“ ggf. neu zu konstruieren. Die biblische Tradition kann mit ihren Inhalten die dafür nötigen Deutungsmuster bereitstellen. Gelingt es, in der Interpretation die Geschichten auf diese vier Motive zu beziehen, dann wird die Geschichte als identitätsrelevant erlebt.

Die vier Motive beziehen sich auf die Inhaltsdimension der Identität. Davon zu unterscheiden sind die Prozesse der Identitätskonstruktion, womit Strukturen und Wege gemeint sind, über die sich die Identität in den Inhaltsbereichen der vier Motive ausbilden kann. Die Prozesse der Identitätskonstruktion zu kennen ist in der Religionsdidaktik relevant, um gezielt Methoden planen zu können, mit denen über einen funktionierenden Prozess, bezogen auf die Motive, die Identität gebildet werden kann. Vier verschiedene Prozesse können unterschieden werden, über die Identität konstruiert werden kann (Weick, 1995; Gennerich, 2010b):

Erwartungen: Erwartungen hat insbesondere Karle (2001) für den Beitrag der Bibel zur Identitätsbildung stark gemacht. Sie argumentiert vor einem systemtheoretischen Hintergrund, dass Identität aus „etwas wiederholt Verwendbarem" bestehe, auf das zur Deutung der Erfahrungen zurückgegriffen werden kann (S. 9). Kulturell vorgegebene Erwartungsstrukturen können daher Sinn bereitstellen, weil sie das Mögliche auf erwartbar Verlässliches begrenzen. Mit Rückgriff auf Theorieentwicklungen von W. Neidhart und H. Sundén (Neidhardt, 1975; Sundén, 1966; siehe dazu vertiefend Gennerich, 2012b, S. 230) wendet Karle diese Überlegung auf die Bibel an. Denn beim biblischen Erzählen werden für die Beziehung zwischen Gott und Mensch Erwartungsmuster bereitgestellt, mit denen die Wahrnehmung strukturiert und Erfahrungen gedeutet werden können (Karle, 2001, S. 14).

Auch die Erwartungen in der Öffentlichkeit und seitens der Religionslehrenden selbst spielen eine Rolle. Nur 2–4 % der Schülerinnen und Schüler meinen, die Bibel sei ein Buch für junge, fröhliche und zufriedene Menschen (Bröking-Bortfeld, 1984, S. 125), d. h., wenn Schülerinnen und Schüler mit ihren eigenen Peers zurechtkommen wollen und sich daher deren Erwartungen anpassen, dass sie dann biblische Texte gleichsam als sinnlos konstruieren. Aber auch die Religionslehrenden selbst schreiben der Bibel keine Bedeutung für die christliche Identität zu oder stimmen nur mäßig zu, dass die Bibellektüre zur christlichen Lebensgestaltung gehört (Feige et al., 2000, S. 275–276; Feige & Tzscheetzsch, 2005, S. 79). Da Schülerinnen und Schüler derartige Erwartungen wahrnehmen und daran ihre eigenen Erwartungen ausrichten, dürften die Chancen einer identitätsbildenden Rezeption der Bibel entsprechend sinken. Wenn also Schülerinnen und Schüler sensibel auf die Erwartungen der Lehrenden reagieren, dann müssen im Unterricht die kommunizierten Erwartungen entsprechend bewusst gesteuert werden. Zum Beispiel könnte die Bibel alternativ auch als ein Buch verstanden werden, das für junge Menschen Orientierungen für ein glückliches Leben bereitstellt, indem langfristig tragfähige *Ziele* gegenüber kurzfristigen Gewinnen abgewogen oder Menschen vorgestellt werden, die gegenüber gesellschaftlichen Mächten kritisch ihre Autonomie in Szene gesetzt haben (*Kontrolle*).

Argumentieren: Identität bildet sich, insbesondere im Jugendalter (Greiner, 2003, S. 336; Karle, 2001, S. 20; Ott, 1990, S. 137–138), auch im argumentativen Diskurs (Amini, 2009). Dies ist vor allem dann der Fall, wenn die eigene (christliche) Identität im Gespräch mit Andersgläubigen oder durch konkurrierende Glaubensannahmen herausgefordert ist und es einer Begründung der eigenen Entscheidungen bedarf (Gärtner, 2002, S. 65; Müller, 2011). Argumentative Texte finden sich entsprechend bereits in der Bibel. Vor allem Paulus argumentiert in Situationen, in denen Sachverhalte strittig sind (z. B. 1 Kor 15,12–49 zur Auferstehung) (Rothermund, 1981; Vos, 2001). Aber auch außerhalb der paulinischen

Schriften finden sich argumentative Texte, z. B. in der Prophetie (Saur, 2007) oder der Bergpredigt (Rothermund, 1981, S. 155).

Angesichts neuer Herausforderungen des Glaubens hat jedoch die argumentative Dimension auch in der gegenwärtigen Auslegung der Bibel Relevanz: So betont H. K. Berg in seiner Bibeldidaktik, dass es im biblischen Unterricht darauf ankomme, „die Rede von Gott plausibel zu machen" (Berg, 1993, S. 142) und „das Denkvermögen der Schüler von Anfang an anzusprechen", so dass „Denken und Kritik [...] gefördert und honoriert werden" (S. 143). Ähnlich wird die Bibeldidaktik von G. Theißen bei seinem Anliegen der „Elementarisierung" und „Dialogisierung" durch Argumentation getragen, indem er die Sinnigkeit biblischer Motive begründet und gegenüber Anfragen des Zeitgeists verteidigt (Theißen, 2003). Besonders die für die Oberstufe konzipierte Bibeldidaktik von R. Ott macht die argumentative Dimension stark, indem sie mit dem Korintherbrief direkt einen argumentierenden biblischen Text heranzieht. So wie Paulus z. B. in 1 Kor 1,10–4,21 für eine Korrektur von Glaubensauffassungen am Maßstab des Evangeliums argumentiere, so müssten auch die heutigen Lebensorientierungen Jugendlicher mit sachbezogener Argumentation in einen Dialog mit den Sinnkriterien des Glaubens gebracht werden (Ott, 1990, S. 128–129). Gerade auch im Rahmen des Kinder- und Jugendtheologischen Ansatzes (Schlag & Schweitzer, 2011; Zimmermann, 2012b) ist eine ausgewiesene Zielperspektive, Kinder und Jugendliche in der Reflexion ihres Glaubens zu unterstützen und damit natürlich auch das Argumentieren in theologischen Fragen zu üben. Verwendet man hierzu den Begriff der Förderung theologischer Kompetenz (Zimmermann, 2012b, S. 131–164), wird so der offenere Begriff der „religiösen Kompetenz", der im Rahmen der Kompetenzdebatte umfassend Anwendung findet, hinsichtlich eines bisher vernachlässigten Bereichs erweitert und domänenspezifisch an die theologische Denktradition zurückgebunden. Gemeint ist dabei, in Abgrenzung von einer praktizierten und nicht reflektierten Spiritualität des Kindes sich reflexiv-argumentativ mit einer geschichtlichen, gegenwärtigen oder persönlichen Glaubenspraxis auseinanderzusetzen. Im Sinne der vier Identitätsmotive ist dabei von den Schülerinnen und Schülern zu prüfen, (a) ob überlieferte und angeeignete Glaubensvorstellungen relevante Ziele unterstützen (oder möglicherweise deren Verwirklichung blockieren), (b) ob sie ermöglichen, sich unabhängig von gesellschaftlichen Attraktivitätskriterien als liebenswerte Person zu verstehen (Selbstwert), (c) ob sie ermöglichen, unabhängig vom gesellschaftlichen Mainstream einen eigenen Weg zu gehen (Kontrolle), und (d) ob sie Brücken stiften, um auch Erfahrungen des Scheiterns als zugehörig zur eigenen Person integrieren zu können (Kohärenz).

Verbindlichkeit: Auch über Aktivitäten, die Verbindlichkeit erzeugen, kann sich Identität bilden (Penuel & Wertsch, 1995). Seinen besonderen Ort hat dieser handlungsbasierte Prozess im Feld informellen Lernens, weil hier Handeln strukturelle Merkmale besitzt, die Bindungen dadurch erzeugen, dass das eigene Handeln erklärungsbedürftig ist. Denn in der Freizeit ist das eigene Handeln freiwillig und muss der eigenen Entscheidung zugerechnet werden, zumal der Peergruppen-Kontext Öffentlichkeit herstellt und Bibellektüre aufgrund des unvermeidlichen Lernens bzw. Erinnerns von Inhalten unumkehrbar ist. Durch die notwendige Rechtfertigung des Handelns wird Sinn erschlossen, der eine Konstruktion des Handelns als Identitätsmerkmal ermöglicht (Gennerich, 2010b, S. 87 u. 90–91).

Jedoch profitiert nur ein begrenzter Teil der Schülerinnen und Schüler von diesem Prozess. Die Bibellektüre findet vornehmlich im Unterricht statt (zu 65 % im Konfirmandenunterricht, zu 45 % im Religionsunterricht), nur zu 20 % selbstständig (Bröking-Bortfeld, 1984, S. 155). Nach der Shell-Jugendstudie 2000, die jüngste der Shell-Studien, die nach der Bibellektüre gefragt hat, lesen gar 98 % der Jugendlichen „selten" oder „nie" die Bibel (Fuchs-Heinritz, 2000, S. 167). Nur im freikirchlichen Kontext sind es deutlich mehr Jugendliche, die in ihrer Freizeit die Bibel lesen (26 % lesen sie regelmäßig, 31 % selten oder nie; Greiner, 2003, S. 328), wobei das persönliche Bibellesen nur von einem Viertel, d. h. 26 % regelmäßig, von 43 % unregelmäßig und von einem Drittel (31 %) selten oder nie praktiziert wird (Greiner, 2003, S. 339). Und in der aktuellen Studie von Faix und Künkler (2018, S. 75) lesen 32 % der hochreligiösen Menschen aus Freikirchen und 23 % der hochreligiösen Menschen aus Landeskirchen die Bibel täglich.

Wer in dieser Weise freiwillig und häufig die Bibel liest, unterscheidet sich damit von anderen und ist genötigt, dieses Faktum in seine Identität zu integrieren. Vor allem, wenn die Bibel freiwillig im Gruppenkontext gelesen wird, bildet sich eine biblische Identität und die Bibel wird häufiger eigenständig und interessiert gelesen (Greiner, 2003, S. 326 u. 332). Aber auch der Gottesdienst kann diesen Prozess der Identitätsbildung fördern, da die Bibel in Liturgie (z. B. Lesungen, Psalmen, Vaterunser) und Predigt zur Darstellung kommt (Schwier, 2005, S. 23). Ein entsprechender Zusammenhang von Gottesdienstbesuch und Bibellektüre lässt sich belegen (Fuchs-Heinritz, 2000, S. 163).

Umweltgestaltung: Ein Beispiel für die gezielte Beeinflussung der Umwelt ist das „Jahr der Bibel" 2003, in dem zum Beispiel Prominenten-Kolumnen in der Bildzeitung zum Thema „Meine Lieblingsbibelstelle – was sie mir bedeutet" gedruckt wurden (Schwier, 2005, S. 23). Wenn durch solche Kommunikation in der Öffentlichkeit das Image der Bibel positiver wird, dann ist auch damit zu rechnen, dass Schülerinnen und Schüler mit einer höheren Wahrscheinlichkeit von sich aus die Bibel in die Hand nehmen. Unterrichtsmaterialen nutzen diesen Prozess, wenn sie Prominente mit ihren Einstellungen zur Bibel zitieren: „Ich lese jeden Tag die Bibel" (Xavier Naidoo; Starck, Hahn, Szepanski-Jansen & Weber, 2008, S. 22–23).

Als Umwelten, die Lehrende in der Schule gestalten, lassen sich auch performative Inszenierungen verstehen. So schafften nach C. Bizer die Lektüre und Rezitation der Bibel (z. B. eines Psalms) „den Raum, in dem sich das Göttliche christlich vernehmbar macht" (Bizer, 2002, S. 127). Es komme dabei nicht auf das

Verstehen an, sondern auf das unmittelbare Erleben des Ereignisses. Erst im Nachhinein ginge es um eine Reflexion der gemachten Erfahrung. Bizer rechnet damit, dass die Inszenierung ermöglicht, christliche Sinnperspektiven im Erlebten mit den vorhandenen Deutungsschemata der Schülerinnen und Schüler zu entziffern. H. Mendl führt weitere erlebnisorientierte Inszenierungen auf, z. B. eine „Bibelnacht“ mit Workshops, Mitternachtsgottesdienst mit anschließender Suppe und Übernachtung in den Klassenzimmern; Aufführung der Weihnachtsgeschichte in der Schule; Gestaltung einer Bibel oder Entwicklung eines biblischen Computerspiels (Mendl, 2008, S. 267–268). Das Entscheidende dabei ist, dass die Bedeutungszuschreibungen gegenüber dem Erlebten offen sind, jedoch zugleich die Bibel als Bezugshorizont gesetzt wird, so dass die Bibel im Verhältnis zur eigenen Identität reflektiert werden kann. Mendl (2008, S. 67) beschreibt einen solchen performativen Religionsunterricht als „Handeln mit subjektiver Bedeutungszuweisung ohne verbindliche Nachhaltigkeit“. Das heißt, die Schülerinnen und Schüler müssen sich nicht für ihr Handeln rechtfertigen, sondern vielmehr dem Handlungsergebnis einen Sinn abgewinnen. In der hier offerierten theoretischen Perspektive gelingt genau das, wenn die Schülerinnen und Schüler einen Bezug der gemachten Erfahrungen zu den vier Identitätsmotiven herzustellen.

Zwischenfazit: Es kann angenommen werden, dass eine ausgeprägte biblische Identitätsbildung stattfindet, wenn alle vier Prozesse zur Wirkung kommen. Es ist daher wünschenswert, die verschiedenen Prozesse der Identitätskonstruktion im Blick zu haben und den biblischen Text so religionspädagogisch zu erschließen, dass sein Sinn vor dem Hintergrund der vier Identitätsmotive erfahrbar wird.

Die vier Identitätsmotive wurden soweit additiv nebeneinandergestellt, zudem entstammen sie einer psychologischen Forschungstradition. Es stellen sich daher an diesem Punkt zwei weiterführende Fragen: (1) Gibt es eine relevante Dynamik zwischen den Motiven, deren Kenntnis für die Gestaltung didaktischer Prozesse relevant ist? (2) Finden sich die vier Identitätsmotive in der theologischen Tradition wieder, so dass theologisch relevante Aspekte der Identitätsbildung im Unterricht beachtet werden können?

Eine Antwort liegt in der theologischen *Unterscheidung von Gesetz und Evangelium* begründet, wie im Folgenden zu zeigen ist. Denn mit der Unterscheidung von Gesetz und Evangelium werden vier Anwendungsbezüge der biblischen Botschaft differenziert, die als äquivalent zu den vier Identitätsmotiven interpretiert werden können. D. h., in der Unterscheidung von *Gesetz und Evangelium* lassen sich die vier Identitätsmotive wiederfinden und zudem kann ihre aufeinander bezogene Dynamik theologisch beschrieben werden. Es wird damit verständlich, dass eine sinnstiftende und identitätsbezogene Interpretation der Bibel schon immer im Fokus der biblischen Hermeneutik stand. Es mag daher nicht verwundern, wenn Luther betont: „Nahezu die gesamte Schrift und die Erkenntnis der ganzen Theologie hängt in der rechten Erkenntnis von Gesetz und Evangelium“ (WA 7, 502, 34–35; zit. n. Körtner, 2001, S. 194–195). Und anschlussfähig an die gegenwärtige Perspektive der Kompetenzorientierung formuliert Luther: „Wer das gut unterscheiden weiß, ist ein guter Theologe“ (WA 39/1, 552, 10–13; zit. n. Ebeling, 1988, S. 219). Kurz, biblische Inhalte werden relevant, wenn sie auf die persönliche Identität angewendet werden.

Zum vertieften Verständnis, wie dies geht, sei daher im Folgenden die theologische Bedeutung der Unterscheidung von Gesetz und Evangelium zusammenfassend skizziert. Das erste Element des „Gesetzes“ wird in der lutherischen Dogmatik klassisch zunächst nach zwei Funktionen unterschieden.

(1) In einer ersten Funktion (usus politicus, usus civilis) dient das Gesetz der Aufrechterhaltung einer lebensfreundlichen Ordnung angesichts der als Sünde bezeichneten empirischen Kräfte, die diese Ordnung beschädigen (Ebeling, 1988, S. 289). Inhaltlich wurde das Gesetz in der Theologie klassisch vor allem mit den 10 Geboten, der Bergpredigt und dem Doppelgebot der Liebe identifiziert (Ebeling, 1979, S. 273–274; Roth, 2005). Das so bestimmte Gesetz kann dann auch zur Kritik gegenüber konkurrierenden Verhaltensstandards genutzt werden (z. B. gegenüber materialistischen Orientierungen). Auch kann in der funktionalen Perspektive unseres heutigen Lebensverständnisses nach vergleichbaren lebensfreundlichen Ordnungselementen gefragt werden. Dies können z. B. Verwirklichungsvorstellungen zur Steigerung der Lebensqualität sein (Peters, 1981, S. 312), die in der Moderne von großer Pluralität geprägt sind (Graf, 1984, S. 121; Körtner, 2001, S. 197). Vor dem Hintergrund biblischer Lebensperspektiven können derartige Verwirklichungsvorstellungen im Sinne des ersten Motivs der Identitätskonstruktion (d. h., der *Standards und Zielbestimmungen* für das Leben) auf ihre Tragfähigkeit hin reflektiert werden. Zum Beispiel könnten über den heutigen Medienkonsum verinnerlichte Schönheitsideale mit Rückgriff auf biblische Lebensperspektiven reformuliert und persönlich neujustiert werden. Der usus politicus entspricht also dem Identitätsmotiv der „Ziele“.

(2) In seiner zweiten, im eigentlichen Sinne theologischen Funktion dient das Gesetz der Aufdeckung der Sünde bzw. der „Erkenntnis des Lebens in seinem innersten Zerstörtsein“ (Ebeling, 1979, S. 289), seien es Illusionen der Machbarkeit gelingenden Lebens bzw. die Verzweiflung darüber, dass dieses nicht gelingt (Bayer, 2005) (usus theologicus, usus elenchticus). Positiv gesehen macht das Gesetz im usus theologicus dem Menschen also seine Angewiesenheit auf Gnade bewusst (Ebeling, 1979, S. 292). Aus diesem Grund geht es auch nach Bayer darum, das Gesetz als zentrale Dimension der empirischen Wirklichkeitserfahrung wahrzunehmen. So kann die Problematik aller verinnerlichten Gesetze als Bezugsgröße des Evangeliums in den Blick kommen. In diesem Sinne seien es auch die erfahrbaren Wirkungen heutiger Stress- und Überforderungssysteme (z. B. das Erleiden beschädigter Beziehungen und der Erlebnis-Imperativ), die im theologischen Sinne als verinnerlicht-bedrängende Gesetzeserfahrungen zu

verstehen seien (Bayer, 2005, S. 303–305). Implizit steht mit derartigen Erfahrungen der Selbsterkenntnis immer der Selbstwert in Frage, weil nicht erfüllte Standards mit Selbstabwertungen verknüpft sind, wenn nicht in irgendeiner Weise der Wert der eigenen Person mit ihrem Scheitern zusammengedacht werden kann. Damit steht die Frage nach dem Evangelium im Raum, das im Dienste des *Selbstwerts* eigentlich Unvereinbares zusammendenken lässt.

(3) Das Evangelium realisiert sich – systematisch-theologisch begriffen als das Heil in Jesus Christus – als Freiheitsgeschehen im Glauben (Ebeling, 1979, S. 291; Ebeling, 1988, S. 254), indem es dem Gesetz die anklagend-verurteilende Wirkung nimmt (Ebeling, 1979, S. 293) bzw. indem es von der zwanghaften Vorstellung befreit, Anerkennung allein durch eigene Leistung erwerben zu können (Roth, 2005, S. 39–41). Evangelium bedeutet damit auch, dass Heil und Freiheit mit Ungenügen, Schicksalsschlägen, geringem Status und Schwäche zusammengedacht werden kann. Das Evangelium bedeutet damit, dass die Widersprüche des Lebens doch als *kohärent* im Sinne des Identitätsmotivs der Kohärenz erfahren werden können. Weil das Heil eben nicht an der Füllung irgendwelcher externer Standards (Gesetze) hängt, kann in der Folge der Glaubende einen klaren Blick für ein situationsangemessenes Verhalten gewinnen, so dass Luther sogar davon sprach, dass der Glaubende „neue Dekaloge" machen könne (Ebeling, 1979, S. 293).

(4) Dieser Gedanke führt zur sog. dritten Funktion des Gesetzes (tertius usus legis), nämlich im Sinne einer unter dem Evangelium positiven, das Handeln orientierenden Weise. Gemeint ist, dass die durch das Evangelium vermittelte Selbstakzeptanz einen souveränen und freien Umgang mit Regeln und sozialen Erwartungen ermöglicht. Die aus dem Evangelium neu resultierende Lebenshaltung kann damit von den – unter Punkt (2) beschriebenen – negativen Gesetzeserfahrungen abgegrenzt werden. Insbesondere ist hier mit (Körtner, 1993, S. 265) eine zentrale Schwierigkeit aller Zielbestimmungen zu bedenken: nämlich die, dass konkrete Gebote immer ambivalent sind, weil sie einerseits geprägt sind von vergangenen Moralvorstellungen, Konventionen und Herrschaftskonstellationen, andererseits aber auch positiv bewährte Lebensweisheiten enthalten. Da nun das Evangelium von der verurteilenden Dimension konkreter Normen befreit, kann sich die „befreite" Liebe nun dieser Normen situationsgemäß und sie reformulierend bedienen. Die dritte Funktion des Gesetzes formuliert damit den Ermöglichungsgrund einer gesteigerten Autonomie und Freiheit in der alltäglichen Situationsbewältigung. D. h., sie formuliert, wie die christliche Tradition über Deutungsprozesse das Erleben von *Kontrolle bzw. Selbstwirksamkeit* steigert.

Insgesamt finden sich in der theologischen Entfaltung der Kategorie von „Gesetz und Evangelium" also vier in der sozialen Wirklichkeit begegnende Sachverhalte differenziert, die sich den Motiven des beschriebenen Identitätsmodells zuordnen lassen. Die vier Motive der Identität und die Unterscheidung von Gesetz und Evangelium liefern insgesamt damit die Antwort auf die Frage, wie die Bibel persönlich bedeutsam werden kann. Die vier *Motive der Identität* beschreiben Inhaltsbereiche, mit denen Perspektiven der biblischen Überlieferung vernetzt werden können, so dass die Motive der Identität entwicklungsförderlich gebildet werden können. Methodisch kann dies über vier unterscheidbare *Prozesse* geschehen. Sie geben Hinweise für die Auswahl geeigneter Unterrichtsstrategien, mit denen wirksam identitätsbezogene Lernprozesse gefördert werden können. Die skizzierten vier *Funktionen der Unterscheidung von Gesetz und Evangelium* schließlich beschreiben über eine narrative Struktur (vgl. die in dieser Studie verwendete Zachäusgeschichte), wie die Identitätsmotive wechselseitig miteinander dynamisch in Beziehung stehen. Denn ohne einen Zuspruch von Würde/Selbstwert (Evangelium) ist ein freies situationsgerechtes Entscheiden (Kontrolle) wenig wahrscheinlich. Und ohne ein Vertrauen in die eigene Würde (Evangelium, Selbstwert) ist es auch weniger wahrscheinlich, dass man eigene Fehler und Schwächen offen wahrnehmen kann (Selbsterkenntnis). In der Studie intendieren wir daher, die vier Identitätsmotive und die vier Funktionen der Unterscheidung von Gesetz und Evangelium in den Antworten der Schülerinnen und Schüler zu identifizieren. Es sollte sich in der expliziten und impliziten Nutzung der Motive und Funktionen die theologische Kompetenz der Schülerinnen und Schüler im Umgang mit der Bibel abbilden. Und erweisen sich diese Kategorien als relevant, so dass sie mit der erlebten Bedeutsamkeit der Bibel in Beziehung stehen, dann ist davon auszugehen, dass Schülerinnen und Schüler, die im Unterricht gelernt haben, die vier Motive und theologischen Funktionen anzuwenden, die Bibel relevanter empfinden als andere Schülerinnen und Schüler, die dies nicht gelernt haben.

2.3 Vorannahmen und Frageperspektiven der eigenen Studie

Es ist ein Missverständnis, dass durch empirische Untersuchungen die abgefragte Wirklichkeit als Ganzes erfasst werden könnte. Jede Befragung wählt durch die Art der Fragestellung aus, was empirisch erhoben werden soll. Dies hängt mit den Vorannahmen, vorliegenden Voruntersuchungen und Forschungsinteressen zusammen, die wir an dieser Stelle kurz umreißen wollen.

1. *Die Grundschülerbefragung von Hanisch und Bucher (2002) als Referenzstudie*: Wie schon Hanisch und Bucher vor mehr als 15 Jahren festgehalten haben, ist die Annahme weit verbreitet, dass durch den „oft beklagten Traditionsabbruch Kinder heutzutage kaum noch Biblische Geschichten kennen“ (Hanisch & Bucher, 2002, S. 11). Wie dort ebenfalls belegt, vermuten wir, dass die erste von uns untersuchte Alterskohorte der 10- bis 12-Jährigen (5. und 6. Klasse, durch Sitzenbleiber etc. gibt es wenige Kinder bis 14 Jahre in dieser Gruppe) tatsächlich

immer noch über biblisches Wissen verfügt und die Auswahl von für sie wichtigen biblischen Geschichten begründen kann.

Des Weiteren konnten Hanisch und Bucher (2002, S. 61) zeigen, dass Kinder biblische Geschichten in erster Linie vom Religionsunterricht her kennen. Dennoch gab es eine beachtliche Anzahl von Eltern bzw. Großeltern (8–12 %), die ihren Kindern wöchentlich biblische Geschichten erzählten (S. 63). Auch hier interessiert uns, ob sich diese Zahlen grundlegend geändert haben. Außerdem fragen wir uns, ob freie Erzählungen in Familien überhaupt noch eine Rolle spielen oder ob die Geschichten, wenn sie überhaupt im Alltag vorkommen, vorgelesen werden.

2. *Der Kulturvergleich* (die deutsche Stichprobe im Vergleich zur englischsprachigen): Hier kann gefragt werden, ob es länderspezifische Unterschiede beim Besitz von (Kinder-)Bibeln gibt und ob die Lektüre der Bibel sich kulturabhängig differenziert. Als heuristische Hypothese könnte man mit unserer australischen Projektpartnerin formulieren, dass in der englischsprachigen Kohorte (England und Australien) die Verbreitung von (Kinder-)Bibeln und auch ihre Verwendungshäufigkeit geringer ist als in Deutschland. Diese subjektive Hypothese angesichts einer säkularen Gesellschaft steht jedoch im Widerspruch zu empirischen Befunden, die in Kapitel 3.2.1 noch berichtet werden.

In Australien konnten katholische Schulen untersucht werden. Es bietet sich hier die Möglichkeit, im Vergleich die Befunde verschiedener Teilstichproben besonders profiliert zu charakterisieren. Gibt es zum Beispiel Unterschiede im Bibelwissen und beim Gefallen an biblischen Geschichten?

3. *Die Altersabhängigkeit der Vorstellungen zur Bibel und des Bibelwissens*: Religionslehrerinnen und Religionslehrer beklagen vor allem in älteren Klassen eine Ablehnung des Unterrichts mit biblischen Geschichten bzw. Stoffen und Themen der Bibel. Während in der Grundschule noch häufig und mit Zustimmung mit den biblischen Erzählungen gearbeitet wird, erlahme das Interesse im Laufe der Sekundarstufe I. Diese häufig verlautete These soll hier überprüft werden. Gleichsam soll gefragt werden, ob das Interesse bzw. die Interesselosigkeit an biblischen Texten eventuell auch an einem Methodenmonotheismus liegt oder an Voreinstellungen zur Bibel (langweilig, unwahr, schwer zu verstehen, hat nichts mit dem Leben zu tun).

Dem Hörensagen nach beklagen die Lehrkräfte des Weiteren, dass das Bibelwissen trotz kumulativem Kompetenzaufbau im Laufe der RU-Schuljahre abnehme. Diese Annahme widerspricht zwar bisherigen Befunden, die darauf hindeuten, dass ältere Schülerinnen und Schüler zumindest in der Selbsteinschätzung ein besseres Bibelwissen haben als jüngere (vgl. oben Faix & Künkler, 2018, S. 69). Dezidiert geprüft wurde sie jedoch noch nicht anhand eines objektiven Bibelwissenstests. In der pessimistischen Perspektive einiger Lehrkräfte könnte daher erwartet werden, dass die älteren Schülerinnen und Schüler (10. u. 11. Klasse) im Vergleich zu den 5.- und 6.-Klässlern bei einem solchen Test schlechter abschneiden. Das soll anhand unserer Stichprobe überprüft werden.

Interessant ist für uns auch, an welche Geschichten sich Kinder in welchem Alter erinnern. Ist es so, dass jüngere Kinder sich häufiger an alttestamentliche Erzählungen erinnern, weil eben die alttestamentlichen Geschichten vorrangig in den jüngeren Altersstufen als spannende Erzählungen behandelt werden, später allerdings eher die neutestamentlichen Texte eine Rolle spielen, die weniger Spannungsmomente aufweisen?

4. *Empirische Exploration der Wahrheitsfrage*: Vorliegende ältere Untersuchungen (s. o.) konstatieren zumindest teilweise, dass Kinder bis zu einem Alter von 12 Jahren die Bibel im buchstäblichen Sinn für wahr halten, erst die älteren würden dann eine elaboriertere Definition von Wahrheit entwickeln. Hier haben in den letzten Jahrzehnten unseres Erachtens Veränderungen stattgefunden, der die Studie nachgehen möchte. Als Hypothese ließe sich formulieren, dass der Bibel heute im Vergleich zu Studien von vor 15–20 Jahren weniger Bedeutsamkeit zugesprochen wird, weil eben in allen Altersstufen keine schlüssigen Deutungen zur Wahrheitsfrage vorliegen und gerade ältere Schülerinnen und Schüler größere Probleme haben, sich selbst in den Geschichten der Bibel zu finden.

5. *Die Genderperspektive*: Vielen Studien konnten Gendereffekte im Zugang zur Bibel nachweisen. Mit unseren Fragebogen wollen wir gleichfalls nach Gendereffekte fragen und zugleich ihre Bedeutsamkeit ermitteln.

6. *Einflüsse des Lebensstils auf den Zugang zur Bibel*: Über die im Fragebogen angelegte Typenbildung nach Lebensstilen (vgl. Kap. 2.2.1) soll versucht werden, verschiedene Möglichkeiten des Involvements mit dem biblischen Text empirisch verschiedenen Schülergruppen zuzuordnen, woraus dann eventuell individualisierte didaktische Perspektiven im Umgang mit biblischen Texten entwickelt werden könnten.

7. *Wie interpretieren Kinder und Jugendliche die Bibel?* Wenn offen nach Interpretation biblischer Texte gefragt wird, dann stellt sich die Frage, wie die Interpretationen hinsichtlich Zukunftsfähigkeit und ihres Bildungspotenzials einzuschätzen sind. Uns interessiert, welche Interpretationen damit zusammenhängen, dass die Bibel als relevant empfunden wird. Entsprechende Befunde können Orientierungspotenzial für die Planung und Gestaltung des Religionsunterrichts haben.

3. Methodik

3.1 *Planung und Durchführung der Untersuchung*

3.1.1 Zur Konzeption des Fragebogens

Der Fragebogen wurde für die vorliegende Studie neu entwickelt. Beteiligt waren neben den Autoren außerdem Prof. Dr. Thomas Naumann (Alttestamentler, Uni Siegen), Prof. Dr. Ruben Zimmermann (Neutestamentler, Uni Mainz) und Dr. Hartmut Lenhard (Studienseminarleiter und Fachleiter ev. Religion i. R.). Auf australischer Seite waren wir im Sinne transnationaler Zusammenarbeit in engem Austausch mit PhD Margaret Carswell (ACU Melbourne), die auch für die schwierige Aufgabe verantwortlich war, das „ethical clearance" an der Australian Catholic University einzuholen, und die die Übersetzung des Fragebogens von Dr. Susanne Luther prüfte und kleine Veränderungen einbrachte. Weiterhin wurde Prof. Dr. Frank Moloney (ACU Melbourne) zum Gegenlesen gebeten. Der Grund, warum nur katholische und keine staatlichen Schulen in Australien beteiligt waren, liegt darin, dass religiöse Forschungen an staatlichen Schulen nicht erlaubt sind.

Mit Kindern und Jugendlichen der anvisierten Altersstufen wurden jeweils Probeläufe durchgeführt, bevor der Bogen für die Umfrage verwendet wurde. Dabei wurde durchaus mehrfach die Länge des Bogens problematisiert.

Die Fragen umfassen Hintergrundvariablen zur Person der Schülerinnen und Schüler (Geschlecht, Alter, Klasse, Konfession, religiöse Prägung im Elternhaus, Kirchenbindung). Ergänzt wurden diese abgefragten Hintergrundvariablen durch eine schülergemäße Abfrage der persönlichen Werthaltungen mit zehn, im Anschluss an den World Value Survey ausgewählten Items des PVQ21 von Shalom H. Schwartz, bei der Schülerinnen und Schüler in einer Sechser-Skala angeben sollen, welcher der dort beschriebenen Personen sie überhaupt nicht bzw. sehr ähnlich sind (Welzel, 2010). Damit können die Werthaltungen der Befragten anhand zweier grundlegender Wertedimensionen beschrieben werden mit dem Ziel, im Anschluss an den Lebensstil-Ansatz unterschiedliche Schülergruppen zu identifizieren, die ggf. je auf ihre eigene Weise biblische Texte interpretieren.

Weil in unserem Fokus die Frage nach Bibelverwendung, Bibelwissen und Einschätzung der Bibel durch Kinder und Jugendliche steht, folgen immer noch im Teil A Fragen nach der Stellung der Bibel im Alltag (Verwendung und Besitz von (Kinder-)Bibeln, Erzählen biblischer Geschichten durch Eltern) und im

Religionsunterricht (Häufigkeit der Bibelverwendung, methodische Umsetzung des Themas Bibel im RU) ebenso wie Fragen nach der Einschätzung des Buches.

In Teil B wird in Form einer Anforderungssituation danach gefragt, wie der Schüler bzw. die Schülerin einer mit dem Christentum nicht vertrauten Person (einem buddhistischen Austauschschüler) erklären würde, was die Bibel ist. Dabei wurde bewusst der Begriff „Heilige Schrift" in die Situation eingetragen, damit die Herausforderung besteht, dies in der Erklärung zu berücksichtigen. Daran angebunden war die Frage nach einer für den Schüler bzw. die Schülerin besonders wichtigen Geschichte, die in Bezug auf den Austauschschüler, also in einer erschwerten kommunikativen Situation, erzählt werden sollte. Dabei sollte dargestellt werden, warum gerade diese Geschichte besonders bedeutsam sei. Hier versprachen wir uns interessante Ergebnisse in Bezug auf die zuvor erhobenen Werthaltungen der Schülerinnen und Schüler.

Im Teil C stand dann die Zachäusgeschichte im Fokus der Aufmerksamkeit, die in der Übersetzung der *Guten Nachricht* (bzw. in einer von Prof. Dr. Susanne Luther angefertigten englischen Übersetzung davon) abgedruckt war. Bewusst verwendeten wir hier keine eigene englische Kinder- und Jugendbibel, damit die Vergleichbarkeit transnational hergestellt werden konnte.

Zuerst sollte eine unbegründete Einschätzung der Zachäusgeschichte gegeben werden (*gefällt mir* oder *gefällt mir nicht* auf einer 5er-Skala). Danach wurden im Anschluss an die Abfrage zu den persönlichen Werthaltungen 10 inhaltlich korrespondierende Formulierungen zur Werthaltung der Geschichte angeboten, mit denen abgefragt wurde, wie ähnlich die Zachäusgeschichte einer abstrakten Geschichte mit bestimmten Eigenschaften ist. Damit sollte das persönliche Werteprofil direkt auf die inhaltliche Wahrnehmung der Zachäusgeschichte bezogen werden.

Die persönliche Deutung wird dann wiederum angebunden an das narrative Setting mit dem Austauschschüler und es wird eine abschließende Deutung der Geschichte für den nicht christlichen Austauschschüler erbeten. Dies wird durch ein zweites Setting erweitert: Jetzt ist das Austauschkind Nancy, die sich dadurch, dass sie nur einen Arm hat, „weniger wert" fühlt. Hier sollte jeweils eine persönlich-aneignende Geschichtenrezeption abgefragt werden, die dann u. a. nach den unter Kap. 2.2.4 dargestellten Modi der Bibelinterpretation ausgewertet werden soll: Auf welche Weise findet eine Identifikation statt und wird dabei von den Befragten eher der Aspekt des Anspruchs oder Zuspruchs der biblischen Botschaft in den Blick genommen?

Im letzten Teil D sollten biblische Geschichten aus Bildern erkannt und identifiziert werden, die aus der Elementarbibel von Anneliese Pokrandt mit Illustrationen von Reinhard Herrmann entnommen sind (Pokrandt & Herrmann, 1998, S. 15, 23, 53, 126, 176, 240, 255, 341, 377, 417, 423, 427, 457, 471, 476, 489, 513 u. 532). Bei der Überprüfung der Kenntnis biblischer Geschichten hatten wir uns bewusst nicht für ein Vorgehen wie in der Hanisch und Bucher Studie ausgesprochen, bei der zentrale Textstellen einer kurz benannten Geschichte (z. B.

„Mose führte das Volk Israel aus Ägypten. In einer Geschichte offenbart sich Gott Mose im brennenden Dornbusch"; Hanisch & Bucher, 2002, S. 32) zugeordnet werden müssen. Unseres Erachtens war das an verschiedenen Stellen allein aus Gründen der Logik möglich, ohne die Textausschnitte wirklich zu kennen. Eben so wenig wollten wir die Kenntnis überprüfen, indem wir, wie Kammeyer und Büttner (2011), jede der Geschichten durch einen Satz zusammenfassen ließen, denn viele Elemente werden durch die von Hanisch und Bucher verwendeten Überschriften vorgegeben, und außerdem ist der Überprüfungsaufwand relativ hoch.

Wir entschieden uns, Bibelwissen im Erkennen biblischer Geschichten durch Bildnarrative abzufragen, bei denen keinerlei Textelemente vorgegeben wurden. Dafür wurden zwölf Bilder mit biblischen Geschichten aus dem Alten und dem Neuen Testament ausgewählt, die bekannte und eher unbekanntere Geschichten darstellen. Jeweils sollte angegeben werden, ob die Geschichte so bekannt ist, dass man sie nacherzählen kann, und ob sie gefällt. Um die persönliche Kenntnis zu überprüfen, wurde erbeten, der Geschichte eine Überschrift zu geben. Damit erhofften wir uns, bei der Auswertung eine relative Klarheit darüber zu erreichen, ob die Angabe tatsächlich der Selbsteinschätzung entspricht. Einfache Geschichten, bei denen wir von einem hohen Bekanntheitsgrad ausgingen, waren z. B. die Geburt Jesu und die Kreuzigung, schwierigere die Bindung Isaaks oder die Geschichte von Josef und seinen Brüdern (auf der ausgewählten Abbildung wird Josef von den Brüdern in den Brunnen geworfen). Bewusst wurde teilweise das Erkennen der eigentlich einfachen Geschichten, wie z. B. der Arche Noah-Erzählung, durch die Auswahl des Bildes erschwert, auf dem im genannten Beispiel nur die Taube mit einem Zweig im Schnabel abgebildet ist. Das klassische Bildsymbol des Archeschiffes fehlt, was die Identifizierung der Geschichte damit nicht der einfachen Kategorie zuordnete. Ein sehr offenes Bild von einem Baum und einem Vogel, das in der Kinderbibel das Gleichnis vom Senfkorn repräsentieren soll, stellte eine besondere Herausforderung für die Befragten dar.

Wir gingen also bei der Überprüfung, ob die Geschichten bekannt sind, davon aus, dass einerseits durchaus anspruchsvolle Dekodierungsprozesse durchgeführt werden konnten, in denen die Probandinnen und Probanden Bildelemente einem ihnen bekannten narrativen Setting zuordnen mussten. Anderseits mussten sie dann für die Formulierung der richtigen Überschrift kodieren und den wesentlichen Inhalt, der sich nicht immer über zentrale Bildelemente erschloss, durch „überschriftsgemäße" Begriffe verdichten. Ob Details der Erzählungen bekannt sind, kann natürlich mit diesem Vorgehen nicht überprüft werden.

Bei der Auswertung gingen wir folgendermaßen vor: Drei unabhängige Personen haben die von den Schülerinnen und Schülern gewählte Überschrift bewertet und diese mit 0 (keine Übereinstimmung bzw. falsche Zuordnung), 1 (bedingt richtige Zuordnung) oder 2 Punkte (richtige Überschrift) bepunktet. Durchschnittliche Gesamtwerte ab M = 1,33 werden als richtig gewertet.

Bei den beiden zweistufigen Ratingfragen zur Selbsteinschätzung („kann ich nacherzählen"/ „gefällt mir", die mit „ja" vs. „nein" beantwortet werden können) werden die Prozente auf die Gesamtstichprobe bezogen. In der Summe ergeben sich daher keine 100 Prozent, weil Missings den Rest ausmachen. In Tabelle 6 finden sich Beispiele für die Bepunktung von Antworten.

Tabelle 6: *Beispiele für die Bepunktung des Bildertest zum Bibelwissen*

	2P: „Josef im Brunnen" (41; 335)*; „Josef und seine Brüder" (555; 664) 1P: „Die 12 Brüder" (108; 1310); „Vater mit den Söhnen" (21) 0P: „Der Brunnen" (1; 93); „Ein Junge wird in den Brunnen geschickt" (131)
	2P: „Arche Noah" (10, 14, 16) 1P: „Friedenstaube" (11; 83; 211 u.ö.); „Die Taube der Hoffnung" (77) 0P: „Die Taube" (896; 949); „Jesu Taufe" (965)
	2P: „Abraham und Sara" (117; 135); „Sarah wird Kinder bekommen" (44) 1P: „Nachricht von den Engeln" (448); „Abraham" (136) 0P: „Der Mann" (472; 502); „Josef redet zu Gott" (13)
	2P: „Die Zehn Gebote" (3–5; 20); „Mose und die 10 Gebote" (14; 307) 1P: „Gebote" (394; 480); „Steintafeln" (410; 412) 0P: „Heilige Schriftrollen" (184); „Grab" (368; 426)

* In Klammern jeweils die kodierte Nummer der befragten Person.

Abschließend sollten die Probanden die für sie wichtigsten drei biblischen Geschichten nennen und die Auswahl begründen. Dabei war an dieser Stelle abzusehen, dass die Bereitschaft, hier ausführlich zu antworten, nicht mehr sehr ausgeprägt sein würde. Außerdem hatten die Befragten nun die Möglichkeit, selbst Fragen an Bibelwissenschaftler zum Thema zu stellen, die im Kontext der Studie, aber auch grundsätzlich zum Themenfeld Bibel für sie bedeutsam sind. Hier erhofften wir uns Informationen über Interessensgebiete, aber auch Informationen über hermeneutische Probleme im Umgang mit der Bibel.

In Zuge der Vergleichbarkeit der Ergebnisse mit der Studie von Hanisch und Bucher (2002) wurden manche Fragen wortwörtlich verwendet, obwohl uns die Problematik der Begriffe bzw. der Positionierung bewusst war. So fragten Bucher und Hanisch in der Einschätzung der der Bibel, ob die Bibel *wahr oder erfunden* sei. Das ist für kritische Rezipienten natürlich kein korrektes Gegensatzpaar, wir wollten es aber nicht durch *wahr - unwahr* bzw. *erfunden und wirklich passiert* erweitern, auch wenn das in der Gruppe lebhaft diskutiert wurde. Damit wäre die Vergleichbarkeit mit der Studie von Hanisch und Bucher nicht mehr möglich gewesen. Erstaunlicherweise gab es ein paar Schülerinnen und Schüler, die das bei der Beantwortung der Frage bemerkten.

Zusammenfassend wollten wir durch diese Form der Befragung Einschätzungen der verschiedenen Altersklassen zu Charakter, Autorität, Relevanz und Glaubwürdigkeit der Bibel abfragen, außerdem grundlegendes Bibelwissen anhand einer Auswahl von Geschichten überprüfen.

3.1.2 Durchführung der Untersuchung

Nach einer Voruntersuchung mit zwei Schulklassen und einigen Jugendgruppen im Kreis Siegen, durch die wir den Fragebogen testeten, verschickten wir an unterschiedliche uns bekannte Lehrerinnen und Lehrer Anfragen, in denen wir unsere Befragung erläuterten und sie um Mithilfe baten.

Der Fragebogen wurde während der Durchführung nicht noch einmal vorgelesen, weshalb einige der Hauptschullehrer und -lehrerinnen eine Befragung als zu anspruchsvoll gerade für ihre 5. und 6. Klassen ablehnten. Die Befragung wurde Ende 2015 und Anfang 2016 in Deutschland, Anfang 2016 bis Ende 2016 in Australien und England durchgeführt.

Da es bei der Durchführung nicht darum ging, die Qualität des Religionsunterrichts zu überprüfen, erschien es uns unproblematisch, dass auch (Religions-)Lehrerinnen und -Lehrer die Befragung selbst organisierten und durchführten. Selbst wenn man vielleicht hätte annehmen können, dass die Lehrerinnen und Lehrer den Schülerinnen und Schülern z. B. bei der Identifizierung der Geschichten helfen könnten, gingen wir davon aus, dass die Lehrenden selbst ein Interesse am richtigen Ergebnis haben würden, so dass diese nicht in den Beantwortungsprozess eingreifen würden.

Schwierigkeiten beim Ausfüllen wurden uns vor allem hinsichtlich der Länge des Bogens und der anspruchsvollen Aufgabe der Identifizierung der Geschichten am Ende berichtet. Dennoch hat ein Großteil der Befragten bis zum Ende durchgehalten und alle Fragen, wenn auch teilweise in sehr knapper Art und Weise, beantwortet. Auf Gründe der Motivation führen wir die teils sehr kurze Nacherzählung der Lieblingsgeschichte zurück. Hier sind Grundschulkinder wie in der Hanisch und Bucher-Studie sicherlich leichter zu motivieren.

3.2 *Beschreibung der Stichprobe*

Unsere Stichprobe wurde nicht nach Kriterien der Repräsentativität rekrutiert, sondern über Kontaktpersonen, die im Rahmen ihrer Möglichkeiten die Studie unterstützten konnten („convenience sampling"). Das bedingt Verzerrungen, weil z. B. die englischsprachige Stichprobe katholische Schülerinnen und Schüler überrepräsentiert und zugleich über die privaten katholischen Schulen ein spezielles katholisches Milieu repräsentiert ist. Die befragten katholischen Schülerinnen und Schüler sind damit natürlich keinesfalls repräsentativ für katholische Schülerinnen und Schüler in Deutschland.

Gerechtfertigt ist eine solche Stichprobe aus drei sehr unterschiedlichen Gründen:

(1) Ein „convenience sample" ist mit geringen Ressourcen effektiv erstellbar, so dass als Vergleichsstandard hier nicht die kostspielige Idealstichprobe angemessen ist, sondern die bloße Spekulation über empirische Verhältnisse ohne Daten.

(2) Die meisten Fragen in unserer Studie beziehen sich auf Zusammenhangsanalysen, die keine repräsentativen Stichproben erfordern. Dabei wird angenommen, dass ein Zusammenhang „allgemein" gilt und daher in einer beliebigen Stichprobe gefunden werden sollte und entsprechend auch falsifiziert werden kann (vgl. Gennerich & Riegel, 2015). Unsere Befunde zu Zusammenhängen bestätigen in den meisten Fällen allgemein angenommene Korrelationen, so dass diese sich auch in unserer Studie bewährt haben. Deshalb kann die Studie als ein Beitrag zur Vertiefung des Zusammenhangswissens gewertet werden.

(3) Darüber hinaus benutzten wir unsere Stichprobe z. B. im Vergleich zur Studie von Hanisch und Bucher (2002). Dabei wird deutlich, dass sich durchaus teilstichprobenabhängige Effekte zeigen (z. B. Alterseffekte). Denn in den Vergleichen kann man in angemessener Weise darstellen, dass es z. B. relevante Alterseffekte bezogen auf das Bibelwissen der Schülerinnen und Schüler gibt. Und der Kulturvergleich macht deutlich, dass die Befundmuster in Deutschland keine alternativlose Selbstverständlichkeit sind, insofern in der englischsprachigen Stichprobe Schülerinnen und Schüler aus einer anderen Kultur mit einem anderen Bibelverständnis zur Sprache kommen. Insofern unsere Studie keine Aussagen zum repräsentativen Bibelwissen unter deutschen Schülerinnen und Schülern macht und auch keine Analyse etwa zu Ost- und West-Unterschieden intendiert, erweist sich unsere Stichprobe für unser Ziel als angemessen und erfüllt ihren Zweck.

3.2.1 Regionale Zusammensetzung

Befragt wurden Schülerinnen und Schüler aus vier Ländern: Deutschland (N = 1446), Australien (Melbourne) (N = 471), England (London) (N = 160) und einer Schule aus Kanada (Grenfell) (N = 34). Die englischsprachige Stichprobe umfasst somit insgesamt N = 665 Schülerinnen und Schüler.

Tabelle 7: *Struktur der Stichprobe*

	Häufigkeit	Prozent
Deutsche Stichprobe	1446	68
Englischsprachige Stichprobe (Australien, England, Kanada)	665 (471, 160, 34)	32 (22, 8, 2)
Gesamt	2111	100

Die deutsche Stichprobe nach Bundesländern umfasst aus Nordrhein-Westfalen 865 Schülerinnen und Schüler (60 %), aus Niedersachsen 467 (32 %) und aus Baden-Württemberg 114 (8 %).

Mit Blick auf eine Einordnung der ländervergleichenden Befunde ist es hilfreich, die Religiosität Jugendlicher auf einer repräsentativen Ebene unabhängig von unserer eigenen Studie zu betrachten (im Folgenden eigene Berechnungen). In den Daten des Religionsmonitors 2012, die uns freundlicherweise von der Bertelsmann-Stiftung zur Verfügung gestellt wurden, beschreiben deutsche 16- bis 25-Jährige (N = 322) auf einer fünfstufigen Religiositäts-Skala den Grad, wie „religiös" sie sind, mit M = 2,83 (1 = überhaupt nicht religiös; 5 = sehr religiös), englische 16- bis 25-Jährige (N = 130) mit M = 2,10 und kanadische 18- bis 25-Jährige (M = 62) mit M = 2,60. Das parallele Rating zum Grad, wie „spirituell" sie sind, zeigt folgenden Befund: deutsche Jugendliche M = 2,36; englische Jugendliche M = 2,45; kanadische Jugendliche M = 2,90. Kanadische Jugendliche könnten demnach als vergleichbar religiös wie deutsche beschrieben werden, wobei sie jedoch den Begriff der „Spiritualität" präferieren. Die englischen Jugendlichen scheinen dagegen deutlich weniger religiös als die deutschen zu sein und tendieren gleichzeitig zu einer etwas größeren Akzeptanz des Begriffs der Spiritualität.

Die Daten der sechsten Welle des World Value Surveys (2010–2014), die unter *http://www.worldvaluessurvey.org/WVSDocumentationWV6.jsp* (letzter Abruf 09.12.2019) heruntergeladen werden können, ermöglichen ergänzend einen Vergleich deutscher und australischer Jugendlicher im Alter von 16 bis 25 Jahren. 33 % der deutschen Jugendlichen (N = 208) beschreiben sich als „religiöse Person", 53 % als „keine religiöse Person" und 14 % als „Atheist". 54 % bejahen, dass sie an Gott glauben, und 46 % verneinen dies. Bei den australischen Jugendlichen (N = 211) verstehen sich 33 % als „religiöse Person", 49 % als „keine religiöse Person" und 18 % als „Atheist". Den „Glauben an Gott" bejahen 64 %

und verneinen 36 %. Gefragt nach der Wichtigkeit von Religion im Leben (1 = sehr wichtig; 4 = gar nicht wichtig) haben die deutschen Jugendlichen (N = 216) einen Mittelwert von M = 3,03 und australische Jugendliche (N = 206) von M = 2,91. Zusammengefasst scheinen daher insgesamt australische Jugendliche minimal religiöser zu sein als deutsche Jugendliche.

Da wir die englischsprachigen Stichproben zusammengefasst haben, dürfte der weniger religiöse Anteil der englischen Stichprobe den religiöseren Anteil der australischen Stichprobe ausgleichen, so dass aufgrund der dokumentierten Datenlage die beiden zugrundeliegenden Populationen der englischsprachigen und deutschen Stichprobe im Grad der Religiosität sich nichts nehmen dürften. Entsprechend ist davon auszugehen, dass die ausgeprägtere Religiosität in der englischsprachigen Stichprobe auf das spezielle Milieu katholischer Schulen zurückzuführen ist.

3.2.2 Alter und Geschlecht

Alter: Die befragten Schülerinnen und Schüler haben ein Alter zwischen 9 und 20 Jahren (M = 13,52). Sie sollten, so unsere Planungen, aus der 5. oder 6. Klasse sein oder aber aus der 10. und 11. Klasse. Einige der befragten Schülerinnen und Schüler passen nicht in diese Altersstufen, weil sie älter bzw. jünger als ihre Klassenkameraden sind. Wir haben die Stichprobe daher in zwei Altersgruppen aufgeteilt. Die 9- bis 14-Jährigen (M = 11,07) und die 15- bis 20-Jährigen (M = 16,04). Die Abweichung von den Mittelwerten betrifft dabei insgesamt relativ wenige Schülerinnen und Schüler (vgl. Tab. 8).

Tabelle 8: *Altersverteilung in der Stichprobe*

Alter	Häufigkeit	Prozent
9	11	0,5
10	272	12,9
11	503	23,8
12	153	7,2
13	29	1,4
14	50	2,4
15	256	12,1
16	480	22,7
17	224	10,6
18	29	1,4
19	2	0,1
20	1	0,0
Fehlende Angabe	101	4,8
Gesamtsumme	2111	100,0

Geschlecht: Tabelle 9 und 10 stellen die Geschlechtsverteilung in Abhängigkeit von der Region (englischsprachige vs. deutsche Stichprobe) und dem Alter dar.

Tabelle 9: *Verteilung des Geschlechts in der englischsprachigen und deutschen Stichprobe*

	Deutsche Stichprobe	Englischsprachige Stichprobe	Gesamtstichprobe
Weiblich	738 (51 %)	371 (56 %)	1109 (53 %)
Männlich	703 (49 %)	293 (44 %)	996 (47 %)

* Die Summen ergeben nicht immer 2111 wegen einiger Missings. Die Missings wurden bei der Berechnung der Prozente ausgeklammert.

Wie Tabelle 9 zeigt, sind bei der deutschen Teilstichprobe 738 Befragte (51 %) weiblich und 703 (49 %) männlich. Bei der englischsprachigen Teilstichprobe sind 371 Befragte (56 %) weiblich und 197 (44 %) männlich. In der Gesamtstichprobe ergibt sich daraus ein Verhältnis von 53 % weiblicher zu 47 % männlicher Personen.

Bei einem differenzierenden Blick auf die Geschlechtsverteilung in Abhängigkeit vom Alter zeigt sich in Tabelle 10, dass sich bei den jüngeren Befragten Mädchen und Jungen mit jeweils 50 % die Waage halten. Bei den älteren Befragten sind dagegen 56 % weiblich und 44 % männlich. Möglicherweise spiegelt dieser Befund den erschwerten Zugang von Jungen zum Thema Religion wieder, wenn man den geringen Jungenanteil bei den älteren Befragten so interpretiert, dass die Jungen ihre in den höheren Klassenstufen eher gegebene Wahlfreiheit nutzen, um sich vom Religionsunterricht abzumelden.

Tabelle 10: *Verteilung des Geschlechts bei den jüngeren und älteren Befragten*

	jung	alt
Weiblich	512 (50 %)	556 (56 %)
Männlich	503 (50 %)	435 (44 %)

* Die Summen ergeben nicht immer 2111 wegen einiger Missings. Die Missings wurden bei der Berechnung der Prozente ausgeklammert.

3.2.3 Besuch des Religionsunterrichts und Schularten

Besuch des Religionsunterrichts: Von den deutschen Schülerinnen und Schülern besuchten zum Zeitpunkt der Befragung 1288 (90 %) den Religionsunterricht, 139 (10 %) besuchten keinen Religionsunterricht. In der englischsprachigen Stichprobe gaben 610 (93 %) an, Religionsunterricht in der Schule zu bekommen, 16 (3 %) in der Kirchengemeinde, und 27 (4 %) gaben an, dass sie sowohl in der Schule als auch in der Kirchengemeinde Religionsunterricht (Religious Education/RE) erhalten.

Schularten: Die große Mehrheit der Schülerinnen und Schüler (73 %) besuchte ein Gymnasium, wie Tabelle 11 zeigt, 19 % eine Gesamtschule, 7 % eine Realschule und nur 1 % die Hauptschule (andere Schularten [0,3 %] wurden wohl von den Schülerinnen und Schülern falsch angegeben). Die Überzahl an Gymnasiasten liegt auch darin begründet, dass eine Durchführung hier eher genehmigt und unterstützt worden war. Einige Hauptschulen hatten den Bogen abgelehnt, weil ihre Schülerinnen und Schüler laut eigener Aussage nicht in der Lage wären, einen so umfangreichen, leseintensiven Bogen auszufüllen.

Tabelle 11: *Besuchte Schularten in der deutschen Stichprobe*

	Häufigkeit	Prozent
Gymnasium	1048	73
Gesamtschule	266	19
Realschule	99	7
Hauptschule	15	1
Andere Schularten	5	0,3

Die Schülerinnen und Schüler in der englischen Stichprobe verteilen sich in etwa je zur Hälfte auf die beiden Schulformen der primary school und secondary school (vgl. Tab. 12). Neun Befragte haben angegeben, dass sie ein „college of further education" besuchen; jedoch haben teils auch Schülerinnen und Schüler derselben Klasse angegeben, dass sie eine secondary school besuchen, so dass einige ältere Schülerinnen und Schüler möglicherweise besondere Aspekte ihrer Klassenstufe zum Ausdruck bringen wollten.

Tabelle 12: *Besuchte Schularten in der englischen Stichprobe*

	Häufigkeit	Prozent
Primary school	346	52
Secondary school	319	47
College of further education	9	1

3.2.4 Konfessionelle Zugehörigkeit und Bedeutung von Religion im Elternhaus

Konfessionelle Zugehörigkeit: Die vorliegende Stichprobe setzt sich zusammen aus 39 % römisch-katholischen und 40 % evangelischen bzw. evangelisch-landeskirchlichen Schülerinnen und Schülern, allerdings sind diese nicht gleichmäßig in den befragten Ländern vertreten (vgl. Tab. 13). Da wir in Australien und England keine Möglichkeit hatten, staatliche Schulen zu befragen (in Australien sind auch im weiteren Sinn Forschungen zu religiösen Inhalten an staatlichen

Schulen ausgeschlossen, ein „ethical clearance" dafür ist nicht zu bekommen), finden sich in der Stichprobe fast ausschließlich katholische Privatschulen. Diese besuchen allerdings nicht nur katholische Schülerinnen und Schüler, sondern auch andere Konfessionen und Religionen (3 % Muslime, 2 % Orthodoxe, 2 % Evangelische, 6 % Konfessionslose und 2 % mit Zugehörigkeit zu einer anderen Religion). Diese Vielfalt findet sich auch in der deutschen Stichprobe, in der die Muslime mit 6 %, die Orthodoxen mit 1 % und die Evangelisch-Freikirchlichen mit 5 % vertreten sind. Dabei ist auch ein Anteil von 12 % konfessionslosen Schülerinnen und Schülern und 2 % mit Zugehörigkeit zu einer anderen Religion.

Tabelle 13: *Konfessionelle Zugehörigkeit der Befragten*

	Deutschland	Englischsprachige Stichprobe	Gesamt
Katholisch	240 (17 %)	569 (87 %)	809 (39 %)
Evangelisch	807 (57 %)	13 (2 %)	820 (40 %)
Ev.-freikirchlich	69 (5 %)	1 (0,2 %)	70 (3 %)
Orthodox	12 (1 %)	16 (2 %)	28 (1 %)
Konfessionslos	166 (12 %)	40 (6 %)	206 (10 %)
Muslimisch	88 (6 %)	3 (0,5 %)	91 (4 %)
Andere Religion	24 (2 %)	14 (2 %)	38 (2 %)

Bedeutung von Religion im Elternhaus: Tabelle 14 zeigt, dass Religion in Deutschland keine so hohe Bedeutung hat wie bei den Schülerinnen und Schülern der katholischen Privatschulen in Melbourne, London und Grenfell. Nur knapp 20 % der deutschen Schülerinnen und Schüler schätzen die Bedeutung von Religion in ihrem Elternhaus als sehr hoch bzw. hoch ein, während dies für 50 % der Jugendlichen in Australien/England/CA gilt. Das könnte man damit begründen, dass Eltern, die ihre Kinder auf einer konfessionellen Privatschule beschulen lassen, die Bedeutung von Religion sicherlich höher einschätzen als der Durchschnitt. Eine geringe bzw. keine Bedeutung von Religion schreiben 51 % der deutschen Schülerinnen und Schüler, aber nur 21 % der australisch-englischen Vergleichsgruppe dem Elternhaus zu. Diese große Abweichung lässt sich wahrscheinlich durch den Besuch einer katholischen Privatschule begründen, wobei je nach australischem Bundesland fast 30 % der Schülerinnen und Schüler eine katholische Privatschule besuchen. Die Nähe zu einer katholischen Institution trägt wahrscheinlich zur religiösen Identifikation bei und vermutlich wählen auch gerade jene Eltern eine kirchliche Schule, denen Religion bedeutsam ist.

Tabelle 14: *Bedeutung der Religion im Elternhaus*

	sehr hoch	hoch	mittel	gering	gar keine	M	S
Gesamtstichprobe (N = 2081)	11 %	18 %	29 %	28 %	14 %	3,16	1,20
Deutschland	6,5 %	13 %	29 %	34 %	17 %	3,43	1,11
Englischsprachige Stichprobe	20,5 %	29 %	29 %	14 %	7 %	2,59	1,17

3.2.5 Häufigkeit des Gottesdienstbesuchs und des Gebets

Häufigkeit des Gottesdienstbesuchs: In Tabelle 15, die den Gottesdienstbesuch dokumentiert, zeigt sich, dass die Schülerinnen und Schüler aus den englischsprachigen Ländern deutlich häufiger den Gottesdienst besuchen. Dies bestätigt die Aussagen zur unterschiedlichen Bedeutsamkeit von Religion. Während von den deutschen Jugendlichen 23 % nie den Gottesdienst besuchen, sind es in der englischsprachigen Stichprobe nur 11 %. Dies mag auch daran liegen, dass die meisten katholischen Privatschulen selbst regelmäßige und verpflichtende Schulgottesdienste anbieten. Wie religionsaffin die katholischen Schülerinnen und Schüler der englischsprachigen Gruppe sind, wird daran deutlich, dass fast 42 % der Gruppe jeden Sonntag und immerhin weitere 24 % noch einmal im Monat in den Gottesdienst geht.

Tabelle 15: *Häufigkeit des Gottesdienstbesuchs*

	nie	einmal im Jahr (Weihnachten, besondere Anlässe)	einmal im Monat	jeden Sonntag	M	S
Gesamtstichprobe (N = 2066)	19 %	45 %	18 %	18,5 %	2,36	0,99
Deutschland (N = 1412)	23 %	55 %	15 %	8 %	2,07	0,82
Englischsprachige Stichprobe (N = 654)	11 %	23 %	24 %	42 %	2,97	1,04

Im Vergleich der zwei Altersgruppen zeigt Tabelle 16, dass die jüngeren Befragten insgesamt häufiger den Gottesdienst besuchen. 44 % von ihnen gehen mindestens einmal im Monat in den Gottesdienst. Bei den Älteren, den 15- bis 20-

Jährigen, besuchen dagegen lediglich 30 % mindestens einmal im Monat den Gottesdienst.

Zwar umfasst die Gruppe der 9- bis 14-Jährigen das Konfirmandenalter, das teilweise verknüpft ist mit einer Pflicht, den Gottesdienst zu besuchen, so dass äußere Gründe für die Altersdifferenz ursächlich sein könnten. Allerdings ist die Gruppe der 13- bis 14-Jährigen in unserer Stichprobe anteilig nur sehr klein (vgl. Tab. 8), so dass sich der Altersunterschied über diesen Umstand nicht hinreichend erklärt. Entwicklungspsychologische Faktoren wie die kritische Reflexion religiöser Traditionen im fortgeschrittenen Jugendalter dürften hier stärker zu Buche schlagen.

Tabelle 16: *Häufigkeit des Gottesdienstbesuchs in Abhängigkeit vom Alter*

	nie	einmal im Jahr (Weihnachten, besondere Anlässe)	einmal im Monat	jeden Sonntag	M	S
9- bis 14-Jährige (N = 997)	17 %	40 %	19 %	25 %	2,51	1,04
15- bis 20-Jährige (N = 970)	21 %	50 %	17 %	13 %	2,22	0,92

Häufigkeit des Gebets: Die höhere Bedeutung nicht nur institutioneller Angebote, sondern auch individueller Rituale wie z. B. des Betens wird in Tabelle 17 deutlich: Schülerinnen und Schüler in der englischsprachigen Stichprobe beten häufiger (42 % jeden Tag, 29 % mehrmals in der Woche) als in der deutschen Stichprobe (hier beten fast drei Viertel selten oder nie und nur 13 % täglich). Etwas weniger als die englischsprachige Stichprobe beten auch die Schülerinnen und Schüler in der Stichprobe von Hanisch und Bucher, allerdings beten die Befragten in der damaligen Stichprobe deutlich häufiger als in unserer Stichprobe. Dabei ist zu bedenken, dass der Altersdurchschnitt der Stichprobe von Hanisch und Bucher (2002, S. 14) bei 10,1 Jahren liegt, also noch einmal ein Jahr jünger als unsere Teilstichprobe der 9- bis 14-Jährigen (M = 11,1 Jahre). Im Vergleich zu unserer Gruppe der Jüngeren (siehe Tab. 18) zeigt sich eine relativ ähnliche Verteilung mit einer nur leicht höheren Gebetshäufigkeit bei der Stichprobe von Hanisch und Bucher, die auf den minimal jüngeren Altersdurchschnitt zurückgeführt werden kann.

Vergleicht man die Häufigkeit des Gebets in Abhängigkeit vom Alter zeigt Tabelle 18, dass die individuelle religiöse Praxis des Gebets bei den älteren Schülerinnen und Schülern stark gegenüber der jüngeren Altersgruppe abfällt.

Tabelle 17: *Häufigkeit des Gebets*

	überhaupt nicht	selten	mehrmals in der Woche	jeden Tag	M	S
Gesamtstichprobe (N = 2089)	24 %	34,5 %	19 %	22 %	2,39	1,08
Deutschland (N = 1431)	30 %	43 %	15 %	13 %	2,07	0,82
Englischsprachige Stichprobe (N = 658)	13 %	17 %	29 %	42 %	3,00	1,05
Hanisch & Bucher, 2002, S. 81	15 %	31 %	22,5 %	31,5 %	-	-

Tabelle 18: *Häufigkeit des Gebets in Abhängigkeit vom Alter*

	überhaupt nicht	selten	mehrmals in der Woche	jeden Tag	M	S
9- bis 14-Jährige (N = 1005)	18,5 %	32 %	20 %	29 %	2,60	1,09
15- bis 20-Jährige (N = 983)	30 %	38 %	18 %	15 %	2,18	1,02

3.2.6 Werthaltungen

Die Werthaltungen der Befragten haben wir mit zehn etablierten Items des PVQ21 gemessen (siehe Tab. 59 in Kap. 4.2.1). Wie in Kapitel 4.2.1 ausführlich dargestellt wird, lassen sich die zehn Items modellorientiert mit einer Faktorenanalyse auf zwei grundlegende Wertedimensionen zurückführen, so dass das theoretisch beschriebene Wertefeld (siehe Kap. 2.2.1) empirisch konstruiert werden kann. Die verschiedenen Teilstichproben lassen sich dann in ihren mittleren Werthaltungen anhand der Faktorscores (Dimensionsmittelwerte der Teilstichproben) modellbasiert beschreiben (siehe Abb. 6).

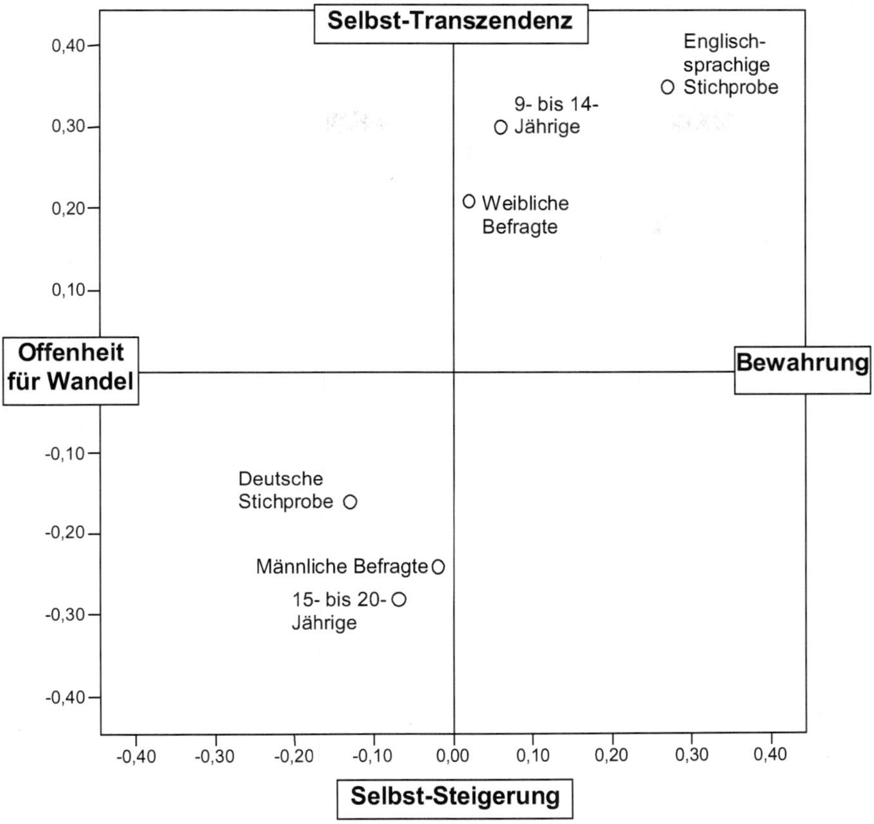

Abbildung 6: *Mittlere Faktorscores der Teilstichproben auf den beiden Wertedimensionen*

Abbildung 6 kann entnommen werden, dass die deutschen, männlichen und älteren Befragten in Relation zu den englischsprachigen, weiblichen und jüngeren Befragten sich durch Werte im Bereich Hedonismus und Leistung auszeichnen, wohingegen Letztere Werte im Bereich Tradition und Prosozialität deutlicher präferieren. Angesichts dieses Befunds stellt sich die Frage, inwieweit die jeweiligen Teilstichproben unabhängig voneinander sind. Die wechselseitigen Korrelationen sind jedoch sehr klein und nicht signifikant ($r^{Land*Sex}$ = -.04; $r^{Land*Alter}$ = -.07; $r^{Alter*Sex}$ = -.06). Sie sind sogar von ihrem Vorzeichen her gegenläufig zu ihrer örtlichen Nähe im Wertefeld. Die Verortung der Teilstichproben resultiert daher unabhängig voneinander und dokumentiert damit beachtliche Wertedifferenzen zwischen den Teilstichproben in Abhängigkeit vom Alter, dem Geschlecht und insbesondere der kulturellen Herkunft der befragten Schülerinnen und Schüler.

3.3 *Statistische Prozeduren*

Sämtliche Ergebnisse werden deskriptiv über Häufigkeitsverteilungen, Mittelwerte (M) und Standardabweichungen (S) dargestellt. Auf dieser statistischen Ebene bewegt sich weitgehend die vorfindliche empirische Forschung zur Perspektive von Schülerinnen und Schülern auf die Bibel (siehe Kap. 2). Ein Vergleich mit den Befunden von Hanisch und Bucher (2002) ist so möglich, aber auch ein Vergleich unserer deutschsprachigen Stichprobe mit der englischsprachigen. Ebenso können die jüngeren mit den Älteren und die weiblichen Schülerinnen mit den männlichen Schülern verglichen werden.

Der wertefeldanalytische Befund in Kapitel 4.2.1 dagegen basiert auf einem methodischen Vorgehen, das Gennerich (2010a, S. 45–49) ausführlich beschrieben hat. Die Werteitems wurden an ihrem eigenen Mittel relativiert (ipsatiert) und faktoranalysiert (orthogonale Varimax-Rotation mit einer Hauptkomponentenanalyse). Die zwei theoriegeleitet extrahierten Faktoren werden weiter genutzt, um mittels der Faktorscores Teilgruppen der Stichprobe im Wertefeld zu positionieren (Plot der Faktorscoremittelwerte) oder um durch Korrelation einzelner interessierender Variablen mit den beiden Wertedimensionen (d. h. mit den entsprechenden Faktorscores) deren Zusammenhänge im Feld darzustellen (als Plot der Korrelationswerte).

Die offenen Antwortformate wurden jeweils mit einem oder mehreren Kategorienschemata ausgewertet. Teils wurde die Auswertung durch drei geschulte studentische Hilfskräfte vorgenommen, so dass Inter-Rater-Reliabilität berechnet werden kann. Die gemittelten Ratings wurden dann zur weiteren Analyse herangezogen.

Weitere Ergebnisse basieren auf einfachen korrelativen Analysen. Gegenüber höherwertigen Analysen (z. B. Strukturgleichungsmodellen) scheint uns dieses Vorgehen dem aktuellen Forschungsstand angemessen. So kann eine Vielzahl einfacher Zusammenhänge dargestellt werden, die einen Vergleich mit parallelen Zusammenhangsbefunden in anderen Studien zulässt.

4. Ergebnisse

4.1 *Grundlegende Befunde*

In der Auswertung der Studie lassen wir uns bei der Darstellung der grundlegenden Befunde von folgender Systematik leiten:

Zuerst (Kap. 4.1.1 Kontaktpunkte und Lernorte) wollten wir wissen, welche Rolle die Bibel in welcher medialen Präsentation im Umfeld der Schülerinnen und Schüler spielt. Wo und durch wen begegnen Kinder biblischen Geschichten? Besitzen sie eine Bibel bzw. eine Kinderbibel? Wurden biblische Geschichten durch andere Medien kennengelernt? Haben Eltern und/oder Großeltern, Erzieherinnen oder Kindergottesdiensthelfer vorgelesen? Wurden die Geschichten frei erzählt? Außerdem interessierte uns die Selbsteinschätzung, woher die Kinder und Jugendlichen die Geschichten auch im Ländervergleich kennen.

Dann (Kap. 4.1.2 Vorstellungen und Einstellungen) soll dargestellt werden, welche Bedeutung die Kinder und Jugendlichen der Bibel grundsätzlich beimessen, indem hier sowohl auf den Religionsunterricht und die methodische Präsenz der Bibel dort rekurriert, aber auch eine mit Bucher und Hanisch (2002) vergleichbare Einschätzung der Vorstellungen von der Bibel vorgenommen wird. Hier interessiert uns auch, auf welche Weise die Bibel für einen gleichaltrigen Nicht-Christen erklärt wird.

Weiter (Kap. 4.1.3 Lieblingsgeschichten) wird nach den Lieblingsgeschichten der Kinder und Jugendlichen und der Begründung der Bedeutung, die sie ihnen beimessen, gefragt. Hier wird versucht, Kategorisierungen vorzunehmen.

Anschließend soll die Frage nach der Deutungsfähigkeit (Kap. 4.1.4) bezogen auf als wichtig erachtete biblische Geschichten bearbeitet werden, indem die verwendeten Begründungen für die Geschichtenauswahl analysiert werden.

In Kapitel 4.1.5 wird dargestellt, über welches Bibelwissen Kinder verfügen und in Kapitel 4.1.6 geht es schließlich darum, welche Frage sie zum Themenbereich Bibel Bibelwissenschaftlerinnen und -wissenschaftlern stellen würden.

In einer vergleichenden Perspektive (Kap. 4.1.7) wird auf den Unterschied der englischsprachigen zur deutschen Stichprobe und der Jüngeren zu den Älteren sowie auf den Vergleich mit der Studie von Hanisch und Bucher (2002) eingegangen. Genderunterschiede werden dagegen eigenständig in Kapitel 4.2.2 betrachtet.

4.1.1 Kontaktpunkte und Lernorte zur Bibel

Besitz einer (Kinder-)Bibel

Das Wissen der Kinder um den Besitz einer Bibel bzw. einer Kinderbibel verweist sowohl auf die Bedeutung von Religion im Elternhaus, aber auch auf die Praxis, biblische Geschichte als Teil der religiösen Bildung in der Familie vorzulesen (sonst wüssten die Kinder/Jugendlichen wahrscheinlich nicht, dass eine Kinderbibel vorhanden ist). Tabelle 19 zeigt, dass sowohl in der deutschen als auch in der englischsprachigen Stichprobe etwa die Hälfte der Kinder/Jugendlichen eine Kinderbibel besitzt. Etwa 37 % der deutschen Kinder besitzen keine Kinderbibel, 49 % eine, 14 % mehrere. In der englischsprachigen Stichprobe befindet sich nach Angabe der Kinder bzw. Jugendlichen bei 23 % keine, bei 47 % eine und bei 30 %, also einem Drittel, befinden sich sogar mehrere Kinderbibeln in deren Besitz.

In der englischsprachigen Stichprobe wurde darüber hinaus gefragt, welche Art Bibel die Schülerinnen und Schüler besitzen: 36 % besitzen eine Erwachsenenbibel, 22 % eine Kinderbibel und 42 % besitzen beide Bibelarten.

Die drei Kategorien wurden darüber hinaus mit „nein“ = 1, „ja, eine“ = 2 und „ja, mehrere“ = 3 kodiert. Der Mittelwert ist mit 2,07 gegenüber 1,77 in der englischsprachigen Stichprobe höher, so dass summarisch formuliert werden kann, dass in der englischsprachigen Stichprobe die Befragten in einem höheren Grad (Kinder-)Bibeln besitzen.

Tabelle 19: *Besitz einer (Kinder-)Bibel*

	nein	ja, eine	ja, mehrere	M	S
Deutschland: Hast du eine Kinderbibel? (N = 1458)	37 %	49 %	14 %	1,77	0,68
Englischsprachige Stichprobe: Do you have a bible of your own? (N = 620)	23 %	47 %	30 %	2,07	0,72

Schließlich wurde auch gefragt, ob eine Bibel im Haus vorhanden ist. Tabelle 20 zeigt die Ergebnisse.

Tabelle 20: *Ist eine Bibel im Haushalt vorhanden?*

	nein	ja, eine	ja, mehrere	M	S
Gesamtstichprobe (N = 2069)	20 %	40 %	40 %	2,20	0,75
Deutschland (N = 1409)	21,5 %	40 %	39 %	2,17	0,76
Australien, England, CA (N = 660)	17 %	39 %	44 %	2,27	0,73

In beiden Länderstichproben verhält es sich ähnlich, jedoch in Übereinstimmung mit der bisherigen Tendenz: In den englischsprachigen Ländern haben in der Sicht der Befragten 17 % keine Bibel zu Hause. In Deutschland sind es mit 21,5 % leicht mehr Befragte, die keine Bibel im Haushalt vermuten. In allen befragten Ländern geben ca. 80 % der befragten Kinder an, dass noch eine Bibel im Haushalt vorhanden ist.

Insgesamt entspricht damit der Befund zum Bibelbesitz nicht der Hypothese unserer australischen Projektpartnerin, sondern er liegt auf der Linie unserer Analyse in Kapitel 3.2.1. Danach nehmen sich die Länder im Mittel bezogen auf ihre religiöse Praxis und ihre religiösen Einstellungen nichts. Jedoch ist anzunehmen, dass die Wahl einer katholischen Schule mit einer Selektion stärker religiös geprägter Schülerinnen und Schüler in der englischsprachigen Stichprobe einhergeht.

Medien als Lernorte für biblische Geschichten

Biblische Geschichten werden nicht nur über das Vorlesen- oder Selberlesen vermittelt. Wie aus Tabelle 21 hervorgeht, kommen mindestens 53 % der Kinder bzw. Jugendlichen über Filmmedien in Kontakt mit biblischen Geschichten. Auch Computerspiele sind gleichsam wie Comics mit 4 % für die Beschäftigung mit biblischen Geschichten verantwortlich. Hörspiele übertreffen mit 14 % in der Gesamtstichprobe deren Bedeutung sogar noch. Während in Deutschland fast doppelt so häufig Bibelcomics gelesen werden (D: 5 %/ ES: 3 %), hört die englischsprachige Gruppe häufiger Hörspiele (ES: 17 %/ D: 12 %). Mit fast dreifach so großer Verbreitung haben die Kinder und Jugendlichen aber über Filme biblische Geschichten kennengelernt. Wenn die „gültigen Prozente" herangezogen werden, dann entsprechen sich die englischsprachige (62 %) und die deutsche Stichprobe (61 %) hier weitgehend.

Tabelle 21: *Mediennutzung in Prozent, wenn die Missings integriert werden (d. h. bei N = 2111, 1446 bzw. 665).*

	DVDs/ Filme	Computer-spiel	Comics	Hör-CDs	Sonstige
Gesamtstichprobe (N = 1805–1813)	53 % (61,5 %)*	4 % (5 %)	4 % (5 %)	14 % (16 %)	21 % (25 %)
Deutschland (N = 1178–1186)	50 % (61 %)	4 % (4 %)	5 % (6 %)	12 % (15 %)	22 % (27 %)
Englischsprachige Stichprobe (N = 627)	58 % (62 %)	5 % (5 %)	3 % (3 %)	17 % (18 %)	19 % (20 %)

*In Klammern die „gültigen Prozentwerte" (d. h., bezogen auf diejenigen, die die Frage beantwortet haben)

Vorlesen als Lernorte für biblische Geschichten

Durch die Frage „Hat dir früher jemand biblische Geschichten vorgelesen/erzählt?“ sollte das Vorlesen bzw. Erzählen als Lernort für biblische Geschichten untersucht werden. Die größere Bedeutsamkeit von religiösem Leben und religiöser Erziehung auch in Bezug auf den Umgang mit der Bibel zeigt sich daran, dass in der englischsprachigen Stichprobe wie zu erwarten häufiger biblische Geschichten vorgelesen und erzählt werden, obwohl biblische Geschichten in der evangelischen Tradition eigentlich bedeutsamer sind als in der katholischen Tradition. Tabelle 22 verdeutlicht, dass nur in wenigen deutschen Familien (5 %) täglich in der Kindheit vorgelesen/erzählt wurde, aber immerhin bei insgesamt 23 % (19 % in Deutschland, 31 % englischsprachige Länder) ca. einmal in der Woche. Allerdings gaben 62 % der befragten Personen aus der Gesamtstichprobe an, dass selten oder nie biblische Geschichten erzählt oder vorgelesen wurden. Hier ist der Unterschied zwischen Deutschland (66 %) und Australien/England (53,5 %) ebenfalls besonders auffällig, auch weil die englischsprachige Gruppe überwiegend aus katholischen, die deutschsprachige Gruppe aus evangelischen Schülerinnen und Schülern besteht.

Die höhere Streuung in den englischsprachigen Ländern dokumentiert darüber hinaus den Befund, dass es in den englischsprachigen Ländern mehr Familien gibt, in denen überhaupt nicht vorgelesen wird.

Tabelle 22: *Vorlesen/Erzählen in der Kindheit (Prozentuale Verteilung, Mittelwerte und Standardabweichungen)*

	nie	selten	einmal im Monat	einmal pro Woche	jeden Tag	M	S
Gesamtstichprobe (N = 2001)	24 %	38 %	9 %	23 %	5 %	2,48	1,23
Deutschland (N = 1351)	22 %	44 %	9 %	19 %	5 %	2,41	1,18
Englischsprachige Stichprobe (N = 650)	26,5 %	27 %	9,5 %	31 %	6 %	2,64	1,31

Wer hat früher die biblischen Geschichten erzählt?

Fragt man, wer die biblischen Geschichten erzählt bzw. vorgelesen hat, ist der Befund, wie er sich in Tabelle 23 zeigt, interessant. Deutlich wird, dass in den englischsprachigen Ländern die Geschichten mit einem Anteil von 65 % überwiegend über Erzieher bzw. Erzieherinnen und Lehrer bzw. Lehrerinnen vermittelt wurden. Diese sind auch in Deutschland sehr bedeutsam (41 %), allerdings um 24 Prozentpunkte weniger. In Deutschland haben dagegen die Eltern einen größeren Anteil – bei der Mutter mit einem Anteil von 44 % sind es 17 Prozentpunkte mehr als in der englischsprachigen Stichprobe und beim Vater mit einem Anteil von 22 % sind es 8 Prozentpunkte mehr. Die Institutionen scheinen im Rahmen kirchlicher Bildung also besonders in Bezug auf das Kennenlernen biblischer Geschichten in Australien/England bedeutsamer als die familiäre Prägung durch Eltern oder Großeltern. Patentante bzw. Patenonkel sind in beiden Stichproben kaum bedeutsam als Kontaktmöglichkeit zu biblischen Geschichten, während der Kindergottesdienst in Deutschland von einem Viertel der Befragten in Deutschland genannt wird (26 %), in der englischsprachigen Stichprobe allerding nur von 7 %, vielleicht auch, weil er dort nicht so verbreitet ist.

Tabelle 23: *Wer die biblischen Geschichten erzählt hat (Prozentuale Verteilung)*

	Mutter	Vater	Groß-eltern	Patentante / -onkel	Kinder-gottes-dienst	Erzieher/in o. Lehrer/in
Gesamtstichprobe (N = 1688–1689)	39 %	20 %	25 %	3 %	20 %	48 %
Deutschland (N = 1174–1176)	44 %	22 %	30 %	4 %	26 %	41 %
Englischsprachige Stichprobe (N = 513–514)	27 %	14 %	13 %	2 %	7 %	65 %

Präsentationsart biblischer Geschichten

In der familiären Erziehungspraxis können biblische Geschichten aus Kinderbibeln vorgelesen werden oder aber sie können auch von Erwachsenen kindgerecht frei nacherzählt werden. Wir wollten mit der Frage „Wie wurden die Geschichten vorgetragen?“ wissen, an welche Form des Vortrags biblischer Geschichten die Schülerinnen und Schüler sich erinnern. Tabelle 24 stellt die Verteilung der Antworten auf diese Frage dar.

In einem Viertel der Familien in beiden Sozialisationskontexten werden biblische Geschichten frei erzählt, in der Hälfte der Fälle werden die Geschichten vorgelesen und in einem weiteren Viertel finden beide Präsentationsformen Anwendung. Durchgängig gilt, dass die freie Erzählung etwa nur halb so oft praktiziert wird wie das Vorlesen aus der (Kinder-) Bibel. Beachtlich ist, dass das freie Erzählen biblischer Geschichten in allen Länderkontexten von etwa der Hälfte der Familien noch eine Rolle zu spielen scheint.

Tabelle 24: *Prozentuale Verteilung der Vortragsart*

	frei erzählt	vorgelesen	beides
Gesamtstichprobe (N = 1707)	26 %	51 %	24 %
Deutschland (N = 1176)	25 %	49 %	26 %
Englischsprachige Stichprobe (N = 531)	27 %	54 %	19 %

Häufigkeit des Selberlesens

Eine zentrale Frage ist, wer liest überhaupt die Bibel und was bestimmt die Häufigkeit, mit der die Bibel selber gelesen wird. Spielen der Länderkontext oder das Lebensalter eine Rolle? Die in den Tabellen 25 und 26 dargestellten Ergebnisse geben darauf eine Antwort.

Tabelle 25: *Häufigkeit des Selberlesens (Prozentuale Verteilung, Mittelwerte und Standardabweichungen)*

	nie	selten	einmal im Monat	einmal pro Woche	jeden Tag	M	S
Gesamtstichprobe (N = 2066)	50 %	32 %	6 %	8 %	3 %	1,81	1,06
Deutschland (N = 1406)	60 %	30 %	4 %	4 %	3 %	1,59	0,94
Englischsprachige Stichprobe (N = 660)	29 %	38 %	12 %	17 %	3 %	2,26	1,15

Dass die Bibel unter Kindern und Jugendlichen kein Buch ist, das häufig gelesen wird, wird aus Tabelle 25 deutlich, in der die Antworten auf die Frage „Liest du selbst in der Bibel?" dargestellt werden: Die Hälfte der Kinder und Jugendlichen der Gesamtstichprobe liest nie bzw. ein weiteres Drittel selten in der Bibel, das sind 82 % der Gesamtstichprobe. Jeden Tag mit Geschichten aus dem Buch der Bücher befassen sich nur 3 % aller Kinder und Jugendlichen, sowohl in der deutschen als auch in der englischsprachigen Teilstichprobe. Sehr viel häufiger ist die eigenständige Bibellektüre in der Gruppe der englischsprachigen Jugendlichen, die von sich sagen, einmal pro Woche bzw. einmal im Monat Bibel zu lesen (29 % vs. 8 %). Vielleicht ist hier auch die Scham höher, eine Bibelleseabstinenz zuzugeben, wenn man auf einer kirchlichen Schule ist, während die Aussage für die deutschen Schülerinnen und Schüler nicht mit negativer Wertung verbunden ist.

Wenn in einer Allensbach-Befragung (Institut für Demoskopie Allensbach, 2005) 7 % der 16- bis 29-Jährigen sagen, dass sie mindestens hin und wieder in der Bibel lesen, dann ist das deutlich weniger als in unserer Studie, in der in der deutschen Teilstichprobe 11 % die Bibel mindestens einmal im Monat lesen. Dies mag am durchschnittlich eher höheren Bildungsniveau der Personen unserer Stichprobe liegen (s. o.).

Tabelle 26: *Häufigkeit des Selberlesens nach Alter (Prozentuale Verteilung, Mittelwerte und Standardabweichungen)*

	nie	selten	einmal im Monat	einmal pro Woche	jeden Tag	M	S
9- bis 14-Jährige (N = 991)	37 %	40 %	9 %	11 %	4 %	2,06	1,11
15- bis 20-Jährige (N = 978)	64 %	25 %	4 %	5 %	2 %	1,55	0,91

Bei der Frage des Selberlesens ist der Effekt des Lebensalters vergleichbar groß wie der Ländereffekt (Tab. 26). Die Jüngeren lesen häufiger in der Bibel als die Älteren. Die Distanznahme zur Religion hat hier einen größeren Effekt als die gegenläufige Tendenz eines steigenden Leseverständnisses. Durch religiöse Bildungsprozesse ist es also nicht zu einem zunehmenden Interesse an der Bibel gekommen, sondern die Häufigkeit der Beschäftigung nimmt mit dem Älterwerden eklatant ab. Darin unterscheidet sich die Gruppe der Hochreligiösen diametral von der hier befragten Stichprobe (vgl. Kap. 2.1.8). Bei den Hochreligiösen lesen die Älteren häufiger in der Bibel.

Neben dem Länderkontext und dem Lebensalter können noch weitere Faktoren bestimmen, ob die Bibel gelesen wird. Es kann einen Einfluss geben, ob die Bibel in der eigenen Kindheit vorgelesen wurde, ob sie eher erzählt wurde und wie die eigene Religiosität ausgeprägt ist. Tabelle 27 zeigt Korrelationen des „Bibelselberlesens" mit einer Reihe interessierender Variablen.

Tabelle 27: *Korrelationen verschiedener Variablen mit der Häufigkeit des Selberlesens in der Kinderbibel*

Variablen	*Korrelation mit dem Bibellesen*
Teilnahme am Religionsunterricht	0,07
Häufigkeit, dass jmd. früher biblische Geschichten vorgelesen oder erzählt hat	0,48
Kinderbibel besitzen	0,35
Frei erzählt vs. Vorgelesen	0,01
Häufigkeit des Gottesdienstbesuchs	0,57
Häufigkeit des Gebets	0,55
Häufigkeit der Thematisierung der Bibel im Religionsunterricht	0,42

Dem korrelativen Befund in Tabelle 27 kann entnommen werden, dass die persönliche Bibellektüre besonders stark mit der eigenen Gebets- und Gottesdienstpraxis in Beziehung steht. Die Bibellektüre ist damit vor allem Ausdruck der eigenen Religiosität. Kein Zusammenhang zeigt sich damit, ob der Religionsunterricht besucht wurde oder nicht und ob die Bibel frei erzählt oder vorgelesen wird. Einen fördernden Einfluss auf die eigene Bibellektüre scheint die Thematisierung der Bibel im Religionsunterricht zu haben und die Erfahrung aus der Kindheit, dass biblische Geschichten vorgelesen oder erzählt wurden.

Lernorte für biblische Geschichten

Auf die Frage „Woher kennst du die meisten biblischen Geschichten?“ konnten die Probandinnen und Probanden verschiedene Lernorte ankreuzen und weitere angeben. Tabelle 28 zeigt länderübergreifend, dass die Hauptquelle für die Kenntnis von biblischen Geschichten der Religionsunterricht ist. Deutliche Länderdifferenzen gibt es beim Kindergottesdienst, der offenbar in Deutschland verbreiteter ist als in den englischsprachigen Ländern. Ebenso wird der Konfirmandenunterricht und auch der Firmunterricht in den englischsprachigen Ländern seltener als eine Quelle der Kenntnis biblischer Geschichten ausgewiesen, was daran liegen dürfte, dass die Stichprobe ein katholisches Milieu repräsentiert, andererseits diese Unterrichtsformen nicht verbreitet sind. Im Vergleich zu den Befunden von Tabelle 23 ergibt sich jedoch eine gewisse Spannung, weil in Tabelle 28 keine länderspezifischen Differenzen bei den Quellen Mutter, Vater, Großeltern wie in Tabelle 23 zu finden sind. Zudem werden in Tabelle 23 die Eltern und Großeltern deutlich häufiger als Erzähler biblischer Geschichten ausgewiesen. Erklärbar wäre die Spannung dadurch, dass bei Tabelle 23 nach Erinnerungen über die eigene Kindheit gefragt wird und in Tabelle 28 nach der aktuellen Kenntnis von Geschichten, die jetzt in der Schule vermittelt werden.

Teilweise lagen hier auch ähnliche Items bei Hanisch und Bucher (2002, S. 61) vor. Dort hatten 88 % der Befragten ihre Bibelkenntnisse aus dem Religionsunterricht, 28 % aus dem Kindergottesdienst und 16 % aus dem Kindergarten. Die Prozentwerte sind somit vergleichbar mit unseren Werten.

Bei der Frage „Hast Du biblische Geschichten durch andere Medien kennengelernt?“ konnten auch weitere Angaben gemacht werden, die in Tabelle 29 dargestellt werden. Indem hier manche Dopplungen zu den abgefragten Items erscheinen, wird deutlich, dass die Vorgaben in unserer geschlossenen Frage das breite Feld der Möglichkeiten weitgehend abgedeckt haben. Zusätzlich tauchen eigentlich nur Radio, Musik, Youtube und social media auf. Als Leitinstanz der Vermittlung biblischer Geschichten wird auch an dieser Stelle eindeutig der Religionsunterricht ausgewiesen (19 %), der als Pflege des kulturellen Gedächtnisses dient. Die fast ähnlich hohen Prozentwerte für das Medium Buch/Bücher

(18 %) im Vergleich zur Bibel selbst (5 %) legen die Vermutung nahe, dass die Befragten hier an Religionslehrbücher denken. Nimmt man die Befunde aus den Tabellen 23, 28 und 29 zusammen, dann ist eindeutig der Religionsunterricht die bedeutsamste Quelle der Bibelkenntnis. Das bestätigt den Befund, den bereits Hanisch und Bucher (2002, S. 61) erzielt haben.

Tabelle 28: *Quellen kennengelernter biblischer Geschichten*

	Gesamtstichprobe (N = 2056–2060)	Deutschland (N = 1406)	Australien, England, CA (N = 660)
Religionsunterricht	82 %	81 %	84 %
Kindergottesdienst	24 %	32 %	7 %
von der Mutter erzählt	24 %	25 %	23 %
Konfirmandenunterricht	24 %	31 %	9 %
selbst gelesen	16 %	11,5 %	26 %
Fernsehen	16 %	17 %	12 %
von den Großeltern erzählt	15 %	15 %	15 %
Kindergarten	14 %	19 %	3 %
vom Vater erzählt	14 %	14 %	13 %
Ich kenne keine biblischen Geschichten	5 %	5 %	4 %
Kommunions-/Firmunterricht	-	11 %	-

Tabelle 29: *Medien, durch die biblische Geschichten kennengelernt wurden (freie Angaben; Prozentangaben bezogen auf die Stichprobe, die entsprechende Angaben gemacht hat)*

(N = 438)	Häufigkeit	Prozente
Religionsunterricht (inkl. Schule, Unterricht)	85	19 %
Buch/Bücher	77	18 %
Nein/gar nicht	67	15 %
Familie (Eltern, Großeltern, Geschwister) inkl. der Formen Erzählungen, Geschichten, Reime	30	7 %
Fernsehen (inkl. Sendungsformat: Dokumentationen, Reportagen, Werbung)	30	7 %
Musik, Lieder (inkl. Musical, Gospelchor)	29	7 %
Kirche (Gottesdienst, Kindergottesdienst, Krippenspiel, Kinderstunde, summer camp)	22	5 %
Bibel, Kinderbibel	21	5 %
Youtube	20	5 %
Social media, Facebook (inkl. Leute, youth group)	14	3 %
Internet, Online, websites (inkl. adds online, Anime/Manga)	11	3 %
Konfirmandenunterricht, Firm- u. Kommunionsunterricht	8	2 %
Nachrichten	7	2 %
Film (inkl. DVD, CD, Video)	7	2 %
Apps für das Handy	4	1 %
Zeitschriften	3	1 %
Radio	3	1 %

4.1.2 Vorstellungen und Einstellungen zur Bibel

Bibel/biblische Geschichten als Thema im Religionsunterricht

In Tabelle 30 sieht man, dass die Bibel in den englischsprachigen Ländern häufiger Thema im Religionsunterricht ist. Während in Deutschland ein gutes Drittel (34 %) der Schülerinnen und Schüler auf die Frage „Wie häufig sind die Bibel/biblische Geschichten Thema in deinem Religionsunterricht?“ angibt, dass in ihrem Religionsunterricht die Bibel selten oder nie eine Rolle spielt, sind es in der englischsprachigen Stichprobe nur 17 %. Dagegen sind es 75 % der australischen/englischen Kinder und Jugendlichen, in deren Religionsunterricht die Bibel mindestens jede zweite Stunde thematisiert wird. In Deutschland sind es 42 %. Die unterschiedliche Bedeutsamkeit des Mediums Bibel im deutschen und englischsprachigen Religionsunterricht unserer Stichprobe wird hier offensichtlich.

Tabelle 30: *Häufigkeit des Themas Bibel im Religionsunterricht (Prozentuale Verteilung, Mittelwerte und Standardabweichungen)*

	nie	selten	einmal im Monat	ca. jede zweite Stunde	fast immer	M	S
Gesamtstichprobe (N = 1974)	5,5 %	28 %	15 %	23 %	28,5 %	3,42	1,30
Deutschland (N = 1346)	5,5 %	35 %	19 %	21,5 %	20 %	3,15	1,24
Australien, England, CA (N = 628)	5 %	12 %	8 %	27 %	47,5 %	3,98	1,24

Tabelle 31 zeigt, dass in den unteren Klassen die Bibel häufiger Thema ist als in den höheren Klassen. Während für 64 % der Jüngeren die Bibel mindestens in jeder zweiten Stunde Gegenstand des Religionsunterrichts ist, liegt dieser Wert für die ältere Gruppe bei 41 %. D. h., für 59 % kommt die Bibel nur einmal im Monat oder seltener vor. Dennoch ist das eine eher hohe Verwendungshäufigkeit des Mediums Bibel im Religionsunterricht, selbst wenn die Einschätzung vielleicht nicht ganz der tatsächlichen Verwendung entspricht, weil die Schülerinnen und Schüler der Meinung sind, dass die Bibel einfach zum Religionsunterricht dazugehöre.

Länderspezifische Unterschiede sind hier jedoch ergänzend zu beachten, denn in der englischsprachigen Stichprobe fällt der Unterschied zwischen den Jüngeren (M = 3,90) und Älteren (M = 4,05) nicht ganz so deutlich aus wie in der deutschen Teilstichprobe (M = 3,49 vs. M = 2,85), in der die Bibel bei 57 % der Jüngeren mindestens in jeder zweiten Stunde Thema ist, jedoch nur bei 28 % der Älteren (äquivalente Werte in der englischsprachigen Stichprobe: 77 % vs. 71 %).

Tabelle 31: *Häufigkeit des Themas Bibel im Religionsunterricht im Altersvergleich (Prozentuale Verteilung, Mittelwerte und Standardabweichungen)*

	nie	selten	einmal im Monat	ca. jede zweite Stunde	fast immer	M	S
9- bis 14-Jährige (N_{ges} = 935)	6 %	19 %	11 %	26,5 %	37 %	3,70	1,31
15- bis 20-Jährige (N_{ges} = 942)	5 %	34 %	20 %	21 %	19,5 %	3,16	1,23
9- bis 14-Jährige (N_D = 584)	6 %	24 %	13 %	26,5 %	30 %	3,49	1,31
15- bis 20-Jährige (N_D = 669)	5 %	42 %	25 %	18 %	10 %	2,85	1,08
9- bis 14-Jährige (N_{ES} = 351)	6 %	10 %	7 %	26,5 %	50 %	4,05	1,23
15- bis 20-Jährige (N_{ES} = 273)	5 %	15 %	9 %	27 %	44 %	3,90	1,25

Bewertung der Bibel als Medium im Religionsunterricht

Die Verwendungshäufigkeit der Bibel korrespondiert, wie Tabelle 32 zeigt, mit der Wertschätzung bzw. der Bewertung der Bibel im Religionsunterricht: Deutlich wird hier, dass die Bibel im Religionsunterricht in der spezifischen Probandengruppe der englischsprachigen Länder besser akzeptiert wird als in Deutschland. Die Bibel wird in den englischsprachigen Ländern also nicht nur häufiger verwendet (vgl. Tab. 30), sondern sie erfährt dort auch mehr Akzeptanz. Allgemein spiegelt sich dieser Befund in einer Korrelation von r = .21 zwischen der Verwendungshäufigkeit der Bibel und dem Gefallen an der Bibel.

Tabelle 32: *Bewertung der Bibel im Religionsunterricht (Prozentuale Verteilung, Mittelwerte und Standardabweichungen)*

	gar nicht gut				sehr gut	M	S
Gesamtstichprobe (N = 1973)	8 %	12 %	35 %	27 %	19 %	3,37	1,15
Deutschland (N = 1355)	6 %	13,5 %	38 %	28 %	14 %	3,31	1,07
Englischsprachige Stichprobe (N = 618)	11,5 %	7 %	28 %	24 %	29 %	3,52	1,29

Sowohl aus der Gesamtstichprobe, aber auch aus den Teilstichproben wird darüber hinaus deutlich, dass das Interesse an diesem Lerngegenstand im Religionsunterricht sehr stark auseinandergeht (vgl. Tab. 32). Während 42 % der deutschen Kinder und Jugendlichen bzw. sogar 53 % der englischen Probandinnen und Probanden die Arbeit mit der Bibel als „sehr gut" wertschätzen oder sie zumindest „gut" finden (Addition der beiden oberen Antwortkategorien), ist die Ablehnung bei Addition der beiden unteren Antwortkategorien am Pol „gar nicht gut" mit gerundet 20 % bzw. 19 % der Befragten auch stark ausgeprägt.

Wie zu erwarten, zeigt Tabelle 33, dass neben dem Interesse an der persönlichen Beschäftigung mit der Bibel sich auch die Einschätzung der Bibel als Medium und Inhalt im Religionsunterricht mit dem Alter ändert: Hier finden die Älteren die Bibel im Religionsunterricht weniger gut als die Jüngeren: Bei Addition der beiden oberen Antwortkategorien bewerten 54 % der Jüngeren die Bibel im Religionsunterricht positiv und 38 % der Älteren. Insgesamt weist der Mittelwert darauf hin, dass die Arbeit mit biblischen Texten eher neutral bewertet und nicht grundsätzlich von der Schülerschaft abgelehnt wird. Ein mit dem Alter abnehmendes Interesse an dem Thema Bibel kann daher aufgrund der Daten bestätigt werden, jedoch hält sich eine Ablehnung der Bibel auch bei den Älteren mit 21 % bei Addition der beiden unteren Antwortkategorien in Grenzen (ebenso bei den Jüngeren mit 17 %). Die Verteilung zeigt vor allem, dass bei den Älteren die Indifferenz von 29 % (bei den Jüngeren) auf 41 % steigt.

Tabelle 33: *Bewertung der Bibel im Religionsunterricht im Altersvergleich (Prozentuale Verteilung, Mittelwerte und Standardabweichungen)*

	gar nicht gut				sehr gut	M	S
9- bis 14-Jährige (N_{ges} = 939)	7	10	29	30	24	3,55	1,15
15- bis 20-Jährige (N_{ges} = 942)	9	12	41	23	15	3,21	1,13
9- bis 14-Jährige (N_D = 593)	6	11	33	30	20	3,46	1,12
15- bis 20-Jährige (N_D = 671)	6	15	43	26	10	3,19	1,00
9- bis 14-Jährige (N_{ES} = 346)	7	8	23	31	30	3,69	1,19
15- bis 20-Jährige (N_{ES} = 269)	17,5	6	35	15	27	3,28	1,38

Im länderspezifischen Altersvergleich zeigt sich ergänzend, dass auch in der englischsprachigen Stichprobe bei den Älteren (M = 3,28) die Bibel im Religionsunterricht deutlich schlechter beurteilt wird als bei den Jüngeren (M = 3,69). In Deutschland ist der Unterschied vergleichbar, jedoch liegt er auf einem niedrigeren Gefallensniveau (M = 3,46 vs. M = 3,19). Entsprechend findet bei Addition der beiden obersten Antwortkategorien die Bibel bei 50 % der jüngeren deutschen Befragten einen guten Anklang, wohingegen nur 36 % der Älteren die Thematisierung der Bibel im Religionsunterricht gut finden. In der englischsprachigen Stichprobe finden 61 % der Jüngeren die Bibel im Religionsunterricht gut, jedoch nur 42 % der Älteren.

Methoden der Bibeldidaktik im Religionsunterricht

In einem weiteren Frageblock haben wir nach bibeldidaktischen Methoden gefragt. Wie häufig werden sie angewendet und gibt es Unterschiede zwischen der deutschen und englischsprachigen Stichprobe oder in Abhängigkeit von den Klassenstufen? Diesen Fragen soll im Folgenden nachgegangen werden.

Tabelle 34 zeigt, dass im Vergleich zu den englischsprachigen Ländern sich der Religionsunterricht in Deutschland dadurch auszeichnet, dass weniger vorgelesen (57 % vs. 78 %) und erzählt (39 % vs. 59,5 %) wird. Dennoch ist das Vorlesen die am häufigsten genannte bibeldidaktische Methode. Auch wird in Deutschland auf die Bedeutung in der damaligen Zeit weniger häufig eingegangen (48 % vs. 63 %), so dass anzunehmen ist, dass der Unterricht eigentlich gegenwartsrelevanter durchgeführt wird. So werden in Deutschland Geschichten häufiger nachgespielt (29 % vs. 21 %), es wird darüber gesprochen, was die Geschichte mit dem eigenen Leben zu tun hat (48 % vs. 38,5 %), und es werden häufiger Bilder zur Geschichte betrachtet (43,5 % vs. 23 %). Die Perspektive einer Anwendung biblischer Geschichten zur Deutung des eigenen Lebens ist damit im Unterricht in Deutschland insgesamt stark präsent.

Tabelle 34: *Bibeldidaktische Methoden im Religionsunterricht*

Angaben in Prozent	Gesamtstichprobe (N = 1948–1951)	Deutschland (N = 1320–1321)	Australien, England, CA (N = 628–630)
Geschichten werden vorgelesen.	64 %	57 %	78 %
Geschichten werden erzählt.	45,5 %	39 %	59,5 %
Geschichten werden nachgespielt.	26 %	29 %	21 %
Es wird darüber gesprochen, was die Geschichte mit mir zu tun hat.	45 %	48 %	38,5 %
Die Bedeutung zur damaligen Zeit wird erklärt.	53 %	48 %	63 %
Zu den Geschichten werden Bilder betrachtet.	37 %	43,5 %	23 %
Zu den Geschichten wird ein Film angeschaut.	28,5 %	27 %	32,5 %
Sonstiges	15 %	16 %	11 %

In Tabelle 35 wird gezeigt, wie sich in der Wahrnehmung der Schülerinnen und Schüler der methodische Umgang mit der Bibel verändert. Deutlich wird, dass in den höheren Klassenstufen nicht mehr so viel vorgelesen (57 % vs. 71 %) und auch nicht mehr so viel nachgespielt wird (16 % vs. 37 %), andererseits erstaunt, dass immer noch fast die Hälfte angibt, dass die Geschichten erzählt werden (42,5 % vs. 49 %). Auch die Frage nach der Gegenwartsbedeutung und dem Lebenssinn wird gleichsam in allen Altersstufen geklärt, einzig Informationen zum sozialgeschichtlichen Kontext nehmen, wie zu erwarten, altersgemäß zu. Hinweise auf eine geringere Methodenvielfalt in den höheren Klassenstufen lassen sich diesem Befund nicht entnehmen.

Tabelle 35: *Bibeldidaktische Methoden im Religionsunterricht alters- bzw. klassenabhängig*

Angaben in Prozent	9- bis 14-Jährige (N = 934–937)	15- bis 20-Jährige (N = 923)
Geschichten werden vorgelesen	71 %	57 %
Geschichten werden erzählt	49 %	42,5 %
Geschichten werden nachgespielt	37 %	16 %
Es wird darüber gesprochen, was die Geschichte mit mir zu tun hat	45 %	44 %
Die Bedeutung zur damaligen Zeit wird erklärt	51 %	55 %
Zu den Geschichten werden Bilder betrachtet.	37 %	36 %
Zu den Geschichten wird ein Film angeschaut.	29 %	29 %
Sonstiges	18 %	11 %

Einen Schritt weiterführend können wir die Frage stellen, ob die bibeldidaktischen Methoden in Beziehung stehen zur Bewertung der Bibel im Religionsunterricht. Explorativ seien daher die „Methoden“, aber auch das „Bild“, das die Schülerinnen und Schüler von der Bibel haben, mit der „Bewertungsskala“ zur Bibel im Religionsunterricht (siehe Tab. 32 u. 33) korrelativ in Beziehung gesetzt.

Der Tabelle 36 sind verschiedene Aspekte zugleich zu entnehmen. Das Image der Bibel korreliert insgesamt stärker mit der Bewertung der Bibel im Religionsunterricht als die Methoden. Das ist zunächst ein rein methodischer Effekt, weil es sich bei der Bewertung der Bibel im Religionsunterricht um einen Aspekt des Images handelt. Die Beschreibung der wahrgenommenen Methoden im eigenen Religionsunterricht stellt dagegen einen anderen Sachverhalt dar, so dass hier von vornherein geringere Korrelationen zu erwarten sind.

Interessant ist nun jedoch die relative Höhe der Korrelationen: Es zeigt sich, dass die Bibel im Religionsunterricht umso positiver bewertet wird, je stärker auf die Bedeutung der Bibel zur damaligen Zeit eingegangen wird. Ebenso wirkt es sich positiv auf die Bewertung der Bibel aus, wenn die Geschichten erzählt und nachgespielt werden. Das Sprechen darüber, was die Bibel „mit mir zu tun hat“ zeigt dagegen überraschender Weise eine eher geringe Korrelation. Bei den bipolaren Imageitems zeigt sich, dass die Bibel im Religionsunterricht umso positiver bewertet wird, je „spannender" (r = .53) und „wahrer" (r = .39) sie erlebt wird und je mehr sie „mit meinem Leben zu tun hat" (r = .43). Es lässt sich daher vermuten, dass die gelingende lebensweltliche Anwendung der Bibel entscheidend für ihre Bewertung ist. Mit Blick auf die Methoden zeigt sich, dass ein bloßes Darüber-Sprechen, was die Geschichte mit dem eigenen Leben zu tun hat, nicht unbedingt methodisch zielführend ist. Offenbar erleichtern Methoden wie „Erzählen" und „Nachspielen" eher eine Anwendung im eigenen Leben, und eine Rekonstruktion der Bedeutung im damaligen Kontext kann den zweiten hermeneutischen Schritt der Entwicklung möglicher Bedeutungen im heutigen Kontext fördern. Der Befund verweist daher auf die kritische Aufgabe einer Erschließung der biblischen Texte für die Gegenwart.

Tabelle 36: *Korrelation der bibeldidaktischen Methoden und des Bibelimages mit der Bewertung der Bibel im Religionsunterricht*

Item	*r* mit der Bewertung der Bibel im RU
Geschichten werden vorgelesen	.09
Geschichten werden erzählt	.13
Geschichten werden nachgespielt	.11
Es wird darüber gesprochen, was die Geschichte mit mir zu tun hat	.07
Die Bedeutung zur damaligen Zeit wird erklärt	.14
Zu den Geschichten werden Bilder betrachtet	.07
Zu den Geschichten wird ein Film angeschaut	.07
modern (alt)	-.16
handelt von Gott (handelt von Menschen)	-.05
langweilig (spannend)	.53
wahr (erfunden)	-.39
böse (gut)	.20
schwer zu verstehen (leicht zu verstehen)	.19
vieldeutig (eindeutig)	.03
hat mit meinem Leben zu tun (hat nichts mit meinem Leben zu tun)	-.43

Wie schätzt du die Bibel allgemein ein?

Der Tabelle 37 lassen sich einige Unterschiede zwischen den Stichproben entnehmen. Im Vergleich der deutschen Teilstichprobe mit der englischsprachigen zeigen sich die folgenden auffälligen Unterschiede:

(1) In der englischsprachigen Stichprobe wird um 12 Prozentpunkte mehr vertreten, dass die Bibel von Gott handelt als in Deutschland (76 % vs. 64 %). (2) In der englischsprachigen Stichprobe wird die Bibel um 18 Prozentpunkte „spannender" bewertet als in der deutschen (60 % vs. 42 %). (3) Ebenso wird in

der englischsprachigen Stichprobe die Bibel mit einer Differenz von 16 Prozentpunkten zur deutschen Stichprobe als „wahr“ bewertet (76 % vs. 60 %). (4) 81 % der deutschen Schülerinnen und Schüler finden die Bibel vieldeutig, wohingegen dies nur 70 % der englischsprachigen Schülerinnen und Schüler tun. (5) Besonders ausgeprägt ist die länderspezifische Differenz bei der Frage, ob die Bibel etwas „mit meinem Leben zu tun“ hat. Dies bejahen 46 % der Befragten in der deutschen Stichprobe, jedoch 67 % in der englischsprachigen. Insgesamt ist damit das Bild von der Bibel in der englischsprachigen Stichprobe deutlich positiver im Vergleich zur deutschen Teilstichprobe.

Zum Vergleich mit der Studie von Hanisch und Bucher: In unserer Gesamtstichprobe gibt es in Tabelle 37 relativ viele Missings, weil die Schülerinnen und Schüler sich nicht alle auf die zweistufige Polaritätsmessung eingelassen haben, indem sie ihr Kreuz einfach in die Mitte platziert haben. Um die direkte Vergleichbarkeit mit den Daten von Hanisch und Bucher zu gewährleisten, wurden diese mittig positionierten Kreuzchen als Missings und nicht etwa als eine neue mittlere Kategorie gewertet.

Tabelle 37: *Bewertung der Bibel (in Prozent)*

Angaben in Prozent	Hanisch & Bucher, 2002, S. 71	Gesamtstichprobe (N = 1577–1910)	Deutschland (N = 1014–1300)	Australien, England, CA (N = 563–617)
modern (alt)	16,4 (83,6)	10,9 (89,1)	9,2 (90,8)	14,6 (85,4)
handelt von Gott (handelt von Menschen)	69,0 (31,0) *von Gott (von den Menschen)	68,5 (31,5)	64,2 (35,8)	76,2 (23,8)
langweilig (spannend)	24,0 (76,0)	51,7 (48,3)	57,8 (42,2)	39,8 (60,2)
wahr (erfunden)	86,8 (13,2)	65,4 (34,6)	59,9 (40,1)	75,9 (24,1)
böse (gut)	4,8 (95,2)	5,9 (94,1)	6,7 (93,3)	4,5 (95,5)
schwer zu verstehen (leicht zu verstehen)	-	60,9 (39,1)	61,4 (38,6)	60,0 (40,0)
vieldeutig (eindeutig)	-	77,8 (22,2)	81,4 (18,6)	69,9 (30,1)
hat mit meinem Leben zu tun (hat nichts mit meinem Leben zu tun)	74,5 (25,5) für mich wichtig (... unwichtig)	52,5 (47,5)	45,5 (54,5)	66,6 (33,4)

* Abweichender Wortlaut bei Hanisch und Bucher

Während sowohl in der Hanisch-Bucher-Studie als auch bei uns die Bibel eher als ein Buch, das von Gott handelt und alt ist, bezeichnet wird, scheint das Spannungsmoment wahrscheinlich wegen des höheren Lebensalters der Probandinnen und Probanden und der anderen Auswahl der Geschichten in der Sekundarstufe I abgenommen zu haben. Während bei Hanisch und Bucher noch 76 % die Geschichten spannend fanden, sind das in unserer Stichprobe mit 48 % nur noch etwa die Hälfte der Schülerinnen und Schüler. Auch bei der Frage nach der Wahrheit biblischer Texte, die durch die Gegenüberstellung von „wahr vs. erfunden" als historisch wahr definiert wird, zeigt sich in unserer Stichprobe eine um 22 Prozentpunkte geringere Zustimmung zur Kategorie „wahr" als in der von Hanisch und Bucher (65 %; 87 %), was am etwas jüngeren Alter der Schülerinnen und Schüler bei Hanisch und Bucher oder an gesellschaftlichen Entwicklungen liegen könnte (vgl. weiterführend Abb. 8 u. 13 in Kap. 4.2.1). Die Frage zur persönlichen Wichtigkeit der Bibel wurde schließlich in der Studie von Hanisch und Bucher anders als in unserer Studie gestellt. Der Bedeutungsgehalt dürfte jedoch partiell ähnlich sein (vgl. Kap. 4.2.3: die Wichtigkeit könnte sich neben dem Lebensbezug aber auch aus der empfundenen Heiligkeit speisen). Dabei zeigt sich, dass in der Studie von Hanisch und Bucher 75 % der Befragten meinten, dass die Bibel „für mich wichtig" sei. Jedoch vertreten in unserer Stichprobe nur 53 % die Meinung, dass die Bibel etwas mit dem eigenen Leben zu tun hätte.

Tabelle 38: *Einschätzung der Bibel im Altersvergleich (in Prozent)*

Angaben in Prozent	Hanisch & Bucher, 2002, S. 71	9- bis 14-Jährige (N = 703–898)	15- bis 20-Jährige (N = 808–920)
modern (alt)	16,4 (83,6)	11,9 (88,1)	9,1 (90,9)
handelt von Gott (handelt von Menschen)	69,0 (31,0) von Gott (von den Menschen)	79,9 (20,1)	58,9 (41,1)
langweilig (spannend)	24,0 (76,0)	39,3 (60,7)	64,2 (35,8)
wahr (erfunden)	86,8 (13,2)	78,3 (21,7)	52,5 (47,5)
böse (gut)	4,8 (95,2)	4,5 (95,5)	7,7 (92,3)
schwer zu verstehen (leicht zu verstehen)	-	56,2 (43,8)	65,0 (35,0)
vieldeutig (eindeutig)	-	68,9 (31,1)	86,5 (13,5)
hat mit meinem Leben zu tun (hat nichts mit meinem Leben zu tun)	74,5 (25,5) für mich wichtig (für mich unwichtig)	57,4 (42,6)	48,1 (51,9)

Tabelle 38 dokumentiert deutliche Veränderungen in der Einschätzung der Bibel mit dem Lebensalter: (1) Um 21 Prozentpunkte steigt die Einschätzung bei den Älteren, dass die Bibel von Menschen handelt (von 20 % auf 41 %). Da die jüngere Altersgruppe in unserer Stichprobe vergleichbar zur Stichprobe von Hanisch und Bucher ist, fällt darüber hinaus auf, dass mehr als zehn Jahre später das Handeln Gottes stärker betont wird (Hanisch & Bucher: 69 % vs. Jüngere heute: 80 %). (2) Besonders auffällig ist, dass sich die Einschätzung fundamental ändert, wie spannend die Bibel ist: 61 % der Jüngeren (M = 11,07 Jahre) finden die Bibel spannend, jedoch nur noch 36 % der Älteren (M = 16,04 Jahre). In der Studie von Hanisch und Bucher haben 76 % die Bibel noch spannend gefunden. Weil im Altersdurchschnitt die Befragten bei Hanisch und Bucher mit M = 10,1 Jahren etwas jünger sind als unsere Gruppe der Jüngeren, lässt sich der Trend durchaus auf die Altersunterschiede zurückführen. (3) Die Bewertung der Bibel als „erfunden“ nimmt sodann um 26 Prozentpunkte zu (von 22 % auf 48 %), was darauf verweist, dass einerseits die kritische Wahrnehmung der Frage nach Wahrheit früher einsetzt oder aber auch deutlicher (in Familie bzw. Schule) thematisiert wird. (4) Die älteren Schülerinnen und Schüler meinen des Weiteren, dass die Bibel weniger „eindeutig“ ist als die jüngeren (13 % vs. 31 %) und schwerer zu verstehen (65 % vs. 56 %). Festzuhalten ist hier, dass die Vieldeutigkeit bei den Älteren mit einer Zustimmung von 87 % das dominierende Merkmal der Bibel ist. Die Schülerinnen und Schüler zeigen damit, dass sie von einem fundamentalistischen Bibelverständnis weit entfernt sind. Zugleich zeigen die Bewertung der Bibel bei den Älteren, dass die Vieldeutigkeit insgesamt nicht als ein positiv zu würdigendes Merkmal der Bibel wahrgenommen wird. Hier könnte entsprechend ein wichtiger Bildungsfokus der Bibeldidaktik liegen.

Die bipolaren Einstellungsitems aus Tabelle 37 und 38 haben einen klar wertenden Charakter. Die Items können daher auch in einer Skala zusammengefasst werden, die indiziert, wie positiv die Bibel eingeschätzt wird. Hanisch und Bucher (2002, S. 73) haben mit fünf Items eine solche Skala gebildet („für mich wichtig vs. unwichtig“, „spannend vs. langweilig“, „wahr vs. erfunden“, „von Gott vs. von den Menschen“, „gut vs. böse“). Eine positive Einschätzung biblischer Geschichten gemessen mit dieser Skala korreliert bei ihnen mit der Erzählhäufigkeit biblischer Geschichten ($r = .33$). Dieser Befund kann bei uns geprüft werden, damit mit unseren Daten eine vergleichbare Skala mit den drei Items „wahr vs. erfunden“, „spannend vs. langweilig“ und „hat mit dem Leben zu tun vs. hat nichts mit dem Leben zu tun“ konstruiert werden kann ($\alpha = .75$). Diese Skala korreliert mit der Häufigkeit, dass biblische Geschichten zuhause vorgelesen oder erzählt wurden mit $r = .32$. Die Einstellung zur Bibel ist damit stark von der familiären Praxis im Umgang mit der Bibel abhängig. Noch stärker steht die positive Einstellung zur Bibel damit im Zusammenhang, wie häufig man selber die Bibel liest ($r = .50$).

Wie sieht die Einstellung zur Bibel in Abhängigkeit von der konfessionellen Zugehörigkeit in Deutschland aus? Den entsprechenden Befund zeigt Tabelle 39.

Tabelle 39: *Bekenntnis in Abhängigkeit von der konfessionellen Zugehörigkeit in der deutschen Teilstichprobe*

Religiöse Gruppe	Einstellung zur Bibel: Mittelwerte (Standardabweichungen)
Katholisch (N = 240)	1,55 (0,42)
Evangelisch (N = 807)	1,50 (0,41)
Ev.-freikirchlich (N = 69)	1,78 (0,37)
Konfessionslos (N = 166)	1,28 (0,37)
Muslimisch (N = 88)	1,59 (0,39)

Tabelle 39 zeigt, dass die konfessionslosen das am wenigsten positive Bild von der Bibel haben, die freikirchlichen Schülerinnen und Schüler haben das positivste Bild von der Bibel. Relativ positive Bilder von der Bibel haben auch noch katholische, evangelische und muslimisch Schülerinnen und Schüler. Bei dem positiven Bild der Muslime ist dieser Befund jedoch nicht ganz sicher, weil einige Muslime den Hinweis gegeben haben, dass sie die betreffenden Items mit Blick auf den Koran ausgefüllt haben.

Tabelle 40: *Korrelation verschiedener Sozialisationsakteure mit der Einstellung zur Bibel*

Sozialisationsakteure	Korrelation mit Einstellung zur Bibel
Skala „Eltern“ als Tradenten	.29
Skala „Großeltern“ als Tradenten	.14
Skala „Kindergottesdienst“ als Tradent	.16

In Tabelle 40 wurden verschiedene Sozialisationsakteure mit der Einstellung zur Bibel in Beziehung gesetzt. Die Skalen der Tabelle wurden aus den Items zweier Frageblöcke gebildet, nämlich: (a) woher die Befragten die meisten biblischen Geschichten kennen und (b) wer ihnen biblische Geschichten vorgelesen oder erzählt hat. So kann für drei Akteure oder Tradenten jeweils eine Skala gebildet werden. Die Großeltern wurden bei (a) und (b) jeweils mit einem Item erfasst (α = .72). Die Eltern wurden bei beiden Fragen als Vater und Mutter berücksichtigt, so dass vier Items zur Verfügung stehen (α = .76). Beim Kindergottesdienst wurde bei der Woher-Frage der „Kindergottesdienst“ als Institution aufgeführt und bei der „Wer hat erzählt“-Frage die „Kindergottesdiensthelfer“. Hier ergeben beide Items ebenso eine reliable Skala (α = .71). Mit Blick auf diese drei Sozialisationsakteure zeigt sich dann, dass die Eltern den stärksten Einfluss auf die Einstellung zur Bibel haben (r = .29). Die Großeltern haben ebenfalls einen Effekt, der jedoch deutlich geringer ist (r = .14). Ebenso hat der Besuch des Kindergottesdienstes einen kleinen, aber signifikanten Effekt (r = .16).

Tabelle 41: *Personenbezogene Wichtigkeitseinschätzung der Bibel (Prozentuale Verteilung, Mittelwerte und Standardabweichungen)*

(N = 2077–2039)	Gar nicht wichtig				Sehr wichtig	M	S
Kinder	14 %	19 %	30 %	19 %	17 %	3,07	1,28
Jugendliche	20 %	30 %	25 %	14 %	11 %	2,66	1,25
Erwachsene	5 %	12 %	32 %	29 %	21 %	3,49	1,11
Alte Menschen	3 %	3 %	10 %	31 %	52 %	4,26	0,98
Kranke Menschen	4 %	3 %	11 %	26 %	56 %	4,28	1,03
Menschen mit Handicap	6 %	6 %	25 %	30 %	33 %	3,79	1,14
Menschen, die in die Kirche gehen	1 %	1 %	3 %	14 %	82 %	4,74	0,65
Bibelwissenschaftler	2 %	1 %	3 %	9 %	85 %	4,75	0,70
Für mich	22 %	18 %	25 %	18 %	18 %	2,92	1,39
Andere: (N = 900)	16 %	10 %	39 %	14 %	22 %	3,17	1,31

Fragt man danach, wie wichtig die Bibel mutmaßlich für verschiedene Menschengruppen ist, zeigen die Antworten nach Tabelle 41, dass die Bibel in der Einschätzung der Kinder und Jugendlichen in erster Linie als ein Buch für fromme Leute (die in die Kirche gehen) und Bibelwissenschaftler gesehen wird. Es herrscht darüber hinaus auch noch ein relativer Konsens, dass die Bibel ein Buch für alte und kranke Menschen oder auch behinderte Menschen ist. Für Jugendliche ist die Bibel am wenigsten wichtig, tendenziell etwas wichtiger für Kinder. Ob die Bibel für die eigene Person wichtig ist, ist sehr umstritten. Der Wert liegt im Bereich mittlere Wichtigkeit, zwischen den Werten für Kinder und Jugendliche.

Tabelle 42: *Personenbezogene Wichtigkeitseinschätzung differenziert nach den beiden Länderstichproben*

Mittelwerte (Streuungen)	Gesamtstichprobe	Deutschland	englischsprachige Länder
Kinder	3,07 (1,28)	2,94 (1,23)	3,33 (1,35)
Jugendliche	2,66 (1,25)	2,51 (1,19)	2,98 (1,33)
Erwachsene	3,49 (1,11)	3,32 (1,08)	3,87 (1,08)
Alte Menschen	4,26 (0,98)	4,18 (1,00)	4,44 (0,91)
Kranke Menschen	4,28 (1,03)	4,19 (1,06)	4,47 (0,93)
Menschen mit Handicap	3,79 (1,14)	3,68 (1,14)	4,03 (1,10)
Menschen, die in die Kirche gehen	4,74 (0,65)	4,72 (0,66)	4,79 (0,62)
Bibelwissenschaftler	4,75 (0,70)	4,74 (0,74)	4,79 (0,61)
Für mich	2,92 (1,39)	2,63 (1,33)	3,53 (1,19)

Der Ländervergleich in Tabelle 42 zeigt darüber hinaus, passend zu den Ergebnissen zuvor, dass die Schülerinnen und Schüler in unserer englischsprachigen

Stichprobe die Bibel als bedeutsamer für sich einschätzen. Ebenso wird sie in der englischsprachigen Stichprobe bedeutsamer für Kinder, Jugendliche und Erwachsene angesehen. 36 % der Gesamtstichprobe erachten die Bibel als sehr wichtig oder wichtig.

Tabelle 43 zeigt im Blick auf eine altersbezogene Betrachtung der Wichtigkeitseinschätzung, dass sich Differenzen lediglich bezogen auf die Altersbezüge zeigen, nicht jedoch bezogen auf altersunabhängige Zielgruppen (z. B. kranke, behinderte und fromme Menschen). Die jüngeren Befragten meinen eher, dass die Bibel etwas für Jüngere sei, d. h. eher etwas für Kinder, Jugendliche und Erwachsene in Relation zu „alten Menschen". Bezogen auf alte Menschen sind sich die jüngeren und älteren Schülerinnen und Schüler einig, dass die Bibel insbesondere für diese Gruppe bestimmt sei. Darüber hinaus zeigt sich mit einer besonders hohen Mittelwertdifferenz, dass die jüngeren Befragten eher der Meinung sind, dass die Bibel etwas „für mich" ist (M = 3,25), als die älteren Befragten (M = 2,58).

Tabelle 43: *Personenbezogene Wichtigkeitseinschätzung differenziert nach den beiden Altersstichproben*

Mittelwerte (Streuungen)	Gesamtstichprobe	9- bis 14-Jährige (N = 703–898)	15- bis 20-Jährige (N = 808–920)
Kinder	3,07 (1,28)	3,24 (1,25)	2,88 (1,29)
Jugendliche	2,66 (1,25)	2,85 (1,30)	2,46 (1,18)
Erwachsene	3,49 (1,11)	3,76 (1,10)	3,23 (1,05)
Alte Menschen	4,26 (0,98)	4,28 (1,05)	4,25 (0,91)
Kranke Menschen	4,28 (1,03)	4,28 (1,10)	4,29 (0,96)
Menschen mit Handicap	3,79 (1,14)	3,82 (1,23)	3,78 (1,05)
Menschen, die in die Kirche gehen	4,74 (0,65)	4,75 (0,68)	4,74 (0,60)
Bibelwissenschaftler	4,75 (0,70)	4,73 (0,71)	4,80 (0,63)
Für mich	2,92 (1,39)	3,25 (1,39)	2,58 (1,29)

Definition und Bedeutung der Bibel

In einer offenen Weise mit der Einleitung „Stell dir vor, der buddhistische Austauschschüler Ramin aus Indien ist bei euch zu Besuch. Er sieht eine Bibel mit dem Aufdruck ‚Heilige Schrift' auf dem Esstisch liegen und fragt dich Folgendes. Beantworte bitte alle Fragen möglichst ausführlich!" haben wir gefragt: „Was ist eine Bibel und was bedeutet sie für dich?" Bei einer ersten Durchsicht konnten im Rahmen einer Inhaltsanalyse verschiedene Kategorien gefunden werden, die von den Probandinnen und Probanden verwendet wurden, um zu beschreiben, was eine Bibel ist. Wir haben die Antworten anhand der Kategorien 1 bis 6 ausgezählt, die im Folgenden mit ihrem semantischen Feld beschrieben und durch

Beispiele erläutert werden. Deutlich wurde, dass die Bibel am häufigsten entweder als Glaubenszeugnis oder über ihren spezifischen Inhalt definiert wurde.

(1) Inkarnation:
In Antworten, die dieser Kategorie zugeordnet wurden, werden die biblischen Schriften eng und teilweise im inkarnatorischen Sinn an Gott selbst angebunden: Zusammenführungen wie die Bibel als Buch bzw. Schrift Gottes oder Attribuierungen wie „göttlich“ verweisen auf die enge Verbindung zwischen Inhalt und Genese, wie folgende Beispiele verdeutlichen: „Die Bibel ist ein Buch Gottes.“ (Nr. 4); „Die Bibel ist die Schrift Gottes.“ (Nr. 15); „Die Bibel ist für mich ein spannendes und göttliches Buch.“ (Nr. 782); „Wort Gottes und Leitfaden der Christen.“ (Nr. 103); „Die Bibel ist das Wort Gottes, das Gott uns gegeben hat.“ (Nr. 117); „Eine Bibel ist das Wort Gottes.“ (Nr. 41); „Es ist ein Buch von unserem Gott.“ (Nr. 771).

Die Antwortenden schließen sich hier teilweise als Rezipienten ein, indem sie verdeutlichen, dass der Inhalt der Bibel in Bezug zum Lesenden steht und Kommunikation mit Gott ermöglicht. Formulierungen wie „Die Bibel ist wie ein Brief von Gott.“ (Nr. 379); „Durch die Bibel spricht Gott zu uns.“ (Nr. 714); „Sie ist ein Buch, das Fragen beantwortet, aus dem man lernen kann, Gott zeigt.“ (Nr. 927); „Außerdem beantwortet Gott uns unsere Fragen.“ (Nr. 976) machen das deutlich.

(2) Glaubenszeugnis:
In einer zweiten Kategorie werden die Äußerungen unter dem Stichwort ‚Glaubenszeugnis der christlichen Tradition‘ zusammengefasst. Dieser Verweis wird inklusiv („wir Christen“) oder exklusiv („die Christen“) verwendet: „Die Bibel ist die heilige Schrift der Christen, für sie steht dort das Wort Gottes.“ (Nr. 83); „Ein wichtiges Buch der Christen.“ (Nr. 157); „Das ist ein Buch, woran Christliche glauben.“ (Nr. 533); „Die Bibel ist von den Katholischen sowie den Evangelischen die Gottesschrift, woran sie glauben.“ (Nr. 12).

(3) Kritisches Element: menschliches Dokument, unwahr, unhistorisch ...
In einigen Beschreibungen steht das kritische Element stärker im Zentrum der Darstellung. Hier werden die biblischen Geschichten schon im Versuch der inhaltlichen Beschreibung als in ihrem Wesensinhalt als unhistorisch, als märchenhaft, als unwahr bezeichnet. Im Unterschied zu Kategorie 1 und 2, bei denen dies auch in Ansätzen vorkommen kann, steht dies hier an zentralerer Stelle: „Allerdings halte ich sie für ein Symbol, da die Geschichten alle von Menschen geschrieben wurden.“ (Nr. 1271); „Ein sagenhaftes Märchen, das die meisten glauben.“ (Nr. 1348); „Sie enthält viele Geschichten, die nicht unbedingt wahr ein müssen, aber eine Botschaft vermitteln sollen.“ (Nr. 811); „Ich glaube auch, dass die Geschichten nicht wahr sind.“ (Nr. 328).

(4) Historie
Bei dieser Kategorie steht besonders die geschichtliche Dimension im Zentrum der Beschreibung, für die hier Begriffe wie „Buch der Kirche“, „Geschichte der

Zeit vor und nach Jesus“ verwendet werden. Hier geht es weder um die göttliche Dimension, noch werden spezifische inhaltliche Kategorien herangezogen wie in Kategorie 5, wie die Beispiele veranschaulichen: „In der Bibel wird erzählt, was früher passiert ist.“ (Nr. 46); „Also eine Bibel ist eine Nacherzählung von früher.“ (Nr. 1089); „Darin steht, wie das Leben früher war.“ (Nr. 424); „Die Bibel ist ein Buch von der Kirche; es stehen viele alte Sachen von früher drinne“ (Nr. 202); „Das ist die Schrift der Christlichen, in der die Geschichte der Zeit vor und nach Jesus aufgezeigt wird, aber ich beschäftige mich nicht wirklich mit ihr.“ (Nr. 276); „In der Bibel steht was über die Geschichte und was über die Religion.“ (Nr. 444); „Die Bibel ist die Lebensgeschichte der Menschen für mich bedeutet sie sehr viel.“ (Nr. 1011).

(5) Inhalt: Buch über ...

In dieser Kategorie wird nun nicht global auf historische Inhalte verwiesen, sondern die Inhalte werden fachlich präzisiert. Dazu wird entweder die Zweiteilung in AT und NT aufgegriffen und teilweise inhaltlich erklärt, oder es wird die Art der Geschichten inhaltlich verdeutlicht, wie die folgenden Beispiele zeigen: „Es gibt das Alte Testament (AT), dieser Teil handelt von Gott, und das Neue Testament (NT), das handelt von Jesus.“ (Nr. 1430); „Die Erlösung durch Jesus Christus in Gott.“ (Nr. 152); „Das ist ein Buch, wo dadrin über Heiligemenschen geschrieben wurde und es bedeutet mir schon was.“ (Nr. 154); „Es sind darin Geschichten/Situationen enthalten, die unser Vater/Gott getan hat oder die im Laufe der Jahre überliefert wurden.“ (Nr. 844); „Die Bibel ist ein Buch in dem viel von Gott erzählt wird.“ (Nr. 1033); „In der Bibel stehen Geschichten von Gott.“ (Nr. 1035); „Eine Bibel beschreibt, wie Menschen früher gelebt haben, und sie erzählt über Josef und Maria über Gott und Jesus.“ (Nr. 1098); „Eine Bibel enthält sehr viele Geschichten, sie sind sehr alt und sie handeln über Gott, Jesus, Maria etc.“ (Nr. 355); „Ein Buch, das über Taten Gottes und Jesus berichtet.“ (Nr. 852); „Die Bibel ist ein Buch über die Erscheinungen oder Visionen über Gott und Jesus und viele Propheten.“ (Nr. 1167).

(6) Buch

Einige wenige Erklärungen beziehen sich vor allem auf das Merkmal Buch bzw. Bücher. Wenn diese Fokussierung nicht durch inhaltliche Kriterien ergänzt wurde, konnte sie Kategorie 6 zugerechnet werden: „Eine Bibel ist ein großes Buch, dass aus mehreren Büchern besteht.“ (Nr. 348); „Die Bibel ist eine Bibliothek mit Tausend von Büchern.“ (Nr. 352); „Die Bibel ist ein dickes Buch.“ (Nr. 457).

Die prozentuale Verteilung der Antworten, wie sie in der Tabelle 44 dargestellt wird, zeigt, dass in knappen Beschreibungen die Bibel vor allem als Glaubenszeugnis profiliert wird (42 % der Gesamtstichprobe). Darauf wird in der englischsprachigen Stichprobe von über 50 % der Befragten Bezug genommen (37 % der deutschen Stichprobe), während in der deutschen Stichprobe der inkarnatorische Aspekt eine größere Rolle spielt (10 % zu 4 %). Im Vergleich der beiden

Altersgruppen zeigt sich, dass die Älteren häufiger die abstrakte dogmatische Beschreibung als Glaubenszeugnis nutzen (53 % vs. 32 %), wohingegen die Jüngeren häufiger die Bibel über ihren Inhalt definieren (46 % vs. 27 %).

Tabelle 44: *Beschreibung einer Bibel nach inhaltlichen Kategorien*

Erste Antwortaussage	Gesamtstichprobe (N = 1936)	Deutschland (N = 1294)	Englischsprachige Stichprobe (N = 642)	9- bis 14-Jährige (N = 908)	15- bis 20-Jährige (N = 937)
(1) Inkarnation	8 %	10 %	4 %	6 %	9 %
(2) Glaubenszeugnis	42 %	37 %	51 %	32 %	53 %
(3) Kritisches Element	3 %	4 %	2 %	2 %	5 %
(4) Historie	7 %	7 %	6 %	8,5 %	4 %
(5) Inhalt	36 %	36 %	37 %	46 %	27 %
(6) Buch	4 %	5 %	1 %	5,5 %	2 %

Tabelle 45: *Persönliche Bedeutung der Bibel (Prozentuale Verteilung, Mittelwerte und Standardabweichungen)*

	Gesamtstichprobe (N = 2045)	Deutschland (N = 1387)	Englischsprachige Stichprobe (N = 658)	9- bis 14-Jährige (N = 987)	15- bis 20-Jährige (N = 961)
(1) Nichts	11 %	14 %	4 %	9 %	13 %
(2) Wenig	21 %	27 %	8 %	16 %	25 %
(3) Mittel	38 %	36 %	42 %	33 %	43 %
(4) Viel	20 %	14 %	32 %	26 %	14 %
(5) Sehr viel	11 %	9 %	14 %	16 %	5 %
M	2,99	2,78	3,44	3,24	2,73
S	1,13	1,13	0,98	1,17	1,01

Auf die sich anschließende Frage „Was bedeutet die Bibel für Dich?“ haben die befragten Schülerinnen und Schüler nicht sehr elaboriert geantwortet, sondern lediglich „quantifiziert“, so dass wir die Antworten relativ umstandslos, wie folgt, kategorisieren konnten (vgl. Tab. 45): (1) = nichts; (2) = wenig/nicht viel, nicht so wichtig, langweilig; (3) = mittel, interessant, aber nicht wichtig; (4) = viel, tolle spannende Geschichten; (5) = sehr, sehr viel, wichtigstes Buch der Welt. Die schon vorne gezeigte eher mittlere Bedeutung zeigt sich auch hier: Für 38 % trifft diese mittlere Kategorisierung in der Gesamtstichprobe zu. Für 32 % der Gesamtstichprobe bzw. 41 % der deutschen und 12 % der englischsprachigen Schülerinnen und Schüler gilt, dass die Bibel für sie nichts oder nur wenig bedeutet. Während 31 % der Gesamtstichprobe, 46 % der englischsprachigen, aber nur 23 % der deutschen Stichprobe der Bibel viel oder sehr viel Bedeutung beimisst. Wie zu erwarten ist die Bedeutung bei den jüngeren Schülerinnen und Schülern etwas, aber nicht viel höher als bei den älteren, die Aussagen konzentrieren sich bei den Älteren auf mittlere Bedeutungspositionen. Der Tabelle 45 lässt sich entnehmen, dass die Bedeutung der Bibel in der Gesamtstichprobe annähernd normalverteilt ist. In den Mittelwerten spiegelt sich summarisch der Trend, dass die Bibel für die englischsprachigen Schülerinnen und Schüler und für die Jüngeren eine größere Bedeutung hat, wobei der länderabhängige Milieueffekt größer ist.

4.1.3 Biblische Lieblingsgeschichten

1413 Schülerinnen und Schüler haben die Frage beantwortet: „Gibt es eine biblische Geschichte, die dir wichtig ist oder an die du dich besonders gut erinnern kannst?“ Darüber hinaus wurden sie am Ende des Fragebogens noch einmal gebeten, die Frage zu beantworten: „Was sind für dich die drei wichtigsten biblischen Geschichten?“

Wir haben die Geschichten nicht in thematischen Gruppen zusammengefasst, sondern jede genannte Geschichte separat kodiert (vgl. Tab. 46). Zu den häufigsten Geschichten sollen anschließend Beispiele angegeben werden, wie diese durch die Kinder/Jugendlichen aufgeschrieben wurden.

Tabelle 46: *Prozentuale Nennung der 72 in der Studie genannten Geschichten*

	Häufigkeit (%) „wichtigste u. gut erinnern“	Häufigkeit (%) „wichtigste 1“	Häufigkeit (%) „wichtigste 2“	Häufigkeit (%) „wichtigste 3“
Geburt Jesu	267 (12,6)	498 (23,6)	224 (10,6)	126 (6,0)
Schöpfungserzählung	146 (6,9)	229 (10,8)	141 (6,7)	142 (6,7)
Noah und die Sintflut	143 (6,8)	92 (4,4)	91 (4,3)	67 (3,2)
Mose	116 (5,5)	68 (3,2)	86 (4,1)	70 (3,3)
Gleichnis vom verlorenen Sohn	101 (4,8)	32 (1,5)	24 (1,1)	19 (0,9)
Kreuzigung	95 (4,5)	123 (5,8)	206 (9,8)	166 (7,9)
Gleichnis vom barmherzigen Samariter	69 (3,3)	88 (4,2)	47 (2,2)	40 (1,9)
David und Goliath	44 (2,1)	47 (2,2)	44 (2,1)	48 (2,3)
Engel am leeren Grab	42 (2,0)	64 (3,0)	139 (6,6)	155 (7,3)
Speisung der Fünftausend	29 (1,4)	2 (0,1)	5 (0,2)	3 (0,1)
Das Abendmahl	28 (1,3)	40 (1,9)	48 (2,3)	70 (3,3)
Jona	27 (1,3)	11 (0,5)	17 (0,8)	15 (0,7)
Heilung eines Blinden bei Jericho	27 (1,3)	3 (0,1)	3 (0,1)	8 (0,4)

Fortsetzung folgt

Sturmstillung	26 (1,2)	15 (0,7)	30 (1,4)	6 (0,3)
Gleichnis vom verlorenen Schaf	20 (0,9)	3 (0,1)	3 (0,1)	3 (0,1)
Pfingstereignis	18 (0,9)	4 (0,2)	12 (0,6)	36 (1,7)
Hochzeit zu Kana	17 (0,8)	2 (0,1)	2 (0,1)	4 (0,2)
Zachäus	15 (0,7)	7 (0,3)	9 (0,4)	5 (0,2)
Josef	15 (0,7)	4 (0,2)	12 (0,6)	8 (0,4)
Kain und Abel	15 (0,7)	0 (0)	5 (0,2)	1 (0,0)
Heilung eines Gelähmten	9 (0,4)	0 (0)	1 (0,0)	2 (0,1)
Vom Senfkorn	7 (0,3)	4 (0,2)	2 (0,1)	4 (0,2)
Taufe Jesu	7 (0,3)	0 (0)	4 (0,2)	6 (0,3)
Abraham	6 (0,3)	2 (0,1)	13 (0,6)	13 (0,6)
Simson	6 (0,3)	1 (0,0)	0 (0)	0 (0)
Bergpredigt	5 (0,2)	2 (0,1)	4(0,2)	2 (0,1)
Ijob	5 (0,2)	1 (0,0)	1 (0,0)	1 (0,0)
Jesus und die Ehebrecherin	5 (0,2)	0 (0)	2 (0,1)	1 (0,0)
Segnung der Kinder	5 (0,2)	0 (0)	1 (0,0)	0 (0)
Der gute Hirte (Ps 23)	4 (0,2)	1 (0,0)	0 (0)	0 (0)
Versuchung Jesu	4 (0,2)	0 (0)	0 (0)	1 (0,0)
Der dankbare Samariter	4 (0,2)	0 (0)	0 (0)	1 (0,0)
Emmaus	4 (0,2)	0 (0)	0 (0)	1 (0,0)
Tempelreinigung	4 (0,2)	0 (0)	0 (0)	0 (0)
Tochter des Jaïrus und Heilung einer kranken Frau	4 (0,2)	0 (0)	2 (0,1)	0 (0)
Von der verlorenen Drachme	4 (0,2)	0 (0)	0 (0)	0 (0)
Daniel in der Löwengrube	3 (0,1)	9 (0,4)	8 (0,4)	7 (0,3)
Gang Jesu auf dem Wasser	3 (0,1)	2 (0,1)	1 (0,1)	2 (0,1)
Bekehrung des Saulus	3 (0,1)	1 (0,0)	4 (0,2)	1 (0,0)
Fußwaschung	3 (0,1)	1 (0,0)	0 (0)	1 (0,0)
Jakob und Esau	3 (0,1)	0 (0)	3 (0,1)	1 (0,0)
Berufung der ersten Jünger	3 (0,1)	0 (0)	3 (0,1)	0 (0)
Berufung Gideons	3 (0,1)	0 (0)	1 (,0)	0 (0)
Buch Esther	3 (0,1)	0 (0)	0 (0)	0 (0)
Vernichtung von Ai	3 (0,1)	0 (0)	0 (0)	2 (0,1)
Turmbau zu Babel	3 (0,1)	0 (0)	0 (0)	0 (0)
Das Pascha	2 (0,1)	3 (0,1)	1 (0,0)	1 (0,0)
Offenbarung des Johannes	2 (0,1)	2 (0,1)	3 (0,1)	7 (0,3)
Vom Sämann	2 (0,1)	2 (0,1)	1 (0,0)	0 (0)
Einzug in Jerusalem	2 (0,1)	1 (0,0)	4 (0,2)	3 (0,1)
Von den Arbeitern im Weinberg	2 (0,1)	0 (0)	0 (0)	0 (0)
Elija	2 (0,1)	0 (0)	0 (0)	0 (0)
Mahnung zur Umkehr	2 (0,1)	0 (0)	0 (0)	0 (0)

Fortsetzung folgt

Erscheinung des Auferstandenen in Jerusalem	1 (0,0)	1 (0,0)	2 (0,1)	3 (0,1)
Das salomonische Urteil	1 (0,0)	1 (0,0)	1 (0,0)	0 (0)
Von der Perle	1 (0,0)	1 (0,0)	0 (0)	0 (0)
Buch Hosea	1 (0,0)	1 (0,0)	0 (0)	0 (0)
Gebet am Ölberg	1 (0,0)	0 (0)	2 (0,1)	0 (0)
Gespräch am Jakobsbrunnen	1 (0,0)	0 (0)	1 (0,0)	0 (0)
Von Reichtum und Nachfolge	1 (0,0)	0 (0)	1 (0,0)	0 (0)
Verrat durch Judas	1 (0,0)	0 (0)	0 (0)	1 (0,0)
Buch Nehemia	1 (0,0)	0 (0)	0 (0)	0 (0)
Jesus und Thomas	1 (0,0)	0 (0)	0 (0)	0 (0)
Buch Kohelet	1 (0,0)	0 (0)	0 (0)	0 (0)
Rahel und Lea	1 (0,0)	0 (0)	0 (0)	0 (0)
Buch Rut	1 (0,0)	0 (0)	0 (0)	0 (0)
Der zwölfjährige Jesus im Tempel	1 (0,0)	0 (0)	0 (0)	0 (0)
David und Batseba	1 (0,0)	0 (0)	0 (0)	0 (0)
Heilung des Aramäers Naaman	1 (0,0)	0 (0)	0 (0)	0 (0)
Verklärung Jesu	0 (0)	2 (0,1)	0 (0)	1 (0,0)
Auferweckung des Lazarus	0 (0)	2 (0,1)	0 (0)	0 (0)
Vom Fruchtbringen	0 (0)	1 (0,0)	0 (0)	0 (0)
Unernste Antworten	10 (0,5)	2 (0,1)	3 (0,1)	2 (0,1)
Unklare Antworten	35 (1,7)	40 (1,9)	47 (2,2)	39 (1,8)
Kenne keine, mir fällt keine ein	289 (13,7)	132 (6,3)	5 (0,2)	6 (0,3)
Missings	374 (17,7)	564 (26,7)	842 (39,9)	1010 (47,8)
Gesamtsumme	2111 (100,0)	2111 (100,0)	2111 (100,0)	2111 (100,0)

Bei Hanisch und Bucher (2002, S. 40) wurden die Schülerinnen und Schüler auch nach ihren Lieblingsgeschichten gefragt. 20 % sagten, sie hätten keine Lieblingsgeschichte. Die drei am meisten geschätzten Geschichten bei Hanisch und Bucher sind die Arche Noah (15 %), Die Mosesgeschichten (12 %) und Jesu Kindheitsgeschichte (11 %), worunter primär die Weihnachtsgeschichte verstanden wurde. Deutlich dahinter kommen die Passionsgeschichte (6,5 %), die Josefsgeschichte (4 %), die Ostererzählung (4 %) und die Paradieserzählung (3 %). Vergleichbar zu unseren Befunden ist die primäre Ablehnung der Frage. Auch bei uns sagt mit 14 % eine Mehrheit der Schülerinnen und Schüler, dass sie keine Geschichte kennt. Erst dann kommt mit 13 % die Weihnachtsgeschichte als Spitzenreiter. Bei Hanisch und Bucher liegt das Gleichnis vom verlorenen Sohn an achter Stelle und mit ebenfalls 3 % hinter der Paradieserzählung. Bei uns schneidet das Gleichnis besser ab und landet mit 5 % der Nacherzählungen auf dem fünften Platz.

Insgesamt findet sich eine hohe Deckung, wenn man die Top 10 beider Listen vergleicht (Tab. 46 mit der ersten Spalte „erinnerte" und Hanisch & Bucher, 2002, S. 40): 8 bzw. 9 von 10 Geschichten finden sich in der jeweils anderen Liste. Bei Hanisch und Bucher landet die Josefsgeschichte unter den Top 10, die bei uns auf Platz 19 steht. Umgekehrt findet sich der Barmherzige Samariter bei uns in den Top 10, wohingegen er bei Hanisch und Bucher auf Platz 15 landet. Bei uns sind beide Schöpfungsberichte in einer Kategorie (bei Hanisch und Bucher sind sie getrennt und landen beide unter den ersten 10). Wenn man Hanisch und Buchers „Naturwunder" (2 %) ausgleichend noch hinzunimmt und als Pendant zur Speisung der 5000 betrachtet, dann bleibt es bei der leicht unterschiedlichen Bewertung des Barmherzigen Samariters und der Josefsgeschichte. Die Messmethode fällt dabei kaum ins Gewicht, insofern die Frage nach einer wichtigen Geschichte, die man erinnert, und der bloßen Nennung (Spalte 3 bis 5) kaum relevante Unterschiede zeigt. Alle Geschichten, die bei uns über 100-mal genannt wurden, finden sich in jeder Spalte von Tabelle 46 unter den Top 10.

Der Befund kann auch mit einer Liste des Instituts für Demoskopie Allensbach (2005) verglichen werden. Hier ist die Geburtsgeschichte ebenfalls am bekanntesten (85 % der 16- bis 29-Jährigen kennen sie). Die David und Goliath Geschichte ist in der Befragung von 746 Bundesbürgern die zweitbekannteste, wobei 63 % der Jugendlichen sagen, dass sie die Geschichte kennen. Die Geschichte vom Verlorenen Sohn landet auf Platz 9 hinter den Geschichten vom Verrat Jesu, dem letzten Abendmahl, dem Turmbau zu Babel, Sodom und Gomorrha, Johannes dem Täufer und der Flucht aus Ägypten mit einer Bekanntheit von 37 %. Diese bekannteren Geschichten liegen jedoch bei den Lieblingsgeschichten deutlich hinter dem Verlorenen Sohn. Der Befundunterschied geht hier wesentlich auf die unterschiedliche Fragestellung zurück.

Zusammenhänge mit dem Lebensalter finden sich bei der groben Einteilung in alttestamentliche und neutestamentliche Geschichten nicht (r = .02; höheres Lebensalter ginge hier mit einer Präferenz für alttestamentliche Geschichten einher). Die Annahme, dass in der Grundschule sehr viel alttestamentliche Geschichten behandelt werden und dies zur Präferenz von alttestamentlichen Geschichten bei den Jüngeren führen könnte, bestätigt sich hier nicht.

An dieser Stelle sollen die mehr als 20-mal genannten Geschichten exemplarisch in jeweils zwei Versionen aufgeführt werden.

1. Die Geburt Jesu (Lk 2,1–20)
„*Die Geburt Jesus: -Maria + Josef mussten aus Nazareth raus (wegen Volkszählung) -Josef + Maria mussten zurück nach Bethlehem -waren mit all ihren Sachen unterwegs + Esel + Maria war schwanger -fanden am Abend keine Herberge mehr -Übernachteten im Stall, wo auch dann Jesus geboren wurde*" (Nr. 909; männlich, 14 Jahre); „*Ich mag die Geschichte von der Geburt Jesus sehr gerne, in der Geschichte geht es darum, dass Josef und Maria zur Volkszählung in ihre Geburtsstadt Bethlehem ziehen. Als sie in Bethlehem*

angekommen sind versuchen sie eine Unterkunft, weil Maria hoch schwanger ist, doch keiner hat mehr Platz für sie. Beim dritten Haus ist eine sehr nette Frau, die ihren Stall anbot. Noch in dieser Nacht gebar Maria ein Kind. Am nächsten Morgen kamen Hirten und die drei weisen Kaspar, Melchior und Balthasar, der dem Stern aus dem Heiligen Morgenland gefolgt waren.“ (Nr. 1088; weiblich, keine Angabe des Alters)

2. Die Erschaffung der Welt (Gen 1,1–2,4a); das Paradies (Gen 2,4b–25)
„Die Schöpfung: Also Gott erschuf die Welt ... Erst war es dunkel auf der Erde und alles war fertig ... Dann erschuf Gott die Ozeane und sagte: Es werde Licht und es wurde hell. Dann erschuf Gott Pflanzen und Tiere doch diese fühlten sich alleine. Dann erschuf Gott die Menschen und sagte ihnen: "Ihr sollt auf diese Welt achten, sie beschützen. Ihr sollt nur töten, wenn ihr müsst. Und dann am 7. Tag ruhte Gott sich aus.“ (Nr. 1377; männlich, 12 Jahre); *„Ich kann mich an die Geschichte von Adam und Eva erinnern. Gott hat Adam erschaffen und daraus dann Eva. Sie wurden von ihm ins Paradies gesetzt. Sie durfte dort alles machen aber nur aus einem Apfelbaum nicht essen. Sie waren unsterblich, konnten sich nicht verletzen usw. Eines Tages aß Eva aus dem Apfelbaum, da eine Schlange (der Teufel) sie dazu zwang. Gott bekam dies mit und schickte beide auf die Erde, wo sie nicht mehr unsterblich waren.“* (Nr. 826; männlich, 16 Jahre)

3. Noah und die Sintflut (Gen 6,1–9,29)
„Die Sintflut: Der Herr sprach zu Noah, dass er in seine Arche gehen soll, in sieben Tagen, mit seiner Familie und von jeder Tierart ein Paar (Männchen/Weibchen). Denn der Herr würde in 7 Tagen es 40 Tage und 40 Nächte regnen lassen. Am 7ten Tag ging Noah mit seiner Familie und den Tieren auf seine Arche und die Sintflut kam. Alle überlebten und da die Tierarten immer pärchenweise dabei waren, konnte das Leben auf dem ganzen Erdboden erhalten bleiben.“ (Nr. 78; weiblich, 15 Jahre); *„Spontan die Geschichte von der Arche Noah. Eine große Flut kommt und Noah baut eine Arche, sodass alle Tiere und Menschen in Sicherheit sind.“* (Nr. 96; weiblich, 16 Jahre)

4. Geschichten um Mose (Ex 1,1–Dtn 34,9)
„Die Geschichte von Mose: Mose wurde in eine jüdische Familie hineingeboren, zur Zeit der ägyptischen Gefangenschaft. Der Pharao hatte befohlen, alle neugeborenen Jungs zu töten, da er Angst vor einem Aufstand hatte, Die Mutter von Mose macht für ihn einen Korb und legt ihn in den Nil, von Miriam bewacht. Die Tochter des Pharao findet das Kind aber und möchte es adoptieren. Bis Mose alt genug ist, lebt er bei seiner Familie. Dann aber geht er in Haus der Tochter des Pharao und wird dort erzogen wie ein Prinz. Viele Jahre später wird Mose von Gott berufen, mit seinem älteren Bruder Aaron das Volk Israel aus der Gefangenschaft der Ägypter zu führen und ins verheißene Land zu bringen.“ (Nr. 737; männlich, 17 Jahre)

„Besonders gut erinnern kann ich mich an die Geschichte von Moses. Er lebte in Ägypten in einem unterdrückten Volk, die für den Pharao arbeiteten. Da er Angst um seine Macht hatte, ließ er alle Jungen des Arbeitervolks töten. Auch Mose sollte getötet werden, doch seine Mutter rettet ihn, indem er ihn in einem Weidenkorb auf den Nil legte.

Der Weidenkorb wurde von der Tochter des Pharaos gefunden und sie zog ihn wie einen Ägypter auf. Mose hatte trotzdem nicht vergessen, woher er kam. Eines Tages sah er, wie die Ägypter das Arbeitervolk auspeitschten, sodass er den Aufseher tötete. Er fühlte sich schuldig und floh nach Midiam, wo er auf die Frau traf, die er später heiratete. Eines Nachts sah er einen Dornbusch, der in Flammen stand, aber nicht verbrannte. Es war Gott, der Mose zurück nach Ägypten schickte, um sein Volk zu befreien. Bis er dies schaffte, schickte Gott den Ägyptern 10 Plagen, letztendlich zog er mit dem Volk aus Ägypten aus. Um durch das große Meer zu gelangen, teilte Moses das Wasser. Später empfingen sie die 10 Gebote und zogen in das geweihte Land ein." (Nr. 841; weiblich, 15 Jahre)

5. Gleichnis vom verlorenen Sohn (Lk 15,11–32)
„*Das Gleichnis vom verlorenen Sohn: Ein Bauer hatte zwei Söhne und sie lebten sie auf einem Hof, bis der eine Sohn sich von seinem Vater das Erbe ausbezahlen ließ und ihn verließ. Er lebte von nun an auf großem Fuß, gab Geld für ‚Huren', etc. aus und fand durch diesen neu erworbenen Reichtum schnell neue Freunde. Als jedoch sein Reichtum zu einem Ende kam und ihn damit auch seine ‚Freunde' wieder verließen, kehrte er reumütig nach Hause zurück. Sein Vater war froh, dass sein verlorener Sohn nach Hause zurückgekehrt ist, kaufte ihm neue Sachen und veranstaltete ein Fest für ihn. Der andere Sohn jedoch verstand den Vater nicht und war eifersüchtig, da sagte der Vater zu ihm: Was hast du denn, du warst die ganze Zeit bei mir und dein Bruder nicht.*" (Nr. 997; weiblich, 15 Jahre)

„*Die Geschichte von dem verlorenen Sohn. Es ist ein Gleichnis von Jesus, das er den Menschen gegeben hat. Er erzählt darin von einem Jungen, der der jüngere Sohn eines recht wohlhabenden Vaters ist. Er möchte nicht mehr bei seiner Familie sein und will sein Erbe ausgezahlt haben und sein eigenes Leben führen. Er verprasst das ganze Geld und sieht sich später gezwungen zu seinem Vater zurück zu kehren um ihm um einen Job zu bitten. Man würde denken, dass der Vater ihn jetzt hasst oder verstößt, aber er nimmt ihn wieder bei sich auf und liebt ihn. Der ältere Bruder findet das nicht gut und ist sehr neidisch. Die Geschichte soll zeigen, dass Gott nicht gegen dich ist, wenn du vor ihm davon läufst und dass er dich trotzdem noch liebt und wieder aufnimmt. Der Vater ist Gott und der Sohn soll die Menschen verkörpern.*" (Nr. 1310; weiblich, 15 Jahre)

6. Die Kreuzigung (Mt 27,31b–44; Mk 15,20b–32; Lk 23,26–43; Joh 19,16b–27)
„*Die Kreuzigung: Jesus kam auf die Welt um für die Sünden der Menschen zu sterben. Er nannte sich ‚König der Juden' und dies gilt als Gotteslästerung. Daraufhin wurde Jesus gekreuzigt. Ich erinner mich oft und gut an die Geschichte, weil ein Mensch (Jesus) für jeden einzelnen von uns starb, nur damit wir von unseren Sünden befreit sind.* (Nr. 625; weiblich, 15 Jahre); „*Die Geschichte mit der Kreuzigung Jesu ist mir besonders gut in Erinnerung geblieben, da Jesus sein Leben geopfert hat und unschuldig des Todes verurteilt wurde.*" (Nr. 69; weiblich, keine Angabe)

7. Der barmherzigen Samariter (Lk 10,25–37)
„Die Geschichte vom barmherzigen Samariter. Ein Mann spricht mit Jesus über seinen Glauben woraufhin Jesus ihm die Geschichte erzählt. Ein Mann wird von Räubern überfallen und verletzt liegengelassen ein Priester geht an ihm vorbei genauso wie ein gelehrter. Doch der Samariter der als dritter kommt bleibt stehen versorgt seine Wunden und nimmt ihn mit in eine Herberge dort gibt er dem Wirt Geld sodass dieser ihn weiter versorgt bis er wiederkommt. Die Geschichte zeigt, dass jeder dein Nächster ist und dass man seinen Nächsten lieben soll wie sich selbst.“ (Nr. 401; weiblich, 18 Jahre); *„Ich kann mich gut an das Gleichnis vom barmherzigen Samariter erinnern, in der ein Mann niedergeschlagen wurde und Leute aus seinem eigenen Volk ihn liegen lassen haben aber jemand aus dem feindlichen Volk hat ihm geholfen.“* (Nr. 578; weiblich, 15 Jahre)

8. David und Goliath (1 Sam 17,1–58)
„David gegen Goliath: David ist ein junger Mensch und kämpft gegen den viel größeren und stärkeren Goliath. Er besiegt ihn mit seiner Zwille. Diese Geschichte zeigt mir, dass man jedes Problem, egal wie groß es ist, lösen kann.“ (Nr. 1448; männlich, 16 Jahre); *„David gegen Goliath. David, ein kleiner Junge nur bewaffnet mit einer Steinschleuder gewinnt gegen den übermächtigen Goliath.“* (Nr. 127; männlich, 16 Jahre)

9. Die Botschaft des Engels am leeren Grab (Mt 28,1–8; Mk, 16,1–8; Lk 24,1–12; Joh, 20,1–13)
„Christus Auferstehung (Ostern): ... 3 Tage nach Jesus Kreuzigung kamen Maria und Maria Magdalena zu Jesus Grab, doch der schwere Stein, der das Grab verschlossen hatte, war weggerollt worden. Als sie das Grab betraten war Jesus Leichnam nicht mehr. Es lagen nur noch weiße Tücher dort und ein Engel saß dort. Die beiden Frauen erschraken doch der Engel sprach: ‚Fürchtet euch nicht, Jesus hat den Tod bezwungen geht hinaus und verkündet die frohe Botschaft!‘ Als sie das hörten freuten sie sich und verkündeten die frohe Botschaft Gottes.“ (Nr. 1132; männlich, 10 Jahre)

„Die Geschichte von Jesus Auferstehung (Ostern): Eines Tages kamen zwei Frauen an Jesus Grab. Sie wollten ihn besuchen, bis sie sahen, dass er gar nicht da war. Sie machten sich auf die Suche und fanden ihn. Er sagte Gott hat ihn erweckt. Die Frauen gingen in die Stadt und erzählten allen das Jesus auferstanden war. Alle glaubten ihnen nicht. Aber später sahen sie ihn auch. Sie freuten sich und gingen zu ihren Freunden um das Ereignis zu berichten.“ (Nr. 1013; männlich, 10 Jahre)

10. Speisung der Fünftausend (Mt 14,13–21; Mk 6,31–44; Lk 9,10–17; Joh 6,1–15)
„Ich erinnere mich gut an die Geschichte, wo Jesus das Brot und die Fische teilt, sodass alle Menschen satt werden. Das zeigt, dass Jesus sich um alle und jeden einzelnen sorgt. + Schöpfungsgeschichte.“ (Nr. 969; weiblich, 16 Jahre); *„Ich kann mich an die Geschichte erinnern, als Jesus aus wenigen Fischen sehr viele Fische schuf, um alle Menschen glücklich und satt zu machen.“* (Nr. 1409; männlich, 15 Jahre)

11. Das Abendmahl (Mk 14,17–25; Mt 26,20–29; Lk 22,14–23)
„Das letzte Abendmahl in der Geschichte das letzte Abendmahl geht es um Jesus, der seine Jünger zu einem Abendmahl einlud. Jesus nahm einen Kelch in die Hand und sprach ‚Dies ist mein Blut und trinket.'" (Nr. 1033; männlich, 12 Jahre); *„Das Abendmahl: Jesus saß mit seinen Jüngern an einem Tisch. Kurz vor seiner Kreuzigung. Er und seine Jünger aßen Brot und tranken Wein. Jesus sagte: ‚Wer jetzt mir in die Brotschale greift, muss mich den Soldaten verraten.' Der Jünger der betroffen war, wollte nicht aber musste. So verriet er Jesus den Soldaten."* (Nr. 1105; weiblich, 10 Jahre)

12. Die Jona-Geschichte (Jona 1,1–4,11)
„Jona und der Walfisch. Gott hat Jona darum gebeten, dass er in ein Land geht und die Menschen darum bitten soll, von ihrem Reichtum abzugeben. Jona gehorcht nicht. Ehe der Baum verwelkt, soll Jona da sein. Jona gehorcht wieder nicht, der Baum verwelkt. Jona geht auf ein Schiff, versteckt sich unten. Alle sollen zu Gott beten. Jona soll seinen Gott anrufen als ein Sturm kommt. Der Kapitän will ihn ins Meer schmeißen, damit den anderen Menschen nichts passiert, denn nur Jona hat ja Schuld. Er springt und landet in einem Wal, mehrere Tage. Jona betet und verspricht, in die Stadt zu gehen und Gott zu gehorchen. Am nächsten Morgen wacht er am Strand auf. Er benachrichtigt die Menschen, die aber nicht gehorchen. Gott schickt Armut über sie, wenig Geld, keine Kleider mehr. Von dem Wenigen, was sie haben, geben sie den noch Ärmeren!" (Nr. 442; weiblich, keine Angabe)

„Jona: Jona hat einen Auftrag von Gott bekommen, er soll nach Ninive gehen und den Leuten sagen das sie umkehren sollen, denn sonst vernichtet Gott die Stadt. Aber Jona wollte nicht und flüchtete mit einem Schiff. Mitten auf dem Meer brach ein Sturm aus und Jona wurde ins Wasser geworfen. Sofort hörte der Sturm auf und Jona wurde von einem Fisch verschluckt. Im Bauch des Fisches wurde Jona klar das man sich vor Gott nicht verstecken kann und er betete zu Gott. Drei Tage und drei Nächte blieb Jona im Bauch des Fisches. Dann wurde er von dem Fisch an Land gespült. Noch einmal sagte Gott zu Jona er soll nach Ninive gehen. Diesmal ging Jona auch. Als er angekommen war fing er an zu Predigen. Die Leute von Ninive taten Buße und Gott reute es das er die Stadt vernichten wollte." (Nr. 660; weiblich, 11 Jahre)

13. Heilung eines Blinden bei Jericho (Mt 20,29–34; Mk 10,46–52; Lk 18,35–43)
„Es gibt eine Geschichte, in der Jesus (der Sohn Gottes) einen blinden geheilt hat. Nicht aber durch eine Operation mit viel Geld, sondern einfach durch den Glauben. Der Blinde hat fest an Jesus und seine Kraft/an das Wunder geglaubt, sodass Jesus ihn heilen konnte." (Nr. 804; weiblich, 16 Jahre); *„Ich erinnere mich an eine Geschichte aus der Bibel. In der Geschichte sitzt ein Mann am Straßenrand. Er ist blind und bettelt um Geld und Essen, aber keiner hilft ihm. Als Jesus kommt und zu ihm, fangen die Menschen an über ihn zu reden und bilden eine Menge. Jesus stört das aber nicht. Er kniet sich vor den Blinden und legt seine Hänge auf die Augen. Nachdem er die Hände wieder zurückgenommen hat, verkündet der Blinde mit Freude, dass er wieder sehen kann. Jesus Heilt auch noch weitere Menschen von ihrem Leid."* (Nr. 840; weiblich, 15 Jahre)

14. Sturmstillung (Mt 8,23–27; Mk 4,35–41; Lk 8,22–25)
„Jesus und seine Jünger fahren auf See. Jesus ist müde, weil er viel erzählt hat die Tage und schläft im Boot ein. Plötzlich kommt ein starker Sturm auf. Jünger haben Angst. Wecken Jesus panisch. Jesus wacht auf und sagt: Warum habt ihr kein Vertrauen? Dann stillt er den Sturm. Er ist mächtig über alles.“ (31; weiblich; 14 Jahre); *„Jesus und der Sturm. Jesus und seine Jünger sind auf See gefahren und er zog ein Sturm auf. Alle Jünger haben gerufen: ‚Jesus‘. Aber Jesus war am Schlafen. Er wurde wach und er hat den Sturm weggetrieben, sie ohne Verletzungen davon gekommen und sind da angekommen, wo sie hin wollten.“* (Nr. 721; männlich, 10 Jahre)

15. Gleichnisse vom verlorenen Schaf (Mt 18,12–14; Lk 15,1–7)
„z. B. steht in der Bibel das Gleichnis vom verlorenen Schaf. Hier wird Gott mit einem Hirten verglichen, der seine große Schafherde zurücklässt, um ein einziges verlorenes Schaf zurückzuholen. Ich es schön, zu wissen, dass er alles zurücklässt, nur um dieses zu suchen.“ (Nr. 83; weiblich, 15 Jahre); *„Ein Hirte hat 10 Schafe. Eines Tages geht ein Schaf verloren. Der Hirte geht dieses suchen und findet es. So ist Gott auch mit uns, er will, dass wir an ihn glauben und rettet uns, wenn wir nicht mehr glauben.“* (Nr. 97; männlich, 15 Jahre)

Bei den Nacherzählungen finden sich verschiedene Typen der Nacherzählung:

a) Einige fassen den Inhalt knapp zusammen, um gleichzeitig oder anschließend noch eine Deutung zu geben, wie etwa beim Beispiel 10: *„Ich erinnere mich gut an die Geschichte, wo Jesus das Brot und die Fische teilt, sodass alle Menschen satt werden. Das zeigt, dass Jesus sich um alle und jeden einzelnen sorgt.“*
b) Einige erzählen parataktisch und reihen zentrale Episoden aneinander. Dabei verwenden sie wörtliche Rede (so etwa Beispiel 14), erzählen aber pragmatisch knapp mit wenigen Adjektiven. Perspektivisches oder psychologisierendes Erzählen findet sich, wahrscheinlich aufgrund der Aufgabenstellung, nicht.
c) Eine dritte Gruppe, wie das erste Beispiel unter 1 (Nr. 909), versucht den Inhalt wie in einer Klassenarbeit in Stichworten darzustellen, wobei mehr Erinnerungshilfen gegeben werden statt einer in sich stimmigen und verständlichen Erzählung.

4.1.4 Deutungsfähigkeit

Begründung für die Bedeutsamkeit der Lieblingsgeschichten

Ergänzend zur Frage, was ihre Lieblingsgeschichte ist, sollten die Schülerinnen und Schüler erläutern, welche persönliche Bedeutung die Geschichte hat und was daran wichtig ist. Auch in einem weiteren Frageblock, in dem wir nach den drei wichtigsten Geschichten gefragt haben, wurde nach dem „Warum" der Auswahl gefragt. In beiden Fällen haben wir die offenen Fragen anhand der gleichen Kategorienliste analysiert, weil die Antworten semantisch hochgradig deckungsgleich waren. Der Befund soll im Folgenden dargestellt werden mit Blick auf die darin zum Ausdruck kommende Deutungskompetenz der Schülerinnen und Schüler.

Im Rahmen einer Inhaltsanalyse haben wir folgende Kategorien für die Begründung der Geschichtenwahl gefunden:

1. *Zufall/externe Faktoren*: Hier wurden in der Begründung keine expliziten Argumente benannt, sondern meist externe Faktoren herangezogen wie z. B. „Sie ist mir nicht besonders wichtig, das ist nur die Geschichte die mir als erstes eingefallen ist, da wir sie in der 6. Klasse sehr ausführlich behandelt haben und unser Lehrer sogar einmal eine Steinschleuder dabei hatte und ein Geldstück gegen die Wand geschleudert hat. Den Abdruck sieht man immer noch!" (Nr. 956)
2. *Tradition:* „Die Geschichte ist mir deshalb wichtig, weil ich sie in einer Kirchengruppe als Theaterstück aufgeführt habe, als ich klein war." (Nr. 735); „Diese Geschichte ist meine Lieblingsgeschichte gewesen als ich klein war, weil meine Oma mir damit erklärt hat das es immer Hoffnung geben wird." (Nr. 957); „Typische Geschichte, die man an Weihnachten erzählt bekommt." (Nr. 885); „Naja, es ist die Geschichte, die ich am meisten gehört habe und die mir zuerst im Kopf war." (Nr. 890)
3. *Ethik*: „Die Geschichte zeigt, dass man vergeben soll und immer offene Arme für einen haben sollte, auch wenn man Fehler begangen hat. Das finde ich an der Geschichte gut, dass sie einem das klar macht. So ist sie wichtig für mich." (Nr. 967); „Wichtig finde ich daran, dass sie zeigt, dass jeder in eine Notsituation kommen kann und Hilfe benötigt, deshalb sollte man auch anderen helfen." (Nr. 1001); „Sie bedeutet für mich, dass die Menschen verantwortlich dafür sind die Schöpfungen zu bewahren und nicht respektlos mit der Umwelt und den Tieren umzugehen." (Nr. 992); „Mir gefällt diese Geschichte sehr und mir ist daran die Nächstenliebe und das verzeihen wichtig." (Nr. 1319)
4. *Theologische Bedeutung*: „Die Geschichte ist eine Übertragung (Gleichnis) von Gott als Vater und den Menschen als die Söhne auf menschliche Ebene. Es bedeutet, dass die Liebe Gottes niemals aufhört und das die Menschen immer zu ihm zurückkommen können und immer wieder errettet werden können. Auch wenn die es nicht verdienen." (Nr. 1322); „Mir zeigt die Ostergeschichte die Liebe Gottes zu den Menschen. Er lässt zu, dass sein einziger eingeborener Sohn getötet wird, obwohl er mächtig genug gewesen wäre, dies zu verhindern. Jesus ist für unsere Sünden gestorben. Er machte uns damit das größte Geschenk überhaupt." (Nr. 1455)

5. *Bedeutung für die eigene Gottesbeziehung*: „Diese Geschichte zeigt mir, dass Gott uns alle liebt und er sich um unsere Sicherheit sorgt. Er lässt uns nie allein und ist immer bei uns. Ich weiß, dass Gott immer bei mir ist." (Nr. 586); „Diese Geschichte ist mir so wichtig, da es zeigt, dass Gott die Menschen heilen kann. Es gibt mir Hoffnung, dass Gott für mich da sein wird, wenn ich Hilfe brauche oder im Sterbebett liege." (Nr. 757); „Diese Geschichte ist mir sehr wichtig, da ich weiß, dass Gott immer bei mir ist und auch immer sein wird und dass er allmächtig und allwissend immer für mich sorgen wird, selbst in der größten Not und mir helfen und beistehen wird. Einfach, dass Gott und Jesus Christus immer für mich da sein werden." (Nr. 960); „Für mich ist es die wichtigste Geschichte in der Bibel, da Jesus dafür gestorben ist, um unsere Sünden zu vergeben." (Nr. 66)
6. *Verneinung, kritische Haltung*: „Keine Bedeutung ist aber eine schöne Kindergeschichte." (Nr. 990); „Die Geschichten haben keine besondere Bedeutung für mich." (Nr. 991); „Ich habe keine geschrieben, weil ich mich nicht erinnern kann." (Nr. 219); „Kann mich nicht erinnern." (Nr. 497); „Ich habe keine." (Nr. 1104); „Ich habe keine Lieblingsgeschichte." (Nr. 1290); „Ich habe sie nicht gelesen." (208); „Habe die Bibel nicht gelesen." (Nr. 224); „nichts." (Nr. 330); „Für mich hat das keine Bedeutung. Mir ist nichts davon wichtig." (Nr. 374); „Gar keine, sie interessiert mich nicht." (Nr. 942); „Um ehrlich zu sein gar keine, da ich an der Glaubenswürdigkeit zweifle." (Nr. 284)
7. *(Redundante) Affirmation*: „Diese Geschichte fand ich sehr interessant, weil sie leicht verständlich und kreativ war." (Nr. 958); „Sie sind interessant und spannend." (Nr. 1134); „Sehr spannend, da lernt man die Welt von früheren Menschen kennen." (Nr. 1472);
8. *Unernste, unklare Antworten*: „Der Weihnachtsmann" (Nr. 631); „Das der Satan mit seinem Penis den Penis abgerissen hat." (Nr. 445)
9. *Missings:* keine Antwort gegeben

Tabelle 47: *Prozentuale Verteilung der Kategorien zur Bedeutung der Geschichte*

	„Was ist daran wichtig?" (erzählte Geschichte)	„Warum?" (wichtigste Geschichten)
Zufall	1,5 (1,3/1,7)*	0,1
Tradition	7,0 (4,9/9,1)	5,6
Ethik	10,6 (11,7/10,0)	6,4
Theologische Bedeutung	29,0 (34,2/25,1)	32,0
Bedeutung für die eigene Gottesbeziehung	4,0 (3,3/4,0)	0,3
Verneinung	12,2 (12,6/11,8)	4,2
(Redundante) Affirmation	5,5 (6,7/5,3)	7,1
Unernste, unklare Antworten	1,6 (1,3/1,9)	3,8
Missings	28,6 (24,4/31,0)	40,5

*Jüngere vs. ältere Befragte

Tabelle 47 zeigt, dass die Verteilung insgesamt vergleichbar ist: Die Wichtigkeit der biblischen Geschichte wird in beiden Fragevarianten zu einem Drittel (29 % und 32 %) mit dem Verweis auf ihre theologische Bedeutung begründet. Eine gewisse Relevanz hat noch der Verweis auf ein ethisches Argument (10,6 % und 6,4 %). Bei Hanisch und Bucher liegen die ethischen Begründungen (dort moralische Deutung) mit 11,4 % an der Spitze der Deutungen (Hanisch & Bucher, 2002, S. 46). Die Kategorie „eigene Deutungen", dort mit 26,2 % die größte, fasst eigene Interpretationen der Lieblingsgeschichte zusammen, die nach der Interpretation der Autoren in keine der anderen angegebenen Kategorien passen. Als Kategorien weisen die Autoren aus: „keine Antwort", „inhaltliche Wiedergabe", „moralische Deutungen", „emotionale Deutungen", „theologische Deutungen", „erlebnisorientierte Deutungen", „negative Deutungen", „abstrakte Deutungen" und „außerbiblische Geschichten" (Hanisch & Bucher, 2002, S. 46). Wir hätten eine Deutung wie „Dass Noah macht, was Gott zu ihm sagt" (Hanisch & Bucher, 2002, S. 46) in die Kategorie theologische Bedeutung einsortiert; dort findet sie sich unter „eigene Deutungen", was zeigt, dass die Zuordnung manchmal auch in unterschiedliche Kategorien erfolgen kann.

Eine ergänzende Analyse der Verteilung der Bedeutungskategorien in Abhängigkeit vom Alter zeigt, dass die Älteren gegenüber den Jüngeren fast doppelt so häufig die Kategorie „Tradition" nutzen (5 % vs. 9 %), jedoch weniger sich auf eine „theologische Bedeutung" beziehen (34 % vs. 25 %). Die Älteren beantworten die Frage auch häufiger nicht (24 % vs. 31 %).

Tabelle 48: *Korrelation der Kategorien zur Bedeutung der erzählten Geschichte mit der persönlichen Bedeutung der Bibel (vgl. Tab. 45)*

	Korrelation
Zufall	-.06
Tradition	-.05
Ethik	.07
Theologische Bedeutung	.29
Bedeutung für die eigene Gottesbeziehung	.12
Verneinung	-.24
(Redundante) Affirmation	.00
Unernste, unklare Antworten	.00
Missings	-.18

Die Tabelle 48 dokumentiert die bisherige Analyse erweiternd wie die Kategorien zur Bedeutung der erzählten Geschichte mit der persönlichen Bedeutung der Bibel zusammenhängt (vgl. Tab. 45). Es zeigt sich dabei, dass vor allem diejenigen, die eine theologische Bedeutung angeben (können), der Bibel eine persönliche Wichtigkeit bemessen. Ebenso zeigt sich eine kleinere positive Korrelation mit der Kategorie „Bedeutung für die persönliche Gottesbeziehung". Wem die Bibel dagegen persönlich nichts bedeutet, der bzw. die überspringt die

Frage und antwortet nicht (missing) oder drückt eine Verneinung, bezogen auf die Frage nach der Wichtigkeit der erzählten Geschichte, aus.

Die „Nancy"-Frage und die auf sie bezogenen Argumentationsmuster

Die Deutungskompetenzen bzw. Begründungskompetenzen der Schülerinnen und Schüler können anhand einer zweiten offenen Frage vertiefend analysiert werden. Im Anschluss an eine Lektüre der Zachäusgeschichte wurde eine spezifische Anforderungssituation skizziert. Darin wird Nancy, eine Person mit einem Handicap, eingeführt. Die Schülerinnen und Schüler werden gefragt:

> *„Stell dir nun als Zweites die Austauschschülerin Nancy vor. Nancy hat durch einen Unfall als Kleinkind einen Arm verloren und denkt, dass sie weniger wert sei als ihre Mitschüler. Was könnte die Geschichte ihr sagen?"*

Die Äußerungen der Schülerinnen und Schüler zu dieser Frage wurden anhand des folgenden Kategorienschemas kategorisiert:

(1) *Bloße Behauptung:* „Jesus liebt dich." (Nr. 76, Nr. 461); „Jeder Mensch ist gleich viel wert auch wenn er behindert ist. Es ist egal ob man laufen oder im Rollstuhl sitzt alle sind unterschiedlich aber auch irgendwie gleich." (Nr. 195); „Jeder Mensch ist gleich viel wert!" (296); „Jeder Mensch ist gleich viel wert. Gott unterscheidet nicht zwischen den Menschen. Alle liebt er gleich und wir sollten das Gleiche tun." (Nr. 314).

(2) *Begründung mit explizitem Bezug zur Geschichte:* „Die Geschichte will aussagen, dass Geld oder Reichtum nicht alles im Leben ist. Familie und Freunde sind wichtiger, nur in dieser Geschichte erkennt Zachäus dies erst später. Er bereut seine Taten und will es ändern." (Nr. 859); „Die Geschichte konnte ihr sagen das es egal ist wie jemand aussieht oder wenn man etwas verloren hat, das man es trotz alledem schaffen kann wie bei Zachäus er war klein doch er hat es geschafft das Jesus zu ihm guckt." (Nr. 336); „Dass das nicht stimmt. Nancy ist genauso viel wert wie die anderen. Zachäus war auch klein und hatte sich unbeliebt gemacht, dass er Jesus geholfen hat. Aber dafür hat er sich bei einem Menschen beliebt gemacht und zwar bei Jesus. Sei einfach so wie du bist Nancy die richtigen Freunde werden dich dann finden." (Nr. 360); „Jesus ist zu Zachäus gekommen, obwohl er ein Sünder ist. Jedoch hat Jesus ihn mit den anderen Menschen gleich betrachtet. Auch Nancy sollte nicht denken, dass Sie weniger wert ist." (Nr. 86); „Vor Gott/Jesus sind alle Menschen gleich. Du kannst nichts dafür, dass du einen Arm weniger hast. Jesus liebt dich trotzdem, so wie er bei Zachäus einkehren wollte, würde er auch dich besuchen. Er will dir Kraft geben und dir versichern, da genauso viel wert bist wie andere, denn auch du ‚bist ein Kind Abrahams'." (Nr. 1445).

(3) *Begründung mit externem Argument*: „Jesus liebt dich, egal wie du aussiehst, was für Erfahrungen du gemacht hast oder viel Sünde getan hast. Er hat dich so gewollt wie du bist und das darfst du niemals vergessen." (Nr. 82); „Sie ist ohne Zweifel gleich viel wert. Außerdem wird sie eines Tages von ihrem Leid erlöst und lebt auch ohne ihren Arm ein schönes Leben." (Nr. 94).
(4) *Alternative Interpretationen:* „Sie kann reich werden" (Nr. 257); „Sie kann nicht klettern, um bemerkt zu werden. Folglich muss sie was anderes machen." (Nr. 406).
(5) *Fehlende korrekte Antwort:* „Weiß ich nicht!"/„weiß nicht" (z. B. Nr. 375, 853,1232); „?" (z. B. Nr. 217, 466, 1300); „Ich sehe keinen Zusammenhang zwischen dem Benutzen von nur einem Arm und dieser Bibelgeschichte" (Nr. 932); „Ich verstehe den Zusammenhang nicht" (Nr. 297); „Nothing because it's a story. See a professional" (Nr. 1528); Wiedergabe der Zachäusgeschichte (z. B. Nr. 1, 816, 1029).
(6) *Leere Kästchen*

Tabelle 49 veranschaulicht, dass die meisten Interpretationen nicht begründet, sondern in 42 % der Fälle nur behauptet werden. Nur 8 % der Schülerinnen und Schüler beziehen sich in ihrer Begründung sachgemäß auf die Geschichte. Knapp doppelt so viele Befragte verweisen auf Geschichten-externe Gründe für ihre Interpretation. 25 % der Befragten haben gar nicht geantwortet und 7 % schlicht ihre Überforderung notiert. Das zeigt überaus deutlich, dass die Schülerinnen und Schüler sehr begrenzte exegetische Kompetenzen haben, bzw. ungeübt darin sind, aus dem Text heraus Begründungen zu entwickeln.

Tabelle 49: *Häufigkeit der Kategorien zur Auswertung der Nancy-Frage*

	Häufigkeit	Prozente
Bloße Behauptung	862	41
Begründung mit explizitem Bezug zur Geschichte	176	8
Begründung mit externem Argument	310	15
Alternative Interpretation	73	4
Fehlende korrekte Antwort	157	7
leere Kästchen	533	25

Eine vertiefende Analyse der Kategorien zur Nancy-Frage bietet über die hier dargestellte deskriptive Statistik Abbildung 21 in Kapitel 4.2.1, indem dort die Zusammenhänge der Kategorien mit den Wertedimensionen des Wertefeldes berechnet und besprochen werden.

4.1.5 Bibelwissen

Einen besonderen Charakter hat die Aufgabe, für verschiedene Bilder, die jeweils eine Bibelgeschichte illustrieren, die Überschrift bzw. den Titel der Geschichte zu formulieren. Das setzt bei den Schülerinnen und Schülern voraus, dass sie die Geschichte kennen und dass sie eine bildliche Darstellung in die ihnen bekannte Geschichte übersetzen können. Es handelt sich dabei um einen objektiven Test über das vorhandene Bibelwissen.

Bei der Auswertung sind wir wie folgt vorgegangen: Drei studentische Hilfskräfte haben unabhängig voneinander bewertet, ob die Überschrift „richtig" ist. Mit 2 Punkten konnte eine zweifelsfrei richtige Antwort bewertet werden. Ein Punkt konnte gegeben werden, wenn die Antwort ein richtiges Element enthielt, aber nicht vollständig befriedigend war. Die Bewertungen der drei Hilfskräfte wurden dann gemittelt. Als „richtige Überschrift" wurden Werte ab M = 1,33 gewertet (1,33 repräsentiert beispielsweise die Antwort „Jona", die bei einem Teil der Rater keine volle Punktzahl bekam, weil offenbar der Wal fehlte; 1 repräsentiert dagegen z. B. die Antwort „Noah im Wal", bei der der Name des Propheten verwechselt oder falsch genannt wurde).

Bei den beiden knappen zweistufigen Ratingfragen (ja vs. nein) werden die Prozente auf die Gesamtstichprobe bezogen. In der Summe ergeben sich daher in Tabelle 50 keine 100 Prozent, weil Missings den Rest ausmachen.

Tabelle 50: *Häufigkeitsverteilung in Prozent bezogen auf die drei Fragen pro Geschichtenbild*

		Gesamtstichprobe		D	ES *	9–14 J.	15–20 J.
		ja	nein	ja	ja	ja	ja
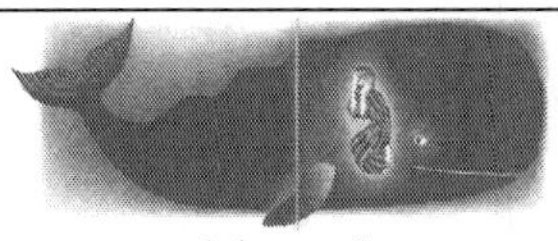 1. Jona und der Wal	richtige Überschrift	31	69	32	29	27	37
	„kann ich nacherzählen"	32	51	35	25	29	34
	„gefällt mir"**	42	24	44	39	43	41
 2. Josef im Brunnen	richtige Überschrift	9	91	10	7	10	8
	„kann ich nacherzählen"	23	54	27	16	23	24
	„gefällt mir"	26	31	28	23	29	24
 3. Arche Noah	richtige Überschrift	34	66	34	32	31	38
	„kann ich nacherzählen"	46	37	43	51	42	50
	„gefällt mir"	47	21	43	54	48	47

 4. Abraham und Sara	richtige Überschrift	4	96	3	8	6	3
	„kann ich nacherzählen“	12	60	11	15	13	11
	„gefällt mir“	17	31	15	20	21	13
 5. Opferung Isaaks	richtige Überschrift	10	90	8	16	8	13
	„kann ich nacherzählen“	25	50	23	30	20	31
	„gefällt mir“	23	32	20	31	25	23
 6. Adam und Eva	richtige Überschrift	67	33	66	69	62	75
	„kann ich nacherzählen“	71	18	69	75	63	80
	„gefällt mir“	53	28	48	63	51	55
 7. Mose und die 10 Gebote	richtige Überschrift	40	60	41	39	33	49
	„kann ich nacherzählen“	42	39	43	41	36	49
	„gefällt mir“	41	26	39	45	42	40
 8. Jesu Auferstehung	richtige Überschrift	32	68	30	35	27	37
	„kann ich nacherzählen“	38	41	34	47	34	42
	„gefällt mir“	36	25	32	47	38	36
 9. Das letzte Abendmahl	richtige Überschrift	62	38	59	67	53	73
	„kann ich nacherzählen“	64	23	59	74	59	69
	„gefällt mir“	56	21	51	66	58	55

 10. Daniel in der Löwengrube	richtige Überschrift	13	87	11	20	15	13
	„kann ich nacherzählen“	19	56	18	22	20	19
	„gefällt mir“	26	27	24	31	31	21
 11. Jeus Kreuzigung	richtige Überschrift	65	35	66	62	57	74
	„kann ich nacherzählen“	70	17	69	72	64	77
	„gefällt mir“	43	35	39	54	47	41
 12. David und Goliath	richtige Überschrift	41	59	43	37	33	52
	„kann ich nacherzählen“	40	41	42	34	34	45
	„gefällt mir“	42	24	43	40	41	44
 13. Der verlorene Sohn	richtige Überschrift	17	83	12	30	17	19
	„kann ich nacherzählen“	24	51	23	37	24	24
	„gefällt mir“	24	27	18	38	28	21
 14. Das Pfingstwunder	richtige Überschrift	11	89	5	28	14	12
	„kann ich nacherzählen“	21	51	13	37	21	20
	„gefällt mir“	22	28	15	38	25	20
 15. Geburt Jesu	richtige Überschrift	68	32	68	68	62	76
	„kann ich nacherzählen“	77	11	79	73	72	82
	„gefällt mir“	67	13	67	70	69	67

 16. Die Sturmstillung	richtige Überschrift	8	92	6	18	8	12
	„kann ich nacherzählen"	32	42	30	36	27	37
	„gefällt mir"	31	25	29	36	32	30
 17. Barmherziger Samariter	richtige Überschrift	23	77	8	32	20	27
	„kann ich nacherzählen"	36	40	32	44	31	42
	„gefällt mir"	36	23	31	47	37	37
 18. Gleichnis vom Senfkorn	richtige Überschrift	2	98	1	5	1	4
	„kann ich nacherzählen"	9	58	6	14	8	10
	„gefällt mir"	11	30	9	18	14	11

*D = deutsche Stichprobe, ES = englischsprachige Stichprobe
** Exakte Itemformulierungen, die den Bildern im Fragebogen äquivalent beigefügt waren

Zum Bild mit der Geburt Jesu fanden die Schülerinnen und Schüler am häufigsten die richtige Überschrift (68 %). 77 % geben an, sie können die Geschichte nacherzählen, auch das Gefallen wird ebenfalls häufig bejaht (67 %). Das Ergebnis passt zu den Antworten auf die Frage: „Gibt es eine biblische Geschichte, die dir wichtig ist oder an die du dich besonders gut erinnern kannst?" (siehe Tab. 48), weil dort die Weihnachtsgeschichte ebenfalls an erster Stelle genannt wird.

Erstaunlicherweise ist die zweite Schöpfungserzählung (Adam und Eva) fast in gleicher Weise bekannt (67 %), nacherzählen können sie aber nur 71 % und sie ist auch nicht so beliebt (53 %). Auch dieses Ergebnis passt dazu, dass sie auch an zweiter Stelle der wichtigen Texte genannt wird (siehe Tab. 46).

Als elementare christliche Geschichte ist es nicht verwunderlich, dass auch die Kreuzigung Jesu bekannt ist (65 % richtige Überschrift). Hier geben sogar 70 % die Selbstauskunft, sie nacherzählen zu können. Allerdings gefällt diese nur 43 % der Schülerinnen und Schüler. Im Kontext der Passion ist das letzte Abendmahl (62 %) ebenfalls oft richtig identifiziert worden.

Erstaunlich sind dagegen die Ergebnisse zur Geschichte von Noah (in Tab. 46 auf Platz 3). Wahrscheinlich durch die verschlüsselte Abbildung nur durch die Taube mit dem Ölzweig angedeutet, erkennen mit 34 % vergleichsweise wenige

Schülerinnen und Schüler die Geschichte, da das Bild eine detaillierte Kenntnis der Geschichte voraussetzt.

Daniel in der Löwengrube (von 13 % richtig identifiziert) ist als Geschichte kaum in Kerncurricula vertreten (vgl. Enners, 2018). Bei den älteren Schülerinnen und Schülern nimmt die Kenntnis sogar ab, was davon zeugen könnte, dass diese Geschichte im Religionsunterricht kaum eine Rolle spielt, sondern eher Teil des Kindergottesdienstes oder des heimischen Erzählens ist.

Bei der Opferung Isaaks wählten nur 10 % die richtige Überschrift, vielleicht auch, weil dieser „schwierige" Teil der Abrahamsgeschichte im Religionsunterricht oft ausgespart wird.

Interessanterweise wird auch die Josefsgeschichte als Klassiker des Grundschul-Religionsunterrichts nur wenig identifiziert (9 %), obwohl das Bild sehr vielsagend ist. Wie zu erwarten, verliert sich die Kenntnis dieser Geschichte, die in der Sekundarstufe I nicht mehr dezidiert vorkommt, so dass die älteren Schülerinnen und Schüler sie weniger kennen als die jüngeren.

Die Geschichte Abraham und Sara am Zelt wird nur von 4 % eindeutig zugeordnet, allerdings fehlen auch die Botschafter/Engel bzw. sind im Zelt verborgen, um die Geschichte einwandfrei identifizieren zu können.

Im Vergleich der Gefallensbekundungen („gefällt mir") wird deutlich, dass diese mit dem Alter abnehmen, außer bei Adam und Eva (+4 %), David und Goliath (+3 %). Beim Gleichnis vom barmherzigen Samariter bleibt der Wert konstant. Dies passt zum Befund, dass die Bedeutung der Bibel im Alter abnimmt (vgl. Tab. 47)

Vergleicht man nun, wie die tatsächliche Kenntnis der Geschichte durch Nennung der Überschrift mit der Selbsteinschätzung („kann ich nacherzählen") zusammenhängt (Tab. 51), korreliert bei manchen Bildern die Selbsteinschätzung ganz gut, bei anderen nur wenig. Deutlicher ist der Zusammenhang zwischen dem Erzählenkönnen und dem Gefallen: Wenn man meint, die Geschichte erzählen zu können, dann gefällt sie auch. Im Vergleich hängt das Gefallen mit der objektiven Kenntnis der Geschichte allerdings nur leicht zusammen. Schließlich zeigt der korrelative Befund in Tabelle 51 auch, dass bei Bild 6 (Adam und Eva) und insbesondere Bild 11 (Kreuzigung) die korrelativen Zusammenhänge geringer sind. Es liegt hier die Vermutung nahe, dass dies daran liegt, dass beide Geschichten nicht „gut" ausgehen. Ein Rating nach „Gefallen" ist hier mit der Schwierigkeit behaftet, dass die Geschichte vermutlich als wichtig empfunden werden kann, aber das Ergebnis nicht in erster Linie als ein „positives" einleuchtet. Die Messung wäre damit weniger präzise bzw. zuverlässig, so dass die korrelativen Zusammenhänge niedriger sind.

Bewusst haben wir zwei Alterskohorten verglichen, ausgehend von der Hypothese einiger Lehrkräfte, dass im Laufe der Schulzeit das Bibelwissen eher abnimmt, so dass Schülerinnen und Schüler am Ende der Sekundarstufe I weniger Bibelwissen haben als Befragte am Anfang der Sekundarstufe I.

Tabelle 51: *Wie hängen die drei Variablen zusammen? (Korrelationen)*

	Überschrift mit Erzählen können	Erzählen können mit Gefallen	Überschrift mit Gefallen
Bild 1	.39	.36	.23
Bild 2	.46	.50	.36
Bild 3	.59	.57	.43
Bild 4	.37	.53	.34
Bild 5	.48	.44	.27
Bild 6	.31	.29	.20
Bild 7	.52	.48	.44
Bild 8	.62	.59	.48
Bild 9	.35	.35	.22
Bild 10	.39	.53	.38
Bild 11	.30	.22	.07
Bild 12	.50	.54	.40
Bild 13	.66	.64	.47
Bild 14	.58	.65	.50
Bild 15	.34	.43	.31
Bild 16	.30	.50	.23
Bild 17	.44	.53	.39
Bild 18	.35	.61	.27
Mittelwert	*.44*	*.49*	*.33*

Wie aus Tabelle 52 hervorgeht, zeigt sich jedoch bei den älteren Schülerinnen und Schülern eine signifikant bessere Leistung beim Geschichtenidentifikationstest (0 Punkte = keine/falsche Lösung; 2 Punkte vollständig richtige Lösung; t(2008) = -7,44, p = 0,000).

Tabelle 52: *Altersunterschiede im Bibelwissen, Selbsteinschätzung Nacherzählen und Gefallen (Mittelwerte auf der jeweiligen Skala)*

	Jüngere	Ältere
Bibelwissen	0,56	0,71
Nacherzählen können	1,48	1,52
Gefallen an der Geschichte	1,63	1,61

Bei der Selbsteinschätzung zum Nacherzählen-Können wurde Nein mit 1 kodiert und Ja mit 2. Dabei lässt sich ergänzend und hochsignifikant zeigen, dass die älteren Schülerinnen und Schüler auch ihre Fähigkeiten besser einschätzen als die jüngeren (t(1898) = 3,02, p = 0,003).

Mit Blick auf das Gesamtmaß der Gefallensäußerungen zu den dargestellten Geschichten (1 = Nein; 2 = Ja) wird allerdings sichtbar, dass den älteren Schülerinnen und Schülern die Geschichten tendenziell etwas weniger gefallen (t(1847) = -1,86, p = 0,063 zweiseitig). Das entspricht dem obigen Befund, dass die älteren

Schülerinnen und Schüler die biblischen Geschichten für sich selbst als weniger wichtig einschätzen als die jüngeren.

Der Ländervergleich in Tabelle 53 macht deutlich, dass die Schülerinnen und Schüler in den englischsprachigen Ländern, die überwiegend katholische Privatschulen besuchen, sowohl biblische Geschichten besser kennen (t(2109) = -4,36, p = 0,000) und diese in ihrer Selbsteinschätzung besser nacherzählen können (t(1989) = 8,17, p = 0,000). Außerdem gefallen ihnen die biblischen Geschichten besser (t(1932) = 6,39, p = 0,000). Das mag an dem dortigen Schülermilieu selbst liegen, vielleicht aber auch am Religionsunterricht, bei dem die Bibel und ihre Geschichten eine zentralere Rolle einnehmen.

Tabelle 53: *Ländervergleich im Bibelwissen, Selbsteinschätzung Nacherzählen und Gefallen (Mittelwerte auf der jeweiligen Skala)*

	Deutschland	englischsprachige Länder
Bibelwissen	0,59	0,69
Nacherzählen können	1,59	1,69
Gefallen an der Geschichte	1,47	1,58

Vertiefende Analyse: Religiöse Praxis im Elternhaus korreliert erstaunlicherweise bei Hanisch und Bucher (2002, S. 83) nur geringfügig mit Bibelkenntnissen, aber hoch signifikant mit einer positiven Einstellung zur Bibel. Bibelkenntnisse und eine positive Einstellung zur Bibel sind demnach zwei unabhängige Indikatoren, die auch wir hier unterscheiden. Beide Indikatoren hängen bei uns entsprechend relativ schwach zusammen (r = .21). Bei den Korrelaten zeigen sich jedoch weitgehend vergleichbare Befunde. Die Häufigkeit des Vorlesens und Erzählens biblischer Geschichten in der Familie korreliert mit der Bibelkenntnis gemäß unseres Bildertests mit r = .30 und mit der positiven Einstellung zur Bibel mit r = .32. Die Bedeutung von Religion im Elternhaus korreliert mit der Bibelkenntnis mit r = .21 und mit der positiven Einstellung zur Bibel mit r = .29.

Deutliche Unterschiede zeigen sich bei der Variablen des Selberlesens: Sie korreliert mit der Bibelkenntnis mit r = .24 und mit der positiven Einstellung zur Bibel mit r = .50. Der Religionsunterricht hat mit der Variablen, wie häufig er die Bibel zum Thema macht, nur einen sehr geringen Einfluss auf die Bibelkenntnis (r = .07) und einen mäßigen Einfluss auf eine positive Einstellung zur Bibel (r = .19).

Unser Bibelkenntnistest beinhaltet daher möglicherweise Aspekte, die jenseits einer bloßen Kenntnis der Bibel liegen. Allerdings misst unser Bibelkenntnistest durchaus einen relevanten Wissensaspekt, der sich darin zeigt, dass zum Beispiel die Fähigkeit, eine biblische Geschichte nachzuerzählen („Nacherzählung einer Lieblingsgeschichte liegt vor“ = 1438; „liegt nicht vor“ = 673), mit der Bibelkenntnis mit r = .32 korreliert, aber mit der positiven Einstellung zur Bibel nur mit r = .22.

Wir hatten die Frage gestellt, an welche Geschichten sich Kinder in welchem Alter erinnern. Ist es so, dass jüngere Kinder sich häufiger an alttestamentliche Erzählungen erinnern, weil eben die alttestamentlichen Geschichten vorrangig in den jüngeren Altersstufen als spannende Erzählungen behandelt werden, später allerdings eher die neutestamentlichen Texte eine Rolle spielen, die weniger Spannungsmomente aufweisen? Diese Hypothese lässt sich mit unseren Daten nicht bestätigen. Denn zum einen zeigt das Lebensalter keinen relevanten Effekt auf die Fähigkeit, eine alttestamentliche oder neutestamentliche Geschichte zu erinnern (r = .02; nicht signifikant erzählen sogar die Älteren eher alttestamentliche Geschichten).

Und bei unserem Geschichtenidentifikationstest wird folgender Befund deutlich: Die Jüngeren identifizieren alttestamentliche Geschichten mit M = 0,53 (S = 0,49) und neutestamentliche Geschichten mit M = 0,59 (S = 0,51), wohingegen die Älteren alttestamentliche Geschichten mit M = 0,67 (S = 0,49) entschlüsseln und neutestamentliche Geschichten mit M = 0,75 (S = 0,48). Als Ergebnis kann festgehalten werden, dass die älteren und jüngeren Schülerinnen und Schüler bessere Identifikationswerte bei den neutestamentlichen Geschichten zeigen. Zudem sieht man den Effekt, dass die Älteren wiederum besser in dem Test abschneiden als die Jüngeren.

Sodann lässt sich die Bibelkenntnis abhängig von den religiösen Gruppen in der deutschen Teilstichprobe betrachten. Den Befund veranschaulicht Tabelle 54.

Tabelle 54: *Bibelkenntnis in Abhängigkeit von der konfessionellen Zugehörigkeit in der deutschen Teilstichprobe*

Religiöse Gruppe	Bibelkenntnis: Mittelwerte (Standardabweichungen)
Katholisch (N = 240)	0,59 (0,40)
Evangelisch (N = 807)	0,64 (0,42)
Ev.-freikirchlich (N = 69)	0,92 (0,63)
Konfessionslos (N = 166)	0,46 (0,37)
Muslimisch (N = 88)	0,28 (0,39)

Tabelle 54 zeigt, dass bei dem Bibelkenntnistest die Muslime am schlechtesten abgeschnitten haben (M = 0,28) und die konfessionslosen Schülerinnen und Schüler am zweitschlechtesten (M = 0,46). Am besten haben die freikirchlichen Schülerinnen und Schüler abgeschnitten mit einem Mittelwert von M = 0,92. Die katholischen und evangelischen Schülerinnen und Schüler liegen etwa gleichauf mit M = 0,59 und M = 0,64.

Mit Blick auf die ausgewählten Sozialisationsakteure in Tabelle 55 wird deutlich, dass die Eltern den stärksten Einfluss auf das Ergebnis im Bibelkenntnistest haben (r = .21). Ebenso hat der Besuch des Kindergottesdienstes einen substanziellen Effekt (r = .20). Die Großeltern haben ebenfalls einen kleinen

Effekt, der zwar signifikant, aber geringer ist (r = .12). Das gleiche Bild zeigt sich bei der Selbsteinschätzung des Nacherzählen-Könnens und beim Gefallen an der Geschichte: Die Eltern haben den größten Einfluss, der Kindergottesdienst den zweitgrößten und die Großeltern den drittgrößten.

Tabelle 55: *Korrelationen der Sozialisations-Skalen mit den Testergebnissen zur Bildidentifikation, der Selbsteinschätzung zum Nacherzählen-Können und dem Gefallen an der Geschichte*

	Bibelkenntnis	Nacherzählen können	Gefallen an der Geschichte
Skala* Eltern	.21	.27	.23
Skala Großeltern	.12	.14	.14
Skala Kindergottesdienst	.20	.20	.16

* Für die Skalenkonstruktion siehe Tabelle 37.

Schließlich lässt sich explorativ auch die Bibelkenntnis zwischen den Bundesländern vergleichen. Ausgehend von der besonders ausgeprägten pietistischen Tradition im Baden-Württemberg, vermuten wir ein besseres Abschneiden der Schülerinnen und Schüler aus Baden-Württemberg im Bibelwissenstest. Tabelle 56 dokumentiert den Befund.

Tabelle 56: *Bibelkenntnis in Abhängigkeit vom Bundesland*

Bundesland	Bibelkenntnis: Mittelwerte (Standardabweichungen)
NRW (N = 865)	0,57 (0,46)
Niedersachsen (N = 467)	0,58 (0,39)
Baden-Württemberg (N = 114)	0,82 (0,41)

In Tabelle 56 lässt sich sehen, dass tatsächlich die Schülerinnen und Schüler aus Baden-Württemberg tendenziell besser beim Bibelwissenstest abschneiden. Allerdings sind die Befragten in Baden-Württemberg auch älter (M = 15,45) im Vergleich zu den Befragten in NRW (M = 13,45) und Niedersachsen (M = 13,18). Es stellt sich daher die Frage, ob es einen regionalen Effekt unabhängig vom Effekt des Lebensalters gibt. Dazu kann die Partialkorrelation der dichotomen Variable „BW vs. NRW+NDS“ mit ihrem Zusammenhang zum Bibelwissen unabhängig vom Lebensalter berechnet werden. So korreliert das Bibelwissen mit dem Alter r = .37 und mit der dichotomen Variablen „BW vs. NRW/NDS“ mit r = .14. Wird dabei das Alter berücksichtigt, dann sinkt die Korrelation zwischen dem Bundesland und dem Bibelwissen und beträgt als Partialkorrelation nur noch r = .06 (mit einer einseitigen Signifikanz von 0.01). D. h., es gibt einen pietistischen Effekt, dieser ist jedoch sehr klein und entsprechend vernachlässigenswert.

4.1.6 Fragen zur Bibel

Zum Schluss haben wir den Schülerinnen und Schülern die Frage gestellt:

> „Hast du Fragen zum Thema Bibel, die du an eine Bibelwissenschaftlerin oder einen Bibelwissenschaftler stellen würdest? Schreibe sie bitte auf!"

Die Fragen der Schülerinnen und Schüler haben wir differenziert in Kategorien eingeordnet, die in Tabelle 57 mit Beispielen illustriert werden.

Tabelle 57: *Kodierung der Fragen an Bibelwissenschaftlerinnen/Bibelwissenschaftler*

1	*Fragen über Jesus:* Kann es sein, dass Jesus nur ein Verrückter war oder ihm langweilig war und er sich deswegen für den Sohn Gottes hielt oder dafür ausgab? (Nr. 306); Hat er wirklich Blinde geheilt? (Nr. 381); Hat Jesus Geschwister? (Nr. 337); Wie alt wurde Jesus? (Nr. 670); Wieso wurde Jesus gekreuzigt? (Nr. 705); War Jesus glücklich? (Nr. 750); Wieso ist Jesus auferstanden? (Nr. 1095); Kann es sein, dass es Jesus gar nicht gab? (Nr. 311).
2	*Gottesfrage:* Gibt es Gott? (Nr. 226); Wer ist Gott? (Nr. 341); Ist Gott immer nett und vertrauenswürdig? (Nr. 348); Who created God? (Nr. 1921); Verzeiht Gott jedem Menschen die Fehler? (Nr. 1019); Kann Gott wirklich gebrochene Herzen heilen? (Nr. 1020); Kann Gott wirklich Krankheiten heilen? (Nr. 1019).
3	*Wahrheitsfrage:* Sind die Geschichten in der Bibel wirklich wahr? (Nr. 1036); Kann man alles wörtlich nehmen? (Nr. 1160); Gibt es Beweise für alles? (Nr. 466); Ist die Bibel wirklich von Gott? (Nr. 226); Haben die Philosophen sich Geschichten ausgedacht, um den Menschen die Moral Jesu zu erklären? (Nr. 658); An wie vielen Stellen widerspricht sich die Bibel? (Nr. 263).
4	*Sexismus:* Warum wurde die Frau, die am Anfang an Gottes Seite war, vernachlässigt, wird nicht eingeführt und nicht gelehrt? / Ist die Bibel wirklich so sexistisch? (beide: Nr. 93).
5	*Leben nach dem Tod:* Inwiefern ist das Leben nach dem Tod realistisch? (Nr. 766); Gibt es ein Leben nach dem Tod? (Nr. 1000).
6	*Detailfragen zu konkreten Geschichten:* How did David defeat Goliath? (Nr. 2107); Were there angels or just an angel when the three woman visited Jesus' tomb? (Nr. 2048); Wieso die Geschichte mit der Schlange, ich meine, er schafft einen Menschen, der auf die List hereinfällt? (Nr. 1062); Warum hat Gott Kain so unbarmherzig bestraft? (Nr. 1323); How closely related is „Noah's Ark" to the acient Mesopotamian legend of Gilgamesh and the flood and why? (Nr. 1628); Wie konnten zu der damaligen Zeit zentrale Figuren wie Mose oder später Jesus so berühmt sein? (Nr. 1050).
7	*Autorenfrage der Bibel:* Wer die ganzen Bücher so zusammengefasst hat. (Nr. 27); Haben es mehrere Leute aufgeschrieben? (Nr. 333); Wer hat die Bibel als erstes geschrieben? (Nr. 1387); Wer war so kreativ sich Geschichten über einen gekreuzigten Typen und seinen Vater, den „Gott", auszudenken? (Nr. 512); Who is the most talented author of the Bible? (Nr. 1763); Was there anyone helping the gospel writers? (Nr. 2128).
8	*Verhältnis Bibel - Dogmatik:* Inwiefern stimmt die Lehre der Bibel mit dem überein, was uns als christliche Lehre vermittelt wird? (Nr. 263).

Fortsetzung folgt

9	*Theodizeefragen:* Warum lässt Gott so viel Mist auf der Erde zu? Ich dachte „er liebt" uns alle, aber es gibt Krieg, Ausgrenzung, etc. ja so liebend kann der Gott ja nicht sein, warum lässt er das zu? Wetten, keiner kann das beantworten ... (Nr. 36); Warum gibt es trotz einem allmächtigen und liebenden Gott Leid auf der Welt? (Nr. 978); Wenn es Gott wirklich gibt, warum sorgt er nicht dafür, dass der Krieg aufhört? Warum hilft er Menschen nicht zur Toleranz? Ein Gebot lautet: Du sollst deinen Nächsten lieben (Außer Schwule/Anders Gläubige/Behinderte/ anderes Denkende) Es steht zwar nicht so da, aber fast alle Menschen denken so. Das ist einfach traurig. Wenn sogenannte Gläubige einen Krieg anfangen, warum zeigt ihnen Gott dann nicht den richtigen Weg? Jetzt bin ich mal auf ihre Antworten gespannt. (Nr. 32); Warum herrscht Krieg auf der Erde und unschuldige Menschen müssen hungern, fliehen und sterben? (Nr. 682); God promised Noah there would be no more floods. Why do we still have them? (Nr. 1819).
10	*Evolutionstheorie:* Kann man den Anfang der Welt laut der Bibel mit der Evolutionstheorie verbinden? (Nr. 681); Warum sagt die Bibel was anderes als die Wissenschaft (z. B. bei der Entstehung der Menschen)? (Nr. 667); Wie kamen verschiedene Hautfarben, Nationen zustande? (Nr. 623); Hat Gott die Welt wirklich in 7 Tagen erschaffen? (Nr. 1036); Why are there so many different believes of how the world was created? (Nr. 1966).
11	*Moderne Bibel:* Warum kann man die Bibel nicht in die Moderne verfassen? (Nr. 142); Könnte man die Bibel nicht neu auflegen und zwar moderner? (Nr. 307); Warum wird die Bibel nicht auf die neue Sprache übersetzt? (Nr. 1456); Ist es möglich die Bibel lesbarer zu machen, damit sie einer breiten Masse an Menschen gefällt? (Nr. 767); Inwiefern ist die Bibel modern? (Nr. 903); Gibt es neuere zusammenfassende Versionen? (Nr. 1419).
12	*Entstehung der Bibel:* Wie es zur Entstehung der Bibel gekommen ist? (Nr. 1393); Warum hat sich einer entschlossen die Bibel zu schreiben? (Nr. 1089); Wieso machten sich die Menschen früher die Mühe, genau diese Geschichte aufzuschreiben und in ein Buch zu packen? (Nr. 865).
13	*Detailfragen über/zur Bibel als Buch:* Wie viele Seiten hat die Bibel? (Nr. 1131); Wie viele Leute kommen in der Bibel vor? (Nr. 344); Wie viele Geschichten sind in der Bibel enthalten? (Nr. 1384); Was es alles in der Bibel für Sachen gibt. (Nr. 193); Warum hat die Bibel Psalme? (Nr. 1013); Was ist das älteste erhaltene Exemplar einer Bibel? (Nr. 1389); Welche war die erste Geschichte in der Bibel? (Nr. 1010).
14	*Begriff der Bibel:* Warum heißt es Bibel? (Nr. 239); Warum heißt es heilige Schrift? (Nr. 340); Warum heißt es Bibel oder Testament? (Nr. 606); Was ist die Bibel? (Nr. 524); Warum wird sie auch als „Gottes Wort" bezeichnet, wenn sie von Menschen geschrieben wurden? (Nr. 684).
15	*Entstehungszeit und -dauer der Bibel:* Wann wurde sie entwickelt? (Nr. 331); Wann wurde die erste Bibel erzeugt? (Nr. 285); Wer hatte die Idee und wann lebte er? (Nr. 333); Was ist die älteste Geschichte? (Nr. 223); Wie alt ist die Bibel? (Nr. 337); Wie lange hat die Bibel gebraucht um zu entstehen? (Nr. 333).
16	*Bibel/Religion und Gewalt:* Wieso bekriegen sie viele wegen ihrer Religion? (Nr. 387); Warum gibt es in der Bibel brutale Geschichten? / Warum stehen so viele brutale Geschichten in der Bibel oder warum sind sie so brutal? (Nr. 1027); Wie viel Terror müssen wir noch überstehen? (Nr. 25).

Fortsetzung folgt

17	*Religionsunterricht:* Ist die Bibel das wichtigste Thema im Religionsunterricht? (Nr. 612); Warum ist evangelischer Religionsunterricht viel anspruchsvoller als katholischer? (Nr. 863).
18	*Glaube:* Warum wird in der Bibel nur von Menschen erzählt, die entweder nicht an ihn glauben oder an ihn glauben? (Nr. 1024); Wie stark kann Glaube die Menschen verändern? (Nr. 841); Verlangt die Bibel einen bestimmten Glauben, den wir eigentlich leben müssten? (Nr. 550); Wie viel Macht bringt Glaube? (Nr. 841); [...] und warum wird es ständig ausgenutzt? (Nr. 841); Ist es schlimm, wenn man sich dafür nicht interessiert? (Nr. 943).
19	*Konfessionelle Fragen:* Was ist der Unterschied zwischen den Katholen und Evangelen? (Nr. 1055); Do only Catholics read the Bible? (Nr. 1839); If people are not catholic, can they still go to heaven? (Nr. 2091).
20	*Übersetzung:* Wer konnte die Bibel übersetzen? (Nr. 1149); Wer hat sie ins Deutsche übersetzt? (Nr. 772); Wie schnell übersetzt man eine Bibel? (Nr. 930); In wie vielen Sprachen gibt es die Bibel? (Nr. 1103).
21	*Religiöse Symbole/Riten:* Warum tragen Christen das Kreuz? (Nr. 23); Würden wir Christen ein Messer um den Hals tragen, wenn Jesus erdolcht worden wäre? (Nr. 138); Why is baptism, holy communion and confirmation need to be celebrated? (Nr. 2099).
22	*Interpretation bzw. extreme Auslegung der Bibel:* Wie kann es sein, dass die Bibel zum Teil so krass interpretiert wird (Sekten ...)? (Nr. 62); Warum nur verstehen manche „Christen" nicht, dass die Bibel von Menschen geschrieben wurde und man nicht alles wörtlich nehmen muss? Ich glaube nicht, dass Gott etwas gegen Homosexuelle hat, die Kernaussage des Evangeliums ist, dass man Toleranz und Nächstenliebe leben sollte! (Nr. 83).
23	*Mitte der Bibel:* Was ist die endgültige Kernaussage der Bibel? (Nr. 70); Was ist die wichtigste Geschichte in der Bibel? (Nr. 1017); Welche Stellen sind besonders wichtig? Wie sind die einzelnen Stellen zu verstehen? (Nr. 1316); Why do some laws of the Bible matter more than others? E. g. Leviticus, 10 Commandments (Nr. 1646).
24	*Kanonfragen:* Das sind alles verschiedene Geschichten von verschiedenen Leuten, es könnte alles Mögliche darinstehen, warum ausgerechnet diese Geschichten? (Nr. 137); Kommen noch weitere Bibel-Geschichten dazu? (Nr. 613); Wer hat bestimmt, in welcher Reihenfolge die Bücher waren? (Nr. 793); Warum schreibt man biblische Geschichten in die Bibel also warum Geschichten in der Bibel aufgeschrieben? (Nr. 1016); Warum gibt es ein altes & neues Testament und warum wurden beide gemischt? (Nr. 1117); Ist die Bibel ein festgeschriebenes Buch? Kann man sie rein theoretisch ergänzen? (Nr. 1321).
25	*Hermeneutik:* Wie kann man die Bibel, welche eine solch alte Schrift ist, auf die heutigen Zeiten beziehen? (Nr. 301); Wie kann ich die Bibelgeschichten richtig deuten und interpretieren, um sie auf mein Leben anwenden zu können? (Nr. 816); Warum kann man immer noch so viel aus der Bibel lernen? (Nr. 833).
26	*Warum Bibel:* Was für ein Zweck hat sie? (Nr. 384); Was für einen Sinn hat die Bibel? (Nr. 923); Was soll sie uns übermitteln? (Nr. 384); Welche Absicht hatten die Verfasser der Bibel sie auszuschreiben? (Nr. 137); Was genau ist das Besondere an der Bibel? (Nr. 741); Why is the bible so important to other people? (Nr. 1827).

Fortsetzung folgt

27	*Spezielle/Allgemeinere Fragen bezüglich der Bibel aus der Perspektive von heute:* Kann man heute noch eine von Menschen geschriebene Bibel bekommen? (Nr. 407); Gibt es Bibeln für Blinde? (Nr. 407); Was sagt die Bibel zur gleichgeschlechtlichen Ehe? (Nr. 682); Erzählt die Bibel die Vorschriften, die wir glauben sollen? (Nr. 550); Warum ist in jeder Bibel was anderes erzählt? (Nr. 1142); Wie konnte sich dieses Buch so bewähren? (Nr. 1065); I would like to know why there are so many complicated words used? (Nr. 2134); Kann etwas von Menschen Geschriebenes göttlich sein? (Nr. 1418).
28	*Gottesbegegnungen:* Wann kommt Jesus zurück? (Nr. 25); Gab es schon Begegnungen mit Gott/Jesus? Welche Erfahrungen haben solche Menschen gemacht? (Nr. 1000); Wie konnten die Menschen Gottes Stimme so laut und so deutlich hören? (Nr. 1469); Warum spricht Gott schon so lange nicht mehr mit uns? (Nr. 1471).
29	*Warum Glaube:* Warum glauben manche nicht an Gott, aber an Geister? (Nr. 597); Warum ist der Glaube so stark, obwohl seine Existenz, abgesehen von der Bibel, nicht bewiesen ist? (Nr. 758); Warum gibt es so viele Menschen auf der Welt, die an die Bibel glauben, auch wenn es nicht bewiesen ist, dass es Gott gibt? (Nr. 959); Warum glauben Menschen an etwas, was unmöglich zu beweisen ist, dass es existiert oder stimmt? (Nr. 511).
30	*Wichtigkeit und Autorität der Bibel:* Warum lesen das so viele? (Nr. 570); Wieso muss man sie lesen? (Nr. 610); Warum ist die Bibel nicht für alle so wichtig? (Nr. 597); Warum halten viele so an der Bibel fest, obwohl sie so alt ist und man manches nicht mehr auf heute beziehen werden? (Nr. 684); Spielt die Bibel überhaupt noch eine wichtige Rolle? (Nr. 943); Gibt es eine Bibel die am heiligsten ist? (Nr. 1015); Warum die meisten Kinder bzw. Jugendlichen die Bibel langweilig finden. (Nr. 1383)
31	*Adam und Eva:* War es Inzucht von Adam und Eva? (Nr. 618); Gab es Inzucht bei Adam und Eva? (Nr. 623); Wo die Menschen herkamen die Adam und Eva getroffen haben (Nr. 1312); Are Adam and Eve all our ancestors? (Nr. 1708); Who are Adam and Eve's descendants? (Nr. 1762); Why did the snake trick Adam and Eve? (Nr. 1810); Did God add anyone else to the earth or was it just Adam & Eve? (Nr. 2115).
32	*Gottesbild:* Warum weiß keiner wie Gott aussieht? (Nr. 705); Warum darf man sich kein Bild von Gott machen? (Nr. 1407).
33	*Fragen zu den Bildern im Fragebogen:* Was ist das für eine Geschichte im letzten Bild? (Nr. 742); Wie heißen die Geschichten, die ich nicht angekreuzt habe? (Nr. 558); What is picture number 5 named? (Nr. 1555).
34	*Unwichtige/unlogische Geschichten in der Bibel:* Warum wird für den Glauben unwichtige Information in der Bibel beibehalten? (Nr. 767); Wozu diese unlogischen Geschichten, wenn doch nur die Moral zählt? (Nr. 822).
35	*Weihnachten:* Ist es Zufall, dass Weihnachten im tiefen Winter liegt? (Nr. 856); Warum wird am 24. Dez. Weihnachten gefeiert? (Nr. 1046).
36	*Interreligiös:* Gibt es wirklich die EINE richtige Religion? (Nr. 955); Wieso gibt es so viele unterschiedliche Religionen auch noch mit unterschiedlichen „Göttern"? Gibt es überhaupt falsche Religionen? (Nr. 982); Jede Religion sollte für jede Zeit sein. Warum? (Nr. 966); Wer sind die Hauptverfasser der Bibel, des Korans und anderer heiliger Schriften? Wieso ähneln sich die heiligen Schriften so sehr? (Nr. 1050); Sind im Himmel alle Christen und Juden und Muslime zusammen? (Nr. 1178); What similarity every Religion have in common? (Nr. 1754).

Fortsetzung folgt

37	*Veränderung der Bibel:* Warum hat man die Bibel verändert oder modernisiert? (Nr. 966); Warum wurde die Bibel verändert und nicht in Worten Gottes gelassen? (Nr. 1123); Warum schreibt man Gottes Worte um? (wie im Neuen Testament) (Nr. 1124); Gibt es eine Sicherheit, dass die Bibel im Laufe der Zeit nicht verfälscht wurde? (Nr. 986); Warum gibt es ein altes & neues Testament und warum wurden beide gemischt? (Nr. 1117).
38	*Lesen der Bibel:* Wenn man die einmal durchlesen möchte, fängt man da auf Seite eins an? (Nr. 1454); Wie liest man die Bibel? (nach einzelnen Geschichten/von vorne nach hinten?) (Nr. 103); Wie viel Zeit würde man brauchen, um die Bibel mit allen Geschichten und Briefen komplett durchzulesen? (Nr. 1384); When did people start reading the Bible? (Nr. 1828).
39	*Historischer Kontext/Forschung:* Welche Passagen, Hintergründe und Geschehnisse in der Bibel und hinter deren Inhalt und Vorkommnisse sind historisch und wissenschaftlich nachweisbar sowie begründbar? An welchen Umständen und Sachverhalten aus der Bibel wird momentan in der Wissenschaft geforscht? (Nr. 1422); Existiert das Alte Testament schon zu Zeiten Jesu? (Nr. 1321).
40	*Trinitätslehre:* Was ist Trinitatis? (Nr. 1411); Why is Jesus always associated with 3? (Nr. 2089); Warum unterscheidet man zwischen Gott und Jesus? (Nr. 1029).
41	*Zukunftsvorhersage:* Is it possible that the Bible can tell us stories of the future and what will happen? (Nr. 1523).
42	*Bibelgeschichten:* Also what are some biblical stories? (Nr. 1555); Why do these stories always start bad? (Nr. 2046).
43	*Evangelisten:* I would like to ask if there's much information on Mat, Mark, Luke and John? (Nr. 1565); Who was Matthew, Mark, Luke and John? (Nr. 1831); Why were all of the gospels created? (Nr. 2127); Is Matthew, Mark, Luke and John still alive? (Nr. 1716); What were the real names of the people who wrote the chapters Luke, Matthew, John and Mark? (Nr. 1829); Why are there only 4 gospels? (Nr. 2094).
44	*Religion und Ethik:* Do you think that Religion was initially a means of enslaving the masses with an illusion of a higher, omnipresent power? (Nr. 1571); How can you make decisions about Ethics based on the Bible? Is it right to make decisions for people? (Nr. 2003).
45	*AT und NT:* In the New Testament why is there a gospel and why isn't it in the Old Testament? (Nr. 1665); Why is the New Testament shorter? (Nr. 1681); Why is the Old Testament stories God is strict as opposite to the New Testament? (Nr. 1523); When were gospels written? (Nr. 2128); Why are the Old and New Testament separated? (Nr. 1824); Warum ist das Neue Testament nicht auf aramäisch? (Nr. 1405).
46	*Heiliger Geist:* How is the Holy Spirit connected to God and Jesus? (Nr. 1714); Why is the Holy Spirit represented in fire? (Nr. 1719).
47	*Kinderbibel:* What is the differences in the children's Bible and the adult's Bible? (Nr. 1715).

Fortsetzung folgt

48	*Maria und Joseph:* What age did Mary and Joseph die? (Nr. 1752); When did Joseph, Jesus' foster father, die? (Nr. 2111); When was Mary born? (Nr. 1705); Is Mary divine lite Jesus or not? (Nr. 1959); What was the name that Mary wanted to call Jesus but later on changed? (Nr. 2062); How old was Mary when she gave birth to Jesus? (Nr. 2111); How did Joseph die? (Nr. 2125).
49	*Himmel und Hölle:* What is heaven like? (Nr. 1887); Is heaven actually real? If so what is the proof? (1916); Wie ist die Hölle und Himmel dargestellt? (Nr. 1285); If „God" is so „forgiving", why is there a hell? (1944); Where is heaven, hell, purgatory? (Nr. 2112); How long to stay in Purgatry for? (Nr. 2095); Wenn man an Gott und den Himmel glaubt, glaubt man dann auch an die Hölle und Satan? (Nr. 350).
50	*Entscheidungshilfe durch Gott/Bibel:* What can we do to get God's help? How can we choose the right thing? (Nr. 1924).
51	*Gottessohnschaft:* Why is Jesus called the son of God when he is Mary's child? (Nr. 1955); Why was Jesus the son of God and not someone else? (Nr. 1954); Warum braucht Gott einen Sohn? Warum hat Gott nur einen Sohn? (Nr. 23); Wieso sagt man immer, dass Gott Jesus Vater ist, wenn ja eigentlich Josef sein Vater ist? (Nr. 1029); Why did God want him to be called Jesus? (Nr. 2099); What would have happened if Mary said no? (Nr. 1746).
52	*Christentum weltweit:* Do all countrys worship Jesus? (Nr. 2057); How many religions believe in Jesus? (Nr. 2059).
53	*Kirche/Gottesdienst:* Where was the first mass? (Nr. 2073); How many relics are at Peter's Cathedral in Rome (Vatican) and what are they? (Nr. 2120); How was the first church made? (Nr. 2058); If God said no worship any image, why do we do it? (Nr. 1844).
54	*Erste Bibel:* When or where is the first ever bible made and do people still have it? (2098); Wie sah die erste Bibel aus? (Nr. 704); Wo ist das 1. Exemplar? (Nr. 1044); When or where is the first ever Bible made? (Nr. 2098).
55	*Jünger/Geschichte des Urchristentums:* What happened to all of the disciples once they stopped teaching? (Nr. 2137); What did the disciples do after Jesus died? (Nr. 2140); Why were there 12 apostles? (Nr. 1577).
56	*Fragen bezüglich Person/Meinung/Arbeiten eines Bibelwissenschaftlers:* Warum vertrauen sie ihr Leben der Bibel an? Vertrauen Sie der Bibel? (Nr. 4); Sind sie gläubig? Versuchen sie den Glauben kritisch zu beleuchten oder nur Belege für die Rechtfertigung wie wir glauben zu finden. (Nr. 245); Wie kann man sich die ganzen schönen Geschichten merken und übersetzen? (Nr. 674); Warum versuchen Theologen, die das studiert haben, den Menschen auszureden, dass es Gott gibt? (Nr. 28); Was macht man alles in dem Job? Wie lange dauert die Ausbildung? Wieviel Geld bekommt man? (Nr. 571); Was sind ihre Lieblingsgeschichten aus der Bibel? (Nr. 791); Why can it be so tricky to find the meaning of some bible stories?(Nr. 1955); Bekommt man durch Bibelwissenschaft einen anderen Blick auf Gott? (Nr. 841).
98	*Unernste oder nicht auf das Thema bezogene Fragen:* Warum sind Fragen gestattet, die man nicht wirklich beantworten kann. ‚Wie wichtig ist die Bibel für folgende Menschen'!? (Nr. 29); Why do you have a false sense of elitism and superiority? Also will you buy Nicki Minaj's new album? (Nr. 1684); What's heavier? A kilogram of steel or a kilogram of feathers? (Nr. 1654).
99	*Missings oder keine Frage*: keine Fragen (Nr. 1416); ich habe keine Fragen (Nr. 1244); mir fällt gerade keine ein (Nr. 161); No questions! (Nr. 1826); I don't know (Nr. 1922).

Die Befragten durften mehrere Fragen äußern. Diese wurden alle kategorisiert. Dabei zeigte sich, dass 1430 Befragte überhaupt keine (ernste) Frage gestellt haben. 582 Schülerinnen und Schüler haben die Gelegenheit genutzt, eine Frage zu stellen. Das sind 27 % der Befragten. Tabelle 58 stellt den Befund zusammenfassend für alle Fragen dar, und zwar bezogen auf die Befragten, die Fragen gestellt haben. Es wird deutlich, dass ein Viertel aller Fragen (26 %) sich auf die persönliche Haltung der Bibelwissenschaftler/innen bezieht. Die zweithäufigste Kategorie bezieht sich auf die Wahrheitsfrage mit 11 % der Fragen und steht damit in einer engen Beziehung zur Frage nach der Motivation der Bibelwissenschaftler/innen. Schließlich kann man auch die nächsthäufigen Kategorien in Richtung der Wahrheitsfragen interpretieren, insofern sich die Frage nach Jesus (6 %), Gott (6 %) und Autoren (7 %) auf die Glaubwürdigkeit der Texte und ihrer Aussagen bezieht. Es zeigt sich also, dass am häufigsten die persönliche Motivation des/der Bibelwissenschaftler/in angesprochen wird. Das deutet darauf hin, dass das zentrale Bedürfnis der Schülerinnen und Schüler darin besteht, die Lebensrelevanz der Bibel einzuschätzen, und dafür benötigen sie Aussagen von Erwachsenen, warum sie sich mit der Bibel beschäftigen.

Tabelle 58: *Berechnung der Häufigkeit der Fragen bezogen auf alle Fragen, die gestellt wurden*

Häufigkeiten	Frage 1	Frage 2	Frage 3	Frage 4	Summe	Prozent
56 Persönliche Fragen an die Person des/der Bibelwissenschaftlers/in	151	61	24	14	250	26
3 Wahrheitsfrage	84	20	3	1	108	11
7 Autorenfrage	35	15	11	3	64	7
1 Fragen über Jesus	31	14	7	2	54	6
2 Gottesfrage	32	14	5	3	54	6
13 Detailfragen zur Bibel	15	10	6	3	34	4
15 Entstehungszeit u. -dauer	25	5	1	1	32	3
14 Begriff der Bibel	24	4		1	29	3
31 Adam und Eva	7	22			29	3
12 Entstehung der Bibel	10	8	2	2	22	2
10 Evolutionstheorie	10	7	1	1	19	2
6 Detailfragen zu konkreten Geschichten	8	8			16	2
27 Spez. u. allg. Fragen zur Bibel	9	2	4		15	2
18 Glaube	4	6	2	1	13	1
28 Gottesbegegnungen	6	2	3	2	13	1
23 Mitte der Bibel	8	3	1		12	1
26 Warum Bibel	9	1	2		12	1
9 Theodizee	5	2	3	1	11	1
37 Interreligiös	4	3	3	1	11	1

Fortsetzung folgt

24 Kanonfrage	4	4	1	1	10	1
30 Wichtigkeit u. Autorität der Bibel	6	3	1		10	1
49 Himmel u. Hölle	6	3		1	10	1
11 Moderne Bibel	9				9	1
43 Evangelisten	5	2	2		9	1
51 Gottessohnschaft	4	3	2		9	1
29 Warum Glaube	4	2	2		8	1
48 Maria u. Josef	4	3		1	8	1
45 AT u. NT	6	1			7	1
20 Übersetzung	3	3			6	1
25 Hermeneutik	5	1			6	1
37 Veränderung der Bibel	4	1			5	1
39 Historischer Kontext	1	2	1	1	5	1
54 Erste Bibel	2	2		1	5	1
5 Leben nach dem Tod	1	2	1		4	0
16 Bibel/Religion und Gewalt	3		1		4	0
19 Konfessionelle Fragen	4				4	0
22 Interpretation der Bibel	3	1			4	0
38 Lesen der Bibel	2	2			4	0
53 Kirche/Gottesdienst	4				4	0
4 Sexismus	2	1			3	0
17 Religionsunterricht	3				3	0
21 Religiöse Symbole/Riten	1	1	1		3	0
33 Fragen zu den Bildern im Fragebogen	3				3	0
40 Trinität	3				3	0
44 Religion und Ethik	2	1			3	0
52 Christentum weltweit	2		1		3	0
55 Jünger/Geschichte des Urchristentums	2	1			3	0
32 Gottesbild	2				2	0
34 Unwichtige/unlogische Geschichten	0	1	1		2	0
35 Weihnachten	0	2			2	0
42 Bibelgeschichten	1	1			2	0
46 Heiliger Geist	2				2	0
50 Entscheidungshilfe durch Gott/Bibel	0	1	1		2	0
8 Verhältnis Bibel - Dogmatik		1			1	0
41 Zukunftsvorhersage	1				1	0
47 Kinderbibel	1				1	0
Summe	582	235	91	41	949	100

4.1.7 Zusammenfassender Vergleich der Teilstichproben

In Kapitel 4.1 haben wir unsere Befunde im Vergleich der deutschen und englischsprachigen Stichprobe vorgestellt, ebenso die Ergebnisse unserer Befragungen der jüngeren Schülerinnen und Schüler denen der älteren gegenübergestellt. Schließlich haben wir auch unsere Befunde mit der von Hanisch und Bucher (2002) in Beziehung gesetzt. Der Vergleich von Mädchen und Jungen ist in Kapitel 4.2.2 in einem eigenen Abschnitt aufgenommen. Im folgenden Abschnitt sollen diese erzielten Befunde noch einmal zusammengefasst und zugespitzt werden.

Die deutsche Stichprobe im Vergleich zur englischsprachigen Stichprobe

Die empirischen Befunde zur Religiosität Jugendlicher im Religionsmonitor und im World Value Survey liefern keine Anhaltspunkte dafür, dass der Grad der Religiosität in den englischsprachigen Ländern grundsätzlich anders ausfällt als in Deutschland (vgl. Kap. 3.2.1). Gemeinsam ist den Befragten in der englischsprachigen Teilstichprobe jedoch der Besuch katholischer Privatschulen. Dieser Sachverhalt spiegelt sich in den Befunden unserer Studie durchgängig:

1. Eine eigene (Kinder-)Bibel haben 63 % der befragten deutschen Kinder und Jugendlichen und 71 % der englischsprachigen. Des Weiteren haben nach Auskunft der Befragten 79 % der deutschen Familien eine Bibel im Haus und 83 % der englischsprachigen Familien.
2. Die größere Bibelnähe in der englischsprachigen Stichprobe spiegelt sich auch in der Praxis mit der Bibel: Mindestens einmal in der Woche wird in 24 % der deutschen Familien aus der Bibel vorgelesen oder erzählt. In der englischsprachigen Stichprobe sind es 37 %. Ebenso wird in der englischsprachigen Stichprobe die Bibel häufiger selbst gelesen; 32 % der englischsprachigen Kinder und Jugendlichen lesen mindestens einmal im Monat selber in der Bibel, in Deutschland sind es nur 11 %.
3. In den katholischen Schulen der englischsprachigen Länder ist die Bibel bei 75 % der Befragten mindestens in jeder zweiten Stunde Thema. In Deutschland ist die Bibel dagegen nur bei 42 % der Befragten mindestens in jeder zweiten Stunde Thema. Parallel dazu finden 42 % der deutschen und 53 % der englischsprachigen Kinder und Jugendlichen die Bibel als Thema des Religionsunterrichts gut.
4. Das Image der Bibel spiegelt ebenso die jetzt schon erwartbare Differenz der Kulturen: 46 % der deutschen Schülerinnen und Schüler sagen, dass die Bibel mit dem eigenen Leben zu tun habe, und 67 % der englischsprachigen Schülerinnen und Schüler bejahen dies. 46 % der englischsprachigen Kinder und Jugendlichen messen der Bibel eine große Bedeutung bei und 23 % der

deutschen. Ebenso zeigen die Befragten in der englischsprachigen Stichprobe eine bessere Bibelkenntnis als die deutschen Befragten und sie drücken auch ein größeres Gefallen an biblischen Geschichten aus.
5. Das bisherige Befundmuster erweiternd zeigen sich auch einige spezifische Differenzierungen: In der deutschen Stichprobe werden als Quellen der Bibelkenntnis häufiger als in der englischsprachigen Stichprobe der Kindergarten (D: 19 %/ ES: 3 %); der Kindergottesdienst (D: 32 %/ ES: 7 %) und der Konfirmandenunterricht (D: 31 %/ ES: 9 %) genannt, wohingegen in der englischsprachigen Stichprobe häufiger auf die eigenständige Bibellektüre verwiesen wird (D: 12 %/ ES: 26 %). Die Bibelkenntnis ist also offenbar in Deutschland sehr viel stärker von kirchlichen Institutionen abhängig, die die religiöse Bildung unterstützen.

Insgesamt zeigen die Ergebnisse deutliche kulturabhängige Unterschiede. Anders als unsere Kooperationspartnerin in Australien vermutete, und auch anders, als Befunde repräsentativer Studien nahelegen, zeigt sich in der englischsprachigen Stichprobe ein Effekt der Zugehörigkeit zu katholischen Privatschulen, der sich in einer größeren Bibelnähe dieser Stichprobe dokumentiert.

Unsere Studie im Vergleich zur Studie von Hanisch und Bucher (2002)

1. Für einen Vergleich mit der Studie von Hanisch und Bucher (2002, S. 71) haben wir das semantische Differential zur Erfassung des Bibelbildes zweistufig gelassen. Im Ergebnis zeigt sich, dass in der Viertklässler-Stichprobe von Hanisch und Bucher mit 87 % die Bibel häufiger als „wahr" angesehen wird als in der Teilstichprobe der Jüngeren bei uns (d. h. der 9- bis 14-Jährigen), von denen 78 % die Bibel als wahr ansehen. Auch finden 76 % der Befragten bei Hanisch und Bucher die Bibel „spannend", wohingegen es bei unserer Teilstichprobe der Jüngeren nur 61 % sind. Die Unterschiede lassen sich jedoch hier kaum auf die zeitliche oder regionale Differenz zurückführen, weil wir zeigen konnten, dass die Jüngeren (M = 11,1 Jahre) die Bibel als wahrer und spannender erleben als die Älteren (M = 16,0 Jahre) und in der Stichprobe von Hanisch und Bucher der Altersdurchschnitt mit 10,1 Jahren noch ein Jahr jünger ist als in unserer Teilstichprobe. Ein Alterstrend scheint hier für die Erklärung daher am plausibelsten.

2. Auch bei Hanisch und Bucher (2002, S. 40) wurden die Schülerinnen und Schüler nach ihren Lieblingsgeschichten gefragt. Im Vergleich zeigt sich eine hochgradige Überlappung der beiden Ranglisten für die Top 10. Je nach Zählung finden sich 8 bzw. 9 von 10 Geschichten in der jeweils anderen Liste. Das ist eine erstaunliche Übereinstimmung angesichts der zeitlichen Differenz der Stichproben (1999 vs. 2016) und der regionalen Unterschiede (bei Hanisch & Bucher, 2002, S. 14–15, rekrutiert sich die Stichprobe aus Baden-Württemberg und Berlin, bei uns im Wesentlichen aus Nordrhein-Westfalen und Niedersachsen, vgl. Kap. 3.2.1).

3. In unserer Befragung wurden die Schülerinnen und Schüler gebeten, ihre Auswahl der Lieblingsgeschichten zu begründen („Was ist daran wichtig?"). Ähnlich wurde auch bei Hanisch und Bucher (2002, S. 44) gefragt („Erzähle uns bitte, was du an dieser Geschichte wichtig findest"). Ein Vergleich der Antworten bei diesen offenen Fragen ist wegen der unterschiedlichen Kategorienbildungen in den beiden Studien nur partiell möglich. Aufschlussreich ist jedoch, dass in beiden Studien jeweils 11 % der Antworten der Kategorie „Ethik" (z. B. „Die Geschichte zeigt, dass man vergeben soll und immer offene Arme für einen haben sollte, auch wenn man Fehler begangen hat", vgl. Kap. 4.1.4) bzw. „Moralische Deutungen" (z. B. „Dass Menschen damals gelernt haben, nicht zu sündigen"; Hanisch & Bucher, 2002, S. 45) zugeordnet werden. Auch dieser Befund spricht für eine große Parallelität der Befunde in beiden Studien.

Insgesamt zeigt der Vergleich mit den Befunden von Hanisch und Bucher eine erstaunliche Konstanz der Ergebnisse. Die wesentlichen Unterschiede in den Befunden lassen sich auf das geringfügig geringere Alter der Befragten bei Hanisch und Bucher (4.-Klässler) im Vergleich zu unserer Teilstichprobe der 5.- und 6.-Klässler zurückführen.

Jüngere Befragte im Vergleich zu älteren Befragten

Deutliche Unterschiede im Altersvergleich zeigen sich bei der Bewertung der Bibel mit den Polaritäten des semantischen Differentials. Die Jüngeren bewerten die Bibel als spannender und wahrer. In ihrer Sicht handelt sie eher von Gott und hat stärker mit dem Leben zu tun als bei den Älteren. Die Älteren betrachten die Bibel als schwerer zu verstehen und als vieldeutiger. Im Vergleich der beiden Altersgruppen zeigt sich außerdem, dass die Älteren häufiger die abstrakte dogmatische Beschreibung der Bibel als Glaubenszeugnis nutzen (53 % vs. 32 %), wohingegen die Jüngeren häufiger die Bibel über ihren Inhalt definieren (46 % vs. 27 %).

Mit Blick auf die Behandlung der Bibel im Religionsunterricht berichten die Jüngeren von einer häufigeren Thematisierung der Bibel im Religionsunterricht. Sie haben auch eine positivere Sicht von der Behandlung der Bibel im Religionsunterricht. In methodischer Hinsicht berichten die Jüngeren davon, dass die Bibel häufiger nachgespielt und vorgelesen wird.

Beim Bibelwissen zeigen im Altersvergleich ältere Schülerinnen und Schüler eine signifikant bessere Leistung im Bildertest (vgl. Tab. 48) als jüngere – sowohl im Bibelwissen als auch in der Selbsteinschätzung, Geschichten nacherzählen zu können. Die Annahme, dass sich Jüngere eher an die in der Grundschule vorrangig erzählten alttestamentlichen Geschichten besser erinnern, lässt sich nicht verifizieren. Im Vergleich der Gefallensbekundungen gegenüber den bildlich dargestellten Geschichten wird jedoch deutlich, dass die Älteren im

Durchschnitt ein tendenziell geringeres Gefallen an biblischen Geschichten ausdrücken als die Jüngeren (vgl. Tab. 51). Ebenso nimmt bei den Älteren die Bereitschaft ab, die Bibel selber zu lesen (vgl. Tab. 24).

Insgesamt zeigen die Befunde einen klaren Trend: Die Jüngeren finden die Bibel attraktiver und haben ein positiveres Bild von der Bibel. Die Älteren schneiden jedoch beim Test des Bibelwissens besser ab.

4.2 Theoriegeleitete Analysen

In Kapitel 2.2 wurden vier theoretische Zugänge zur Bibel bzw. Bibeldidaktik skizziert. Bezogen auf diese Ansätze werden nun in diesem Kapitel die Daten unserer Studie analysiert. Wir haben daher die entsprechenden Befunde unter dem Leitgedanken der „theoriegeleiteten Analysen" zusammengeführt.

4.2.1 Wertefeldanalytische Befunde

Dieses Kapitel zielt auf eine wertefeldbasierte Analyse der Schülerantworten auf die offenen Fragen zur Zachäusgeschichte. Das in Kapitel 2.2.1 vorgestellte Konzept der Lebensstile wird damit umgesetzt. Dieses ermöglicht eine Diagnostik darüber, welche Schülerinnen und Schüler potenziell von einer sinnerschließenden Thematisierung biblischer Texte im Religionsunterricht ausgeschlossen sind und welche Schülergruppen durch konkrete Interpretationen biblischer Texte tatsächlich angesprochen werden.

In einem ersten Schritt wird nach einer einführenden Analyse der deskriptiven Wertedaten das für die Lebensstilanalyse nötige Wertefeld mit den Daten der vorliegenden Stichprobe berechnet. Dann werden Zusammenhänge zwischen soziographischen Variablen und unterschiedlichen Religiositätsmessungen mit den Dimensionen des Feldes analysiert. Die Befunde sind schließlich einer besseren Interpretation der im dritten Abschnitt dargestellten Befunde zur Deutung der Zachäusgeschichte dienlich.

Der wertefeldanalytische Basisbefund

Die Befragten haben ihre persönlichen Wertorientierungen anhand von zehn Items des PVQ21 angegeben (siehe Tab. 59). Dabei schätzen die Befragten ein, wie ähnlich sie verschiedenen beschriebenen Personen sind. Über die Ähnlichkeitseinschätzung zu den Porträts wird dabei die eigene Werthaltung beschrieben. Es lässt sich in Tabelle 59 erkennen, dass den befragten Schülerinnen und Schülern absolut gesehen vor allem Prosozialität und Spaß (Hedonismus) wichtig sind (M > 4,50), also zwei gegensätzliche Werte (vgl. unten Abb. 7). Weiterhin sind ihnen mit Mittelwerten über M = 4,00 die Werte Universalismus, Selbstentfaltung, Stimulation und Leistung wichtig (Feldbereich links). Werte der Macht und Tradition werden dagegen abgelehnt (M < 3,50). Das entspricht weitestgehend auch den Wertepräferenzen von Schülerinnen und Schülern in anderen Jugendstudien (vgl. Gennerich, 2018a, S. 20).

Tabelle 59: *Werthaltungen der Befragten (N = 2050–2060)*

Bitte, kreuze jeweils an, wie ähnlich oder unähnlich Dir die beschriebene Person ist. [1 = ist mir überhaupt nicht ähnlich; 6 = ist mir sehr ähnlich]	M	S
Es ist der Person wichtig, Spaß zu haben. Sie gönnt sich selbst gern etwas. [Hedonismus]	4,85	1,25
Es ist ihr sehr wichtig, den Menschen um ihr herum zu helfen. Sie will für deren Wohl sorgen. [Prosozialität]	4,73	1,26
Sie ist fest davon überzeugt, dass die Menschen sich um die Natur kümmern sollten. Umweltschutz ist ihr wichtig. [Universalismus]	4,26	1,44
Es ist der Person wichtig, neue Ideen zu entwickeln und kreativ zu sein. Sie macht Sachen gern auf ihre eigene originelle Art und Weise. [Selbstentfaltung]	4,19	1,39
Die Person sucht das Abenteuer und geht gern Risiken ein. Sie will ein aufregendes Leben haben. [Stimulation]	4,13	1,49
Es ist ihr wichtig, sehr erfolgreich zu sein. Sie hofft, dass die Leute ihre Leistungen anerkennen. [Leistung]	4,11	1,42
Es ist ihr wichtig, in einem sicheren Umfeld zu leben. Sie vermeidet alles, was ihre Sicherheit gefährden könnte. [Sicherheit]	3,96	1,51
Es ist ihr wichtig, sich jederzeit korrekt zu verhalten. Sie vermeidet es, Dinge zu tun, die andere Leute für falsch halten könnten. [Konformität]	3,72	1,50
Tradition ist ihr wichtig. Sie versucht, sich an die Sitten und Gebräuche zu halten, die ihr von ihrer Religion oder ihrer Familie überliefert wurden. [Tradition]	3,29	1,64
Es ist der Person wichtig, reich zu sein. Sie möchte viel Geld haben und teure Sachen besitzen. [Macht]	2,70	1,53

Wie bei den persönlichen Werthaltungen haben wir für die Zachäusgeschichte die vermuteten Werte, die in der Geschichte vertreten werden, einschätzen lassen (zugeschriebene Geschichtenwerte). Alle Items wurden dafür so umgeschrieben, dass statt einer Person jetzt eine Geschichte beschrieben wird. Der Wortlaut der ursprünglichen Items wurde möglichst weitgehend erhalten. Ein Universalismus-Item stellt ein Sonderfall dar: Hier wurde nicht das auf Umweltschutz bezogene Item der 10-Itemversion des World Value Surveys genutzt, sondern ein anderes Universalismus-Item aus dem PVQ21, das die soziale Dimension repräsentiert. Es handelt sich damit ebenfalls um eine erprobte Universalismus-Messung, die jedoch von ihrem Wortlaut her für biblische Geschichten mehr Sinn macht, weil Umweltschutz in der Bibel kein explizites Thema ist.

Tabelle 60: *Werthaltungen, die der Zachäusgeschichte zugeschrieben werden (N = 1972-2015)*

Bitte, kreuze jeweils an, wie ähnlich oder unähnlich die obige Geschichte zu der jeweils beschriebenen Geschichte ist. [1 = ist sehr unähnlich; 6 = ist sehr ähnlich]	M	S
Der Geschichte ist es sehr wichtig, den Menschen in der eigenen Umgebung zu helfen. Sie will, dass die Leserin bzw. der Leser für ihr Wohl sorgt. [Prosozialität]	4,57	1,53
Die Geschichte will, dass die Menschen sich für soziale Gerechtigkeit und Toleranz einsetzen. Die Gleichheit der Menschen ist ihr wichtig. [Universalismus]	4,42	1,61
Der Geschichte ist es wichtig, sich jederzeit korrekt zu verhalten. Sie fordert, keine Dinge zu tun, die andere Leute für falsch halten könnten. [Konformität]	3,69	1,67
Der Geschichte ist Tradition wichtig. Sie fordert, sich an die Sitten und Gebräuche zu halten, die von der Familie oder der Religion überliefert wurden. [Tradition]	3,04	1,61
Die Geschichte fördert neue Ideen zu entwickeln und kreativ zu sein. Sie fördert, Sachen gern auf die eigene originelle Art und Weise zu machen. [Selbstentfaltung]	2,89	1,50
Der Geschichte ist es wichtig, sehr erfolgreich zu sein. Sie vertritt, dass es wichtig ist, Leistungen anzuerkennen. [Leistung]	2,78	1,58
Der Geschichte ist es wichtig, in einem sicheren Umfeld zu leben. Sie möchte die Leserin bzw. den Leser von allem abhalten, was seine Sicherheit gefährden könnte. [Sicherheit]	2,75	1,58
Die Geschichte fördert, das Abenteuer zu suchen und gern Risiken einzugehen. Sie findet es wichtig, ein aufregendes Leben zu haben. [Stimulation]	2,64	1,56
Die Geschichte fördert, Spaß zu haben. Sie hält es für wichtig, sich selbst gern etwas zu gönnen. [Hedonismus]	2,42	1,55
Die Geschichte fördert, reich zu sein. Sie unterstützt den Besitz von viel Geld und teuren Sachen. [Macht]	1,95	1,41

Die Mittelwerte in Tabelle 60 zeigen, dass die Zachäusgeschichte als prosoziale und universalistische Geschichte wahrgenommen wird. Mit Werten M > 3,00 wird die Geschichte auch als relativ konservativ wahrgenommen, indem ihr Werte der Konformität und Tradition zugeschrieben werden. Werte des Hedonismus und der Macht finden die Befragten in der Geschichte überhaupt nicht.

Für eine lebensstilorientierte Analyse kann mit den jeweils 10 Items auf der Basis der Gesamtstichprobe die Wertestruktur der persönlichen Wertepräferenzen und der vermuteten Geschichtenwerte mittels einer Faktorenanalyse berechnet werden. Theoriegemäß werden in einem ersten Schritt bei der Faktorenanalyse der 10 ipsatierten persönlichen Werthaltungen zwei Faktoren extrahiert. Diese Lösung wird auch durch den Eigenwerteverlauf unterstützt, der nach dem Scree-Kriterium ebenfalls eine Extraktion von zwei Faktoren nahelegt (2,09; 1,73; 1,10; 1,01; 0,95; 0,91; 0,77; 0,74; 0,71; 0,00). Beide Faktoren klären 38 % der Varianz der persönlichen Werthaltungen auf. Abbildung 7 stellt den Plot der Faktorladungen der durchgeführten Hauptkomponentenanalyse nach Varimax-Rotation dar.

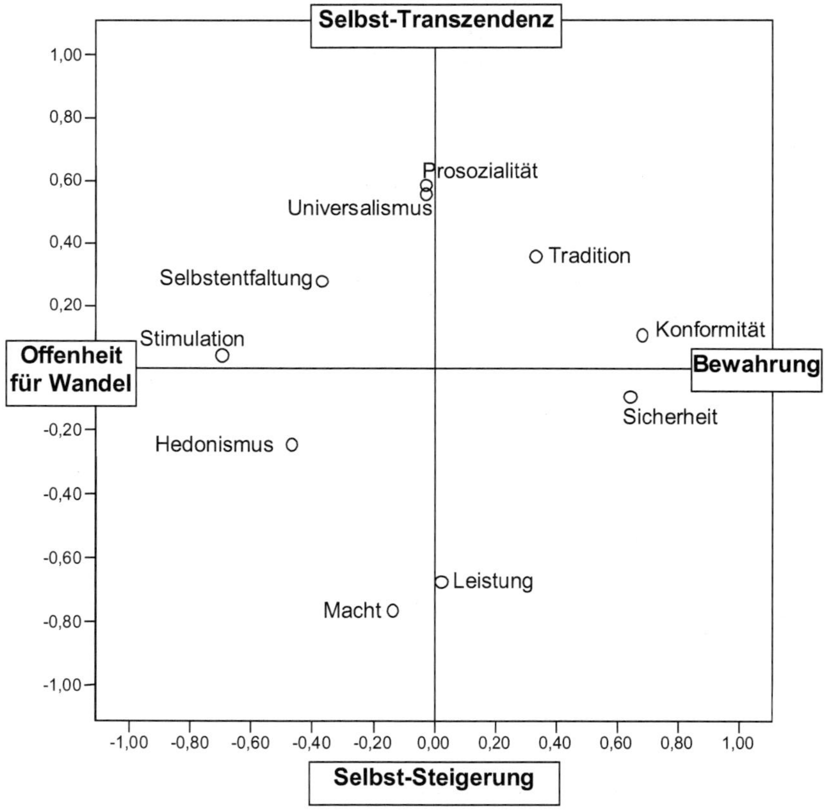

Abbildung 7: *Faktorladungen der 10 Werteitems auf den beiden extrahierten Dimensionen persönlicher Werthaltungen*

Die berechnete Wertestruktur in Abbildung 7 zeigt eine hohe Übereinstimmung zur Struktur aus der Odenwaldstudie von Gennerich (2018a) mit einer Korrelation von r = .96 für beide Dimensionen. Auch in Abbildung 7 bestätigt sich theoriekonform, dass der Pol „Bewahrung" durch die Werteklassen Tradition, Konformität und Sicherheit repräsentiert wird und der Pol „Offenheit für Wandel" durch die Werteklassen Selbstentfaltung, Stimulation und Hedonismus. Auch die zweite Dimension wird mit dem Pol der „Selbst-Transzendenz" erwartungsgemäß durch die Werteklassen des Universalismus und der Prosozialität abgebildet und mit dem Pol der „Selbst-Steigerung" durch die Werteklassen der Macht und Leistung.

Soziographik und Religiosität im Feld

In einem zweiten Schritt werden im Folgenden grundlegende Zusammenhänge soziodemographischer Variablen und unterschiedlicher Religiositätsmessungen mit den beiden Wertedimensionen dargestellt. Das bietet für die nachfolgende Detailanalyse der Befunde zur Interpretation der Zachäusgeschichte eine hilfreiche Interpretationsfolie.

Die Abhängigkeit des persönlichen Werteprofils von Alter und Geschlecht

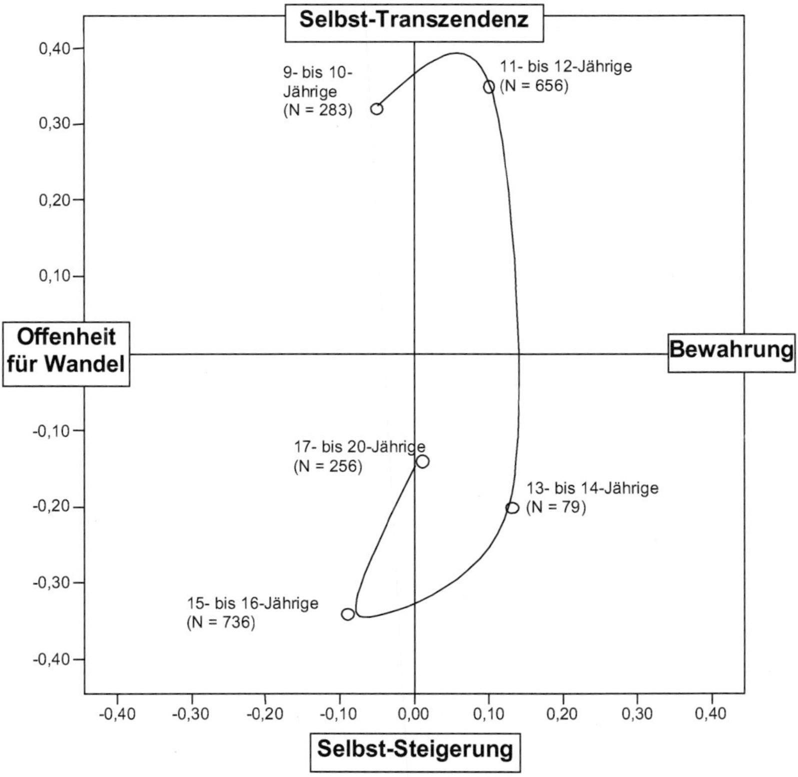

Abbildung 8: *Mittlere Faktorscores der persönlichen Werthaltungen der fünf Altersgruppen in der Gesamtstichprobe*

Abbildung 8 visualisiert den Entwicklungsverlauf der persönlichen Werthaltungen zwischen dem neunten und dem 20. Lebensjahr. Hier wird vor allem ein sehr deutlicher Wandel der Werthaltungen von den 11- bis 12-Jährigen hin zu den 13- bis 14-Jähigen sichtbar. Dieser Befund zeigt sich vergleichbar, jedoch nicht ganz so deutlich bei einer regionalen Schülerstichprobe von Gennerich (2017a, S. 176; 2018a, S. 21). Bisherigen Befunden entsprechend wird eine Entwicklung in Richtung „Offenheit für Wandel" bei den 15- bis 16-Jährigen deutlich (Gennerich, 2010a, S. 51). Allerdings ist die Entwicklung in Richtung Autonomie nicht ganz so ausgeprägt wie in bisherigen Studien.

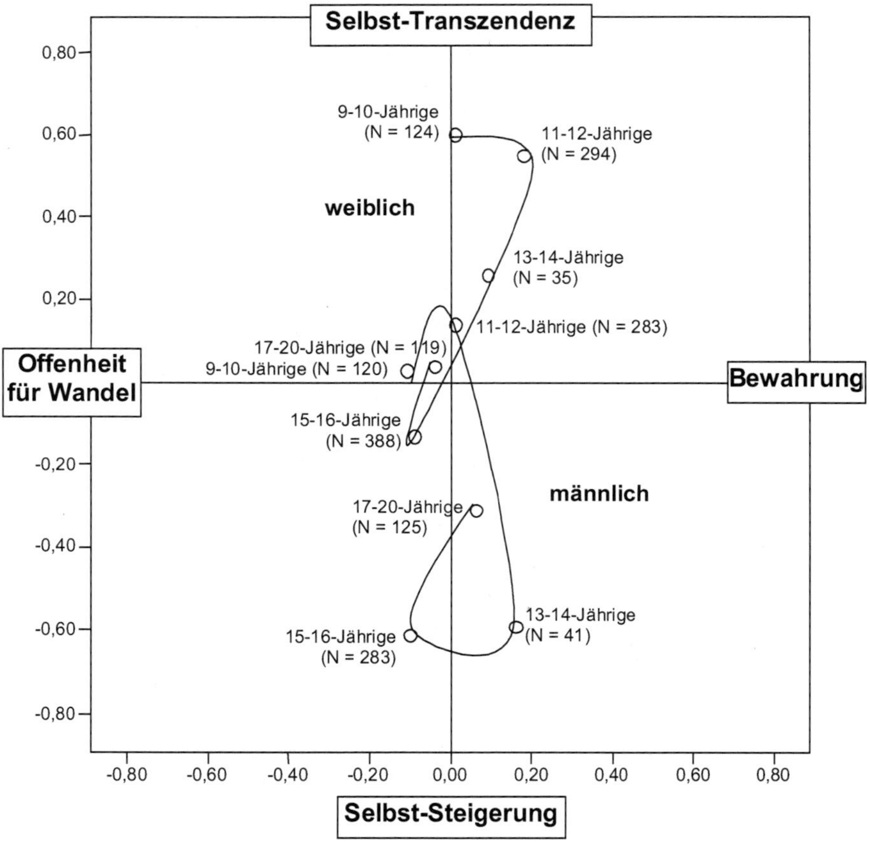

Abbildung 9: *Mittlere Faktorscores der persönlichen Werthaltungen der fünf Altersgruppen differenziert nach Geschlecht*

Abbildung 9 zeigt den Entwicklungsverlauf von Abbildung 8 differenziert nach Geschlecht. Dabei wird der bekannte Befund deutlich, dass weibliche Schülerinnen stärker als männliche Schüler Werte der Selbst-Transzendenz vertreten (Gennerich, 2010a, S. 52–53). Darüber hinaus sieht man den Entwicklungsschritt in Richtung von Werten der Selbst-Steigerung bei Mädchen etwas zeitlich verzögert, denn der Schritt in Richtung Selbst-Steigerung ist bei den 13- bis 14-jährigen Mädchen nicht ganz so ausgeprägt wie bei den Jungen. Allerdings holen die 15- bis 16-jährigen Mädchen diese Entwicklung nach.

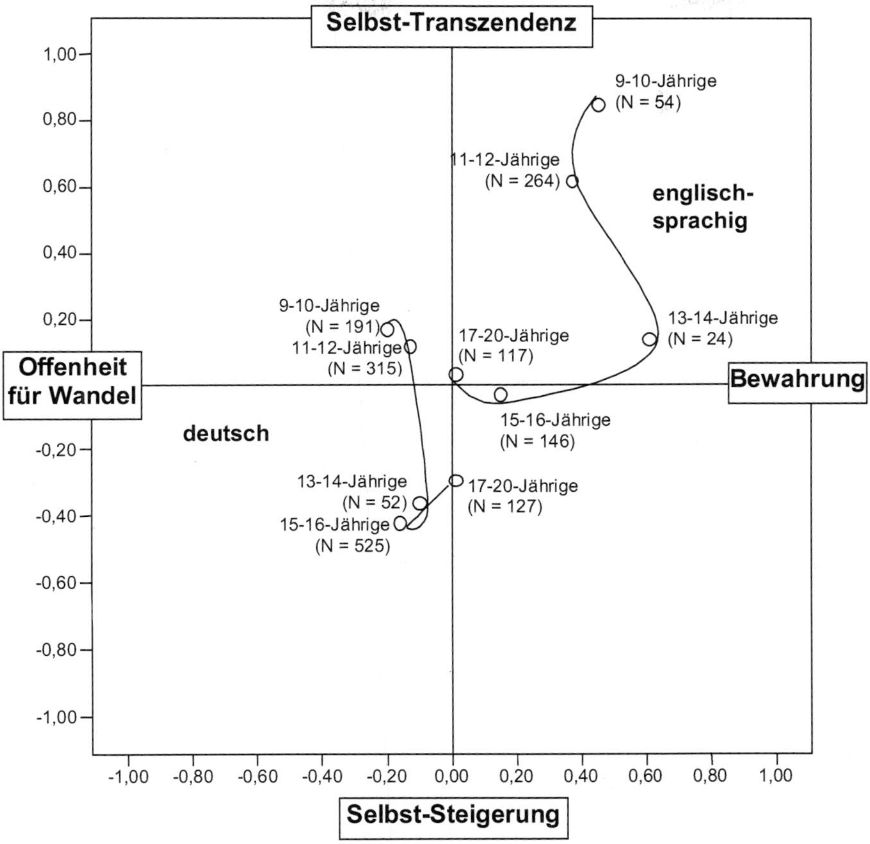

Abbildung 10: *Mittlere Faktorscores der persönlichen Werthaltungen der fünf Altersgruppen differenziert nach Ländern*

Abbildung 10 zeigt, dass die Schülerinnen und Schüler in der englischsprachigen Stichprobe insgesamt mehr im Bereich von Werten der Tradition und Prosozialität liegen als die deutschen Schülerinnen und Schüler. Im Vergleich zur deutschen Stichprobe ist der Entwicklungsschritt der 15- bis 16-jährigen angelsächsischen Schülerinnen und Schüler in Richtung „Offenheit für Wandel" ausgeprägter.

Insgesamt verdeutlichen die Abbildungen 8–10 einen eklatanten Wechsel von Selbst-Transzendenzwerten hin zu Werten der Selbst-Steigerung. Das ist erklärungsbedürftig:

(1) Es kann davon ausgegangen werden, dass in der Schule Leistungswerte relevanter werden, weil Lehrerinnen und Lehrer den Unterricht vor allem im Vergleich zur Grundschule leistungsorientierter gestalten. Z. B. zeigen Seidner und Kollegen (1988), dass im Vergleich von 5-, 7-, 9- und 11-Jährigen die 11-Jährigen am stärksten ihr Selbstkonzept auf leistungsbezogene Vergleiche gründen. Im weiteren Entwicklungsverlauf kommen dann allerdings weitere Bereiche hinzu, die an Relevanz gewinnen. So nimmt von der späten Kindheit hin zur frühen Jugend die Bedeutung der Reputation bei den eigenen Peers (d. h. ein Machtwert) stark zu, und erst in der späten Jugend ist das Interesse an Partnerschaften so ausgeprägt, dass die Reputation bei den Peers wieder an Bedeutung verliert (LaFontana & Cillesse, 2010). Korrespondierend zu diesem Befund wird auch deutlich, dass von der späten Kindheit hin zur frühen Jugend prosoziales Verhalten und damit eine Ausrichtung an Selbst-Transzendenzwerten tendenziell abnimmt (Nantel-Vivier et al., 2009). In eine ähnliche Richtung geht auch der Befund von Chaplin und John (2007), die zeigen, dass sich von der späten Kindheit zur frühen Jugend materialistische Orientierungen verstärken und dann wieder zur späten Jugend hin abnehmen. Insofern das frühe Jugendalter durch einen Einbruch im Selbstwertgefühl gekennzeichnet ist, könne der parallele Anstieg des Materialismus kompensatorisch gedeutet werden.

(2) Das Jugendalter ist dadurch gekennzeichnet, dass Jugendliche ab dem 13. Lebensjahr die Fähigkeit zum abstrakten und hypothetischen Denken erwerben (Elkind, 1978; Harter, 1990). Das bedeutet, dass sie abstrakte Ideale begreifen und in Beziehung zur empirisch erfahrenen Welt setzen können. Sie besitzen damit aber noch nicht die Fähigkeit, mit der komplexen Beziehung von Ideal und Wirklichkeit in einer angemessenen Art und Weise umzugehen. D. h., sie neigen dazu, entweder das Ideal zu diskreditieren oder die Wirklichkeit über das Veränderbare hinaus gewaltevozierend zu verurteilen oder zu bekämpfen. Beispiele für diese neue kognitive Situation liefern Zitate Jugendlicher zum Ideal der Nächstenliebe, die Ziegler (2001, S. 124) zu ihren Jesusbildern befragte: So kann Ute (16 J.) mit einer Orientierung an Jesus nichts anfangen, denn es gebe „doch kaum Menschen, die auf ihren Nächsten Acht geben und nicht egoistisch denken“ (d. h., das Ideal wird in Richtung Empirie aufgelöst). Anita (16 J.) beobachtet ebenfalls, dass aufgrund einer dominierenden Konsumorientierung Hilfe „niemand tut“ und Jesus daher seinen Ort „nur noch in den alten Kindergeschichten“ habe. Und Sven (17 J.) erfährt die Ethik des Gewaltverzichts und der Nächstenliebe als realitätsfernes „Blumen-Sonne-Lutscherland“.

Die Aussagen der Jugendlichen dokumentieren, dass sie keine sinnvolle Anwendungsperspektive für das Liebesideal wahrnehmen können. Es mangelt ihnen demnach nicht an einer Kenntnis „wahrer Werte“, vielmehr fehlen ihnen Denkfiguren, die eine konstruktive Integration des Ideals in ihren Alltag leisten könnten. Besonders schwer fällt ihnen dabei offenbar, gegensätzliche Werte wie Konsum und Hilfe oder Egoismus und Nächstenliebe integrativ zusammen zu denken. Die Anwendung ethischer Ideale scheint dadurch blockiert und die empirisch gültigen Leistungswerte werden präferiert.

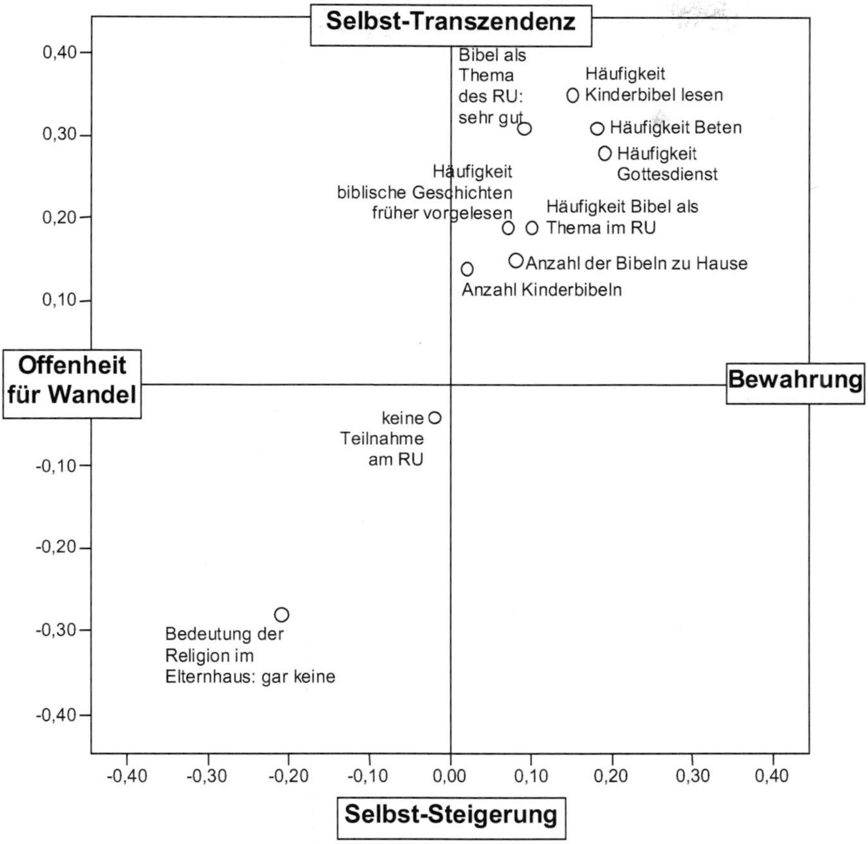

Abbildung 11: *Korrelationen verschiedener Religiositätsmessungen mit den beiden Wertedimensionen des Felds persönlicher Werthaltungen*

Abbildung 11 verdeutlicht, dass Schülerinnen und Schüler mit einer Präferenz für Werte der Tradition und Prosozialität im Feldbereich oben/rechts mehr als andere in einem Kontext praktizierter Religion heranwachsen. Die Familien besitzen in diesem Feldbereich mehr Bibeln und den Kindern werden biblische Geschichten auch häufiger erzählt. Die Schülerinnen und Schüler in diesem Bereich berichten entsprechend häufiger, dass sie die Kinderbibel lesen, dass sie beten und in den Gottesdienst gehen. Sie begrüßen mehr als andere Schülerinnen und Schüler biblische Themen im Religionsunterricht und gehen auch mit einer größeren Wahrscheinlichkeit auf Schulen, in denen die Bibel häufig im Religionsunterricht vorkommt. In Opposition dazu hat bei Schülerinnen und

Schülern im Feldbereich unten/links, die stärker hedonistische Werte präferieren, Religion im Elternhaus eine geringere Rolle, und sie besuchen auch tendenziell weniger häufig den Religionsunterricht.

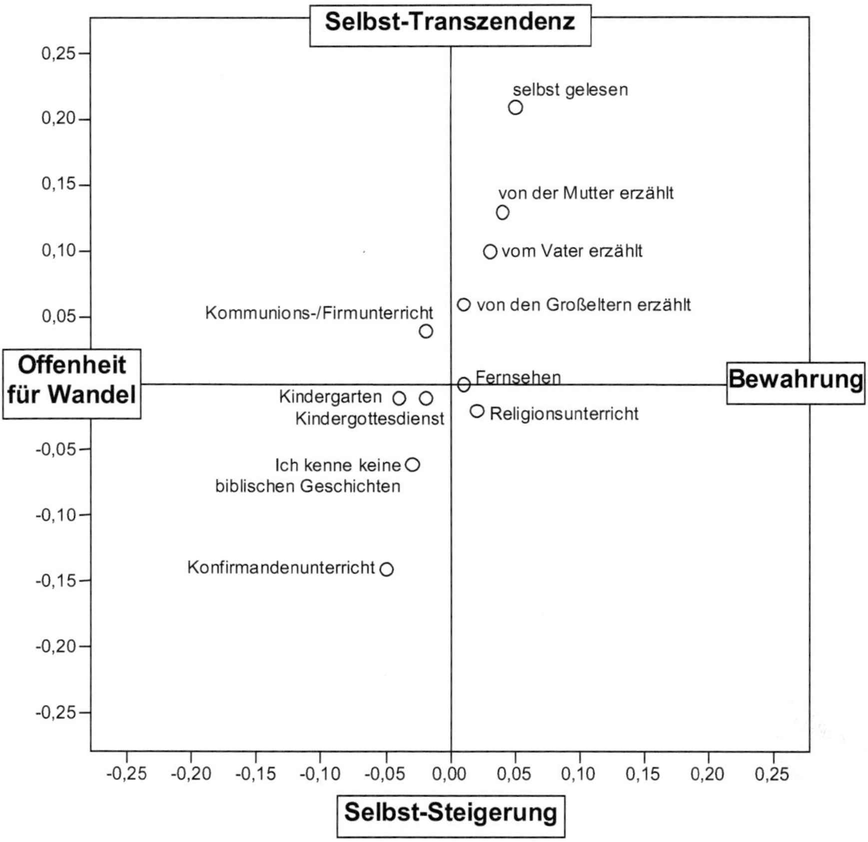

Abbildung 12: *Antworten auf die Frage „Woher kennst du die meisten biblischen Geschichten?" in Korrelationen mit den beiden Dimensionen persönlicher Werthaltungen*

Abbildung 12 ergänzt den Befund von Abbildung 11. Schülerinnen und Schüler im Feldbereich oben/rechts haben häufiger als andere die Bibel im familiären Kontext erzählt oder vorgelesen bekommen. Schülerinnen und Schüler im Feldbereich unten/links, in deren Familien Religion eher keine Rolle spielt, kennen entsprechend keine biblischen Geschichten oder haben biblische Geschichten im Konfirmandenunterricht, das familiäre Sozialisationsdefizit kompensierend, kennenlernt. Das spricht nicht zwingend dafür, dass der Konfirmandenunterricht besonders viele biblische Geschichten bekannt macht, sondern dass das vorausgehende Kenntnisniveau der Schülerinnen und Schüler in diesem Feldbereich besonders gering ist. Und es zeigt darüber hinaus, dass der Konfirmandenunterricht auch Jugendliche jenseits religiöser Familien erreicht (evangelische Jugendliche werden so gut wie vollständig erreicht, Ilg & Schweitzer, 2015, S. 94).

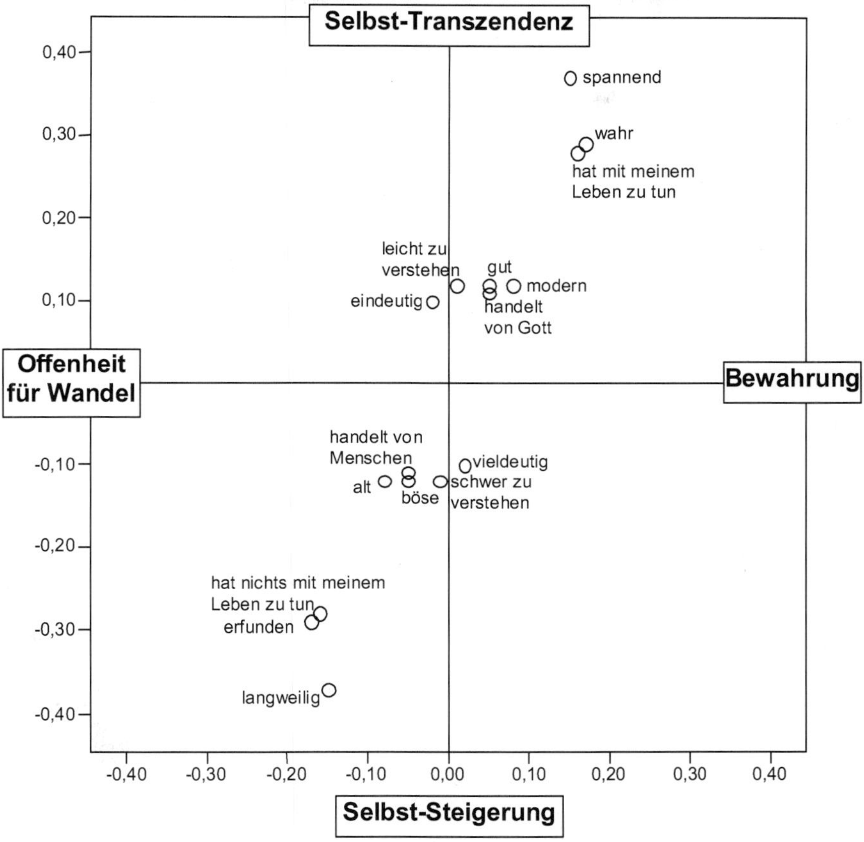

Abbildung 13: *Korrelationen verschiedener Merkmale der Bibel mit den beiden Dimensionen persönlicher Werthaltungen*

Abbildung 13 verdeutlicht, wie die befragten Schülerinnen und Schüler die Bibel bei der Frage „Wie siehst Du die Bibel?" auf acht Polaritäten einschätzen (siehe Tab. 37 für die genaue Itemformulierung). Es wird sichtbar, dass die Wahrnehmung der Bibel sehr polarisiert ist. Schülerinnen und Schüler unten/links betrachten die Bibel ausgesprochen negativ, wohingegen Schülerinnen und Schüler oben/rechts die Bibel besonders positiv betrachten. Besonders auffällig ist der Befund, dass die Polarität „eindeutig vs. vieldeutig" von den Schülerinnen und Schülern in die positiv-negativ Polarität eingereiht wird, wobei der Begriff „eindeutig" positiv konnotiert ist und „vieldeutig" eher negativ. Dieses Item wurde gegenüber der Befragung von Hanisch und Bucher (2002, S. 71) ergänzt, um adäquate Beschreibungsitems für die Diagonale oben/links vs. unten/rechts zur Bewertung vorlegen zu können. So zeigt Gennerich (2018b, 265), dass Personen im Bereich oben/links eine hohe Toleranz für Komplexität haben, wohingegen Personen im Bereich unten/rechts eher Komplexität in ihrer Weltwahrnehmung und Weltkonstruktion ausschließen. Entsprechend war zu erwarten, dass Schülerinnen und Schüler oben/links mehr als andere den Merkmalspol „vieldeutig" an der Bibel wahrnehmen und das Merkmal „eindeutig" entschieden ablehnen. Dies geschieht jedoch nicht, weil die übergeordnete positiv-negativ Polarität für die Befragten vordringlich dominant ist.

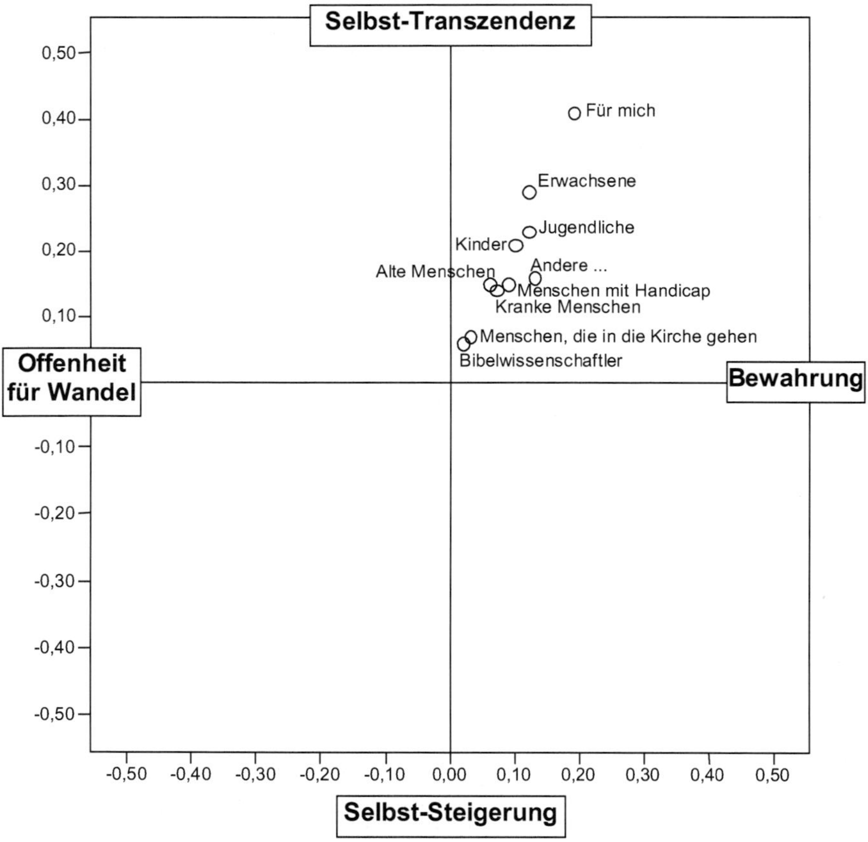

Abbildung 14: *Eingeschätzte Wichtigkeit der Bibel für verschiedene Personengruppen in Korrelation mit den beiden Dimensionen persönlicher Werthaltungen*

Abbildung 14 veranschaulicht, dass die Schülerinnen und Schüler oben/rechts die Bibel für alle aufgeführten Personengruppen als wichtiger einschätzen als die Schülerinnen und Schüler unten/links. D. h., in dem Befund drückt sich aus, dass die Schülerinnen und Schüler unten/links die Bibel insgesamt vergleichsweise als bedeutungslos wahrnehmen. Darüber hinaus positioniert sich das Item

„für mich" am extremsten. Das heißt, Schülerinnen und Schüler können eher noch eine Bedeutung der Bibel für andere zugestehen, nicht jedoch für sich selber, so dass vor allem Schülerinnen und Schüler oben/rechts die Bibel als persönlich bedeutsam einschätzen.

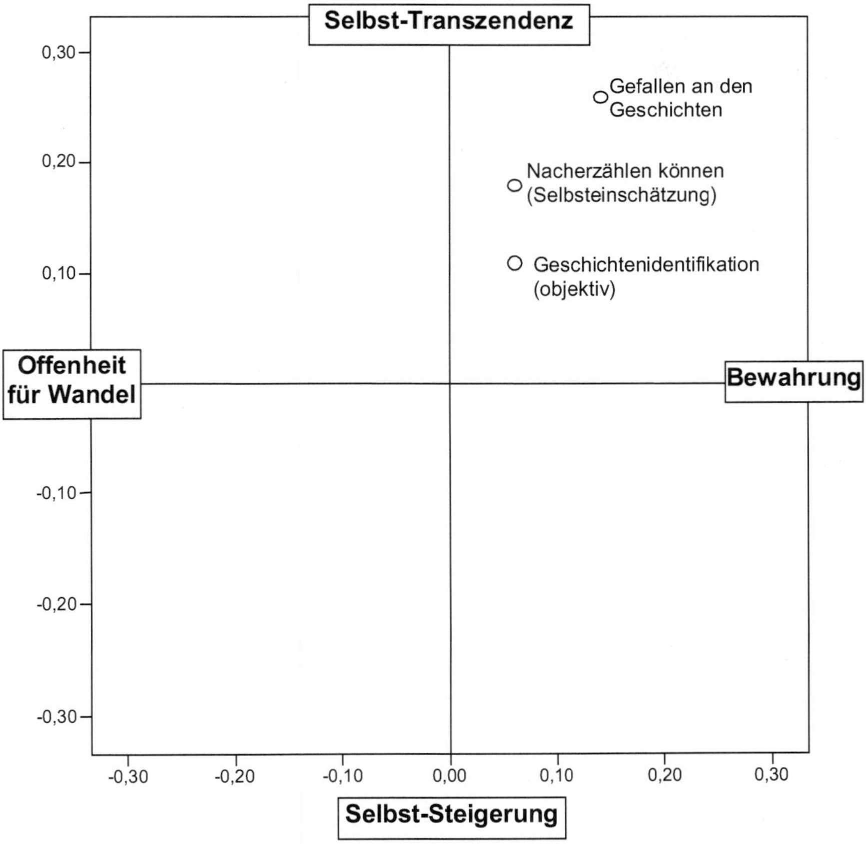

Abbildung 15: *Korrelation der Gesamtscores zur objektiven Geschichtenidentifikation, zur Selbsteinschätzung des Nacherzählen-Könnens sowie zum Gefallen an biblischen Geschichten mit den beiden Dimensionen persönlicher Werthaltungen*

Abbildung 15 zeigt, dass Schülerinnen und Schüler im Feldbereich oben/rechts am meisten Gefallen an den biblischen Geschichten haben. Nicht ganz so profiliert bewältigen sie auch die Identifizierungsaufgabe im Bildertest zum Bibelwissen besser als andere. Die Selbsteinschätzung zur Fähigkeit, biblische Geschichten nacherzählen zu können, verortet sich mittig zu den beiden ersten Scores, was darauf hindeutet, dass dieser Score einen subjektiven Gefallensanteil hat und einen objektiven der Bibelkenntnis.

Zachäus in wertefeldanalytischer Perspektive

Die Zachäusgeschichte gehört sicherlich zu den Klassikern im Religionsunterricht. Allerdings hat sie bisher kaum eine angemessene wissenschaftliche Aufmerksamkeit erfahren. Das wird daran sichtbar, dass religionsdidaktische Texte zur Zachäusgeschichte weitgehend ohne Bezug zum wissenschaftlichen Diskurs vorliegen (Behrendt, 2001; Bizer, 1976; Kessler, 2016; Loose, 2016; Müller, 2012; Röckel, 1993; Schibilsky, 1991; Ulrich-Eschemann, 1989). Zur empirischen Rezeptionsforschung der Zachäusgeschichte erfährt man dabei gar nichts. Auch diese selbst ist nur schwach ausgeprägt. Teils gibt es empirische Berichte aus dem religionspädagogischen Kontext (Reiher, 1978; Schmidt, 2008), die Beobachtungen zur Rezeption der Zachäusgeschichte dokumentieren: Demnach rekonstruieren Kinder aus der 2. und 3. Klasse in ihrer Nacherzählung die Zachäusgeschichte so, dass sich Zachäus selbst für das gute Handeln entschieden hat, ohne eine relevante Rolle von Jesus (Schmidt, 2008, S. 75). 11- bis 12-jährige Mädchen in einem Bericht von Reiher (1978, S. 336) können demgegenüber bei der Aufgabenstellung, die Geschichte weiterzuerzählen, ihre Alltagserfahrungen in die Geschichte integrieren und einen persönlichen Bezug herstellen.

Systematische empirische Studien sind demgegenüber noch seltener: Zum Beispiel hat Whitehouse (1972) in einer frühen Studie die Rezeption der Zachäusgeschichte bei 48 Grundschülern der Klasse 1 bis 4 untersucht. Er stellte 14 Fragen zum Text, die weitgehend durch Fragen nach dem Warum die Vorstellungen der Schüler explorierten. Sein Ergebnis stellt sich, wie folgt, dar: In einem sehr breiten Sinne wird von 56 % der Kinder verstanden, dass Jesus Sünder willkommen heißt. Die Idee ‚Jesus rettet die Verlorenen' wird nicht elaboriert. Warum Zachäus Gefordertes mehrfach zurückgibt, wird von einigen verstanden („because he was sorry", p. 21), andere erfinden sinnstiftende Konstruktionen („to make sure God won't kill him", „the people of that time had a group of numbers and they couldn't count higher, I think, it might have been four", p. 21). Mit Blick auf die von uns untersuchten Schülerinnen und Schüler der Klassenstufen 5/6 und 10/11 bietet der wissenschaftliche Diskurs keine nennenswerten Beiträge.

Das Werteprofil der Zachäusgeschichte in der Interpretation der Schülerinnen und Schüler

Mittels Regressionsanalyse kann auf der Basis unserer Stichprobe eine Vorhersageformel für die Wertestruktur der Selbstbilder berechnet werden. Diese Formel kann dann genutzt werden, um die Bewertung der Zachäusgeschichte daran zu relationieren. D. h., man nimmt die Wertestruktur der Schülerstichprobe (d. h. die Selbstbilder) als Berechnungsgrundlage für die Einschätzung der Zachäusgeschichte. Damit wird deutlich, dass die Zachäusgeschichte deutlich mehr als das Selbstbild Werte der Selbst-Transzendenz und der Bewahrung transportiert (der geschätzte Mittelwert für die Einschätzung der Zachäusgeschichte liegt bei 0,72 auf der Selbst-Transzendenzdimension und bei 0,74 auf der Bewahrungsdimension). D. h., die Schülerinnen und Schüler stehen mit ihrer durchschnittlichen Werthaltung in einer Spannung zur Geschichte. Die Zachäusgeschichte bedient damit jenes Wertemilieu, das den Religionsunterricht allgemein am attraktivsten findet (Gennerich, Riegel & Ziebertz, 2008) und, wie Abbildung 11 veranschaulicht, eine ausgeprägte religiöse Sozialisation erfährt. Ein „inklusiver Religionsunterricht" müsste also die Geschichte mit einem entsprechenden Planungsaufwand so interpretieren, dass auch Schülerinnen und Schüler aus den anderen Feldbereichen sich zur Geschichte sinnvoll in Beziehung setzen können.

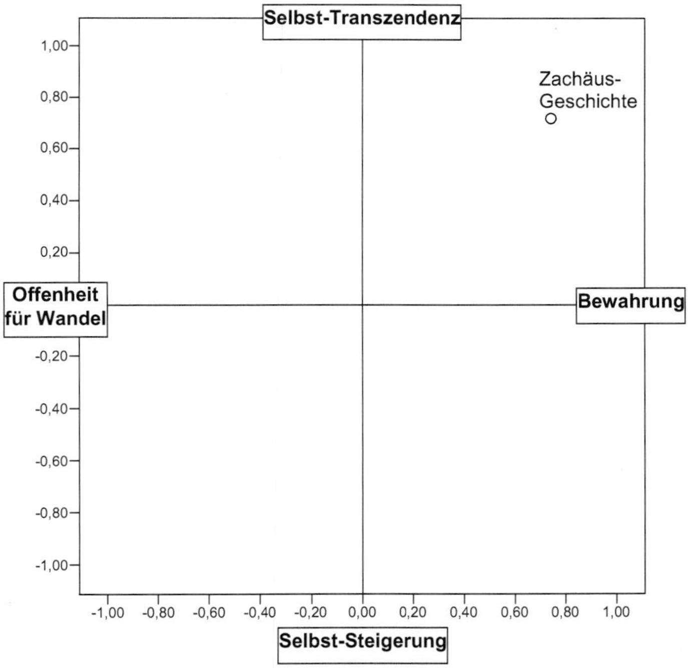

Abbildung 16: *Position der Zachäusgeschichte anhand der geschätzten mittleren Geschichtenfaktor-scores, die mit Rückgriff auf die Struktur persönlicher Werthaltungen berechnet wurden*

Beachtlich an dem Wertebefund von Abbildung 16 ist, dass die Zachäusgeschichte also als profiliert konservativ eingeschätzt wird (Werte der Konformität fördernd! M = 3,69; dritthöchster Mittelwert; vgl. Tab. 58 mit den Mittelwerten). Das steht in deutlicher Spannung zum Plot der Geschichte, in der Zachäus auf einen Baum klettert (was andere als unangemessen betrachten könnten) und Jesus sich nicht an die Konvention hält, das Verhalten von Zachäus abzustrafen durch exklusive Zuwendung zu den „Gerechten". Die Dimension der Nicht-Konformität der Geschichte wird von den Schülerinnen und Schülern nicht wahrgenommen. Hier muss ein Ausrufezeichen gesetzt werden, weil das unkonventionelle und nicht-konforme Verhalten sowohl von Zachäus als auch von Jesus nahezu in die Augen springen. Nicht jedoch bei den Schülerinnen und Schülern, die die Geschichte als Darstellung einer konventionellen Religion wahrnehmen!

Der Zusammenhang der persönlichen Werteorientierungen mit der Interpretation der Zachäusgeschichte
Es lässt sich auch die Frage stellen, wie die Schülerinnen und Schüler die Geschichte in Abhängigkeit von ihrer Wertefeldposition einschätzen. Dazu werden die Selbstbild-Wertedimensionen mit den eingeschätzten Geschichten-Dimensionen korreliert.

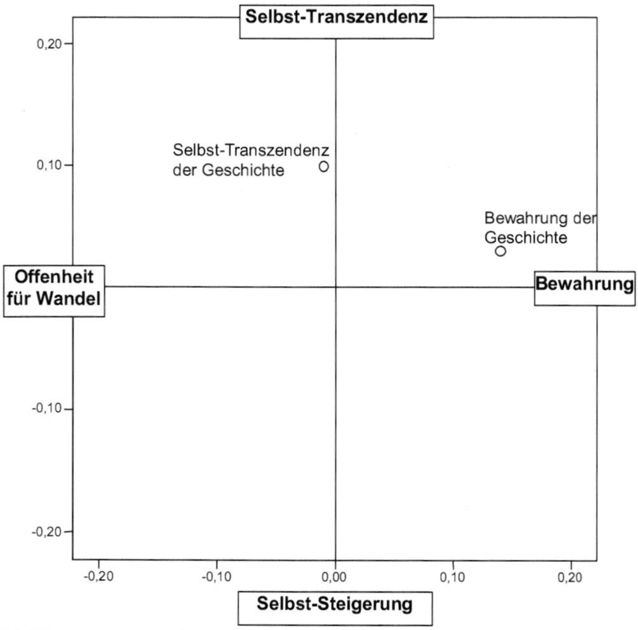

Abbildung 17: *Korrelation der Geschichtenwerte mit den Wertepräferenzen der Schülerinnen und Schüler*

In Abbildung 17 wird sichtbar, dass mit einer schwachen Tendenz (r = .10) Schülerinnen und Schüler, die mehr Selbst-Transzendenzwerte befürworten, diese auch etwas mehr in der Geschichte wahrnehmen. Ebenso sieht man, dass konservativere Schülerinnen und Schüler die Zachäusgeschichte auch konservativer wahrnehmen (r = .14). Das heißt, tendenziell wird die eigene Werthaltung in die Geschichte projiziert.

Das bedeutet, dass Lehrkräfte im Unterrichtsdiskurs versuchen sollten, die Geschichte vor Vereinnahmungen der Schülerinnen und Schüler für die eigene

Sache zu schützen, d. h., Interpretationen nicht nur zu bestätigen, sondern auch immer interpretations-erweiternde Aspekte der Geschichte herauszustellen, bzw. ein breites Spektrum an Deutungsmöglichkeiten einzuspielen.

Der Zusammenhang des Gefallens an der Zachäusgeschichte mit den persönlichen Werteorientierungen und der Interpretation der Geschichte

In einer weiteren Perspektive können wir betrachten, wie das „Gefallen" der Zachäusgeschichte mit den Wertedimensionen in Beziehung steht.

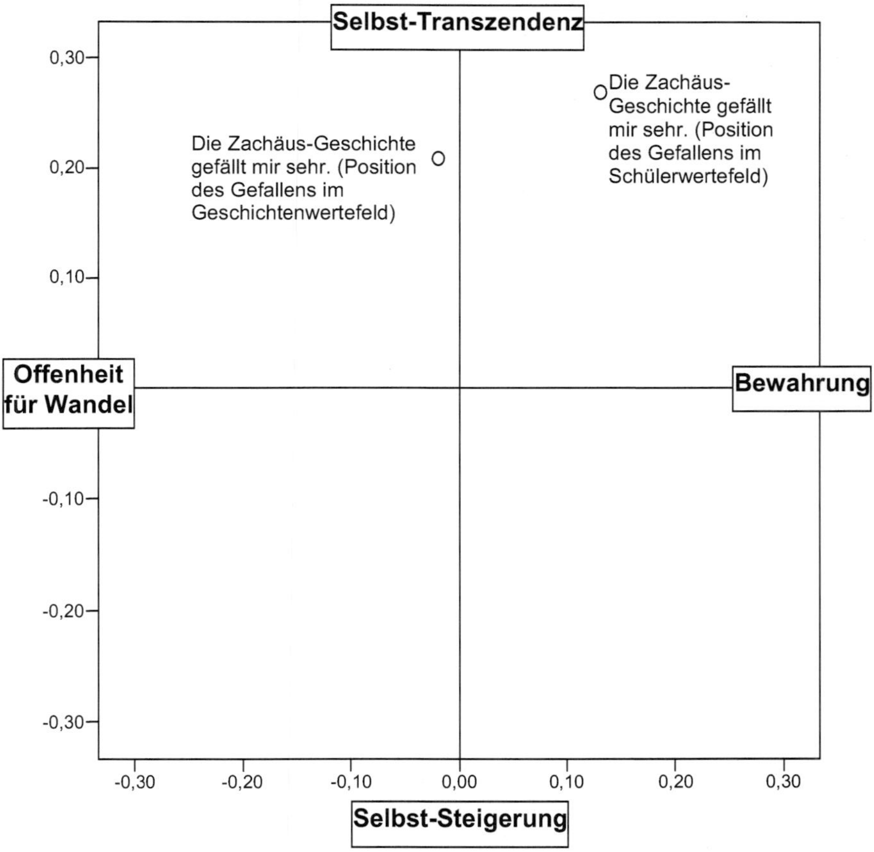

Abbildung 18: *Gefallen der Zachäusgeschichte in Korrelation mit den Wertedimensionen des Schülerselbstbildes und des Geschichtenbildes*

Die dargestellten Korrelationen in Abbildung 18 beziehen sich auf zwei Betrachtungsperspektiven: Zum einen wurde das Gefallen an der Zachäusgeschichte mit den Werthaltungen der Schülerinnen und Schüler korreliert. Dabei zeigt sich mit einer Position des Gefallens oben/rechts, dass Schülerinnen und Schülern im Feldbereich oben/rechts die Geschichte mehr als anderen gefällt und dass komplementär Schülerinnen und Schüler im Feldbereich unten/links an der

Geschichte am wenigsten Gefallen finden. Dieser Befund war mit Blick auf den Befund von Abbildung 11 zu erwarten.

Interessant wird nun die zweite Betrachtungsperspektive. In ihr wird dargestellt, wie das Gefallen mit der Interpretation der Geschichte zusammenhängt. Dabei wird deutlich, dass die Geschichte am besten gefällt, wenn ihre „Offenheit für Wandel" wahrgenommen wird. D. h., bei einer Interpretation der Geschichte mit einem Werteprofil oben/links gefällt sie am meisten.

Das wiederum bestätigt die bereits vermutete Notwendigkeit, die Anti-Konventionalität der Zachäusgeschichte im Religionsunterricht profiliert darzustellen. Das entspräche dann mehr dem Plot der Geschichte und sie würde als attraktiver erlebt werden.

Die Entwicklung der persönlichen Werteorientierungen und der Interpretation der Zachäusgeschichte (Vergleich der jüngeren und älteren Befragten in Deutschland mit denen der englischsprachigen Stichprobe)

In einer weiteren Perspektive soll nun analysiert werden, wie Schülerinnen und Schüler aus den angelsächsischen Ländern vs. Deutschland und Jüngere (11-Jährige) vs. Ältere (16-Jährige) im Wertefeld positioniert sind und wie sie die Zachäusgeschichte interpretieren.

Abbildung 19 visualisiert, (1) dass die deutschen Schülerinnen und Schüler insgesamt hedonistischer sind als die Schülerinnen und Schüler in der angelsächsischen Stichprobe, die ihrerseits prosozialer orientiert ist. (2) In beiden Länderstichproben zeigt sich sodann eine Entwicklung in Richtung Selbst-Steigerung im Vergleich der jüngeren (9–14 Jahre) *Teilstichprobe* mit der älteren (15–20 Jahre). (3) Die Entwicklung der Interpretation der Zachäusgeschichte ist jedoch in beiden Länderstichproben unterschiedlich: In Deutschland wird die Zachäusgeschichte in Opposition zur eigenen Entwicklung wahrgenommen! D. h., die älteren Schülerinnen und Schüler haben im Vergleich zu den jüngeren ihre persönliche Werthaltung in Richtung des Pols Selbst-Steigerung entwickelt, das Bild von der Zachäusgeschichte hat sich jedoch bei ihnen im Vergleich zu den jüngeren mehr in Richtung des gegenüberliegenden Pols der Selbst-Transzendenz verschoben. In den angelsächsischen Ländern gibt es diese oppositionelle Struktur nicht, vielmehr wird die Geschichte tendenziell in Richtung auf die eigene Entwicklung wahrgenommen. Allerdings nimmt in beiden Länderstichproben die Diskrepanz des Selbstkonzepts zur Wahrnehmung des Wertekonzepts der Geschichte zu, wobei besonders in Deutschland die Diskrepanz für die älteren Schülerinnen und Schüler extrem zunimmt. Das legt nahe, im Unterricht diese Spannung zwischen Selbstbild („Wer bin ich") und Geschichte („Wer sind Jesus und Zachäus") anzusprechen und zu klären. Mit einer größeren Wahrscheinlichkeit würde dann am realen Entwicklungspunkt der Schülerinnen und Schüler im Unterricht gearbeitet.

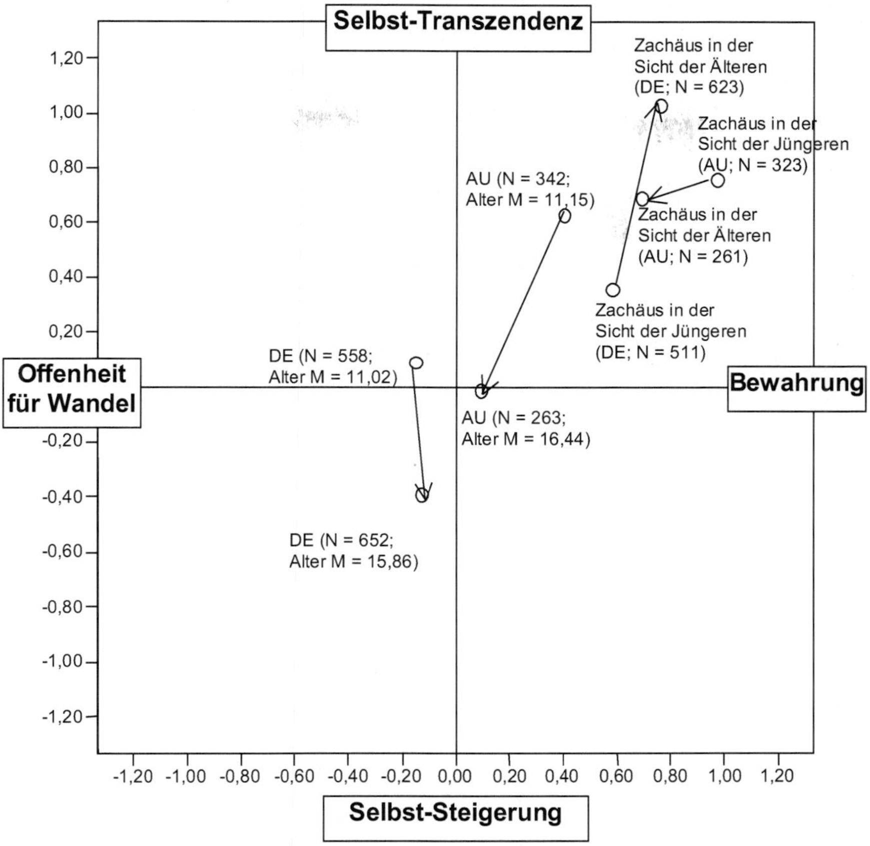

Abbildung 19: *Mittlere Faktorscores unterschiedlicher Schülergruppen im Feld der persönlichen Werthaltungen sowie deren mittlere Einschätzung der Zachäusgeschichte im Geschichtenfeld (Feld der der Geschichte zugeschriebenen Werthaltungen); DE = deutsche Stichprobe, AU = englischsprachige Stichprobe*

Deutung der nacherzählten Zachäusgeschichte bei 15 Schülerinnen und Schülern in Abhängigkeit von ihrer Positionierung im Wertefeld

15 Schülerinnen und Schüler haben die Zachäusgeschichte nacherzählt. Sie wurden gefragt: „*Welche Bedeutung hat diese Geschichte für dich? Was ist dir daran wichtig?*“ In Abbildung 20 sind die Antworten dieser 15 Schülerinnen und Schüler vollständig wiedergegeben. Es lässt sich erkennen, wo sie sich im Wertefeld positionieren und wie sie die Zachäusgeschichte interpretiert haben. Hier findet sich eine interessante Profilierung der Antworten.

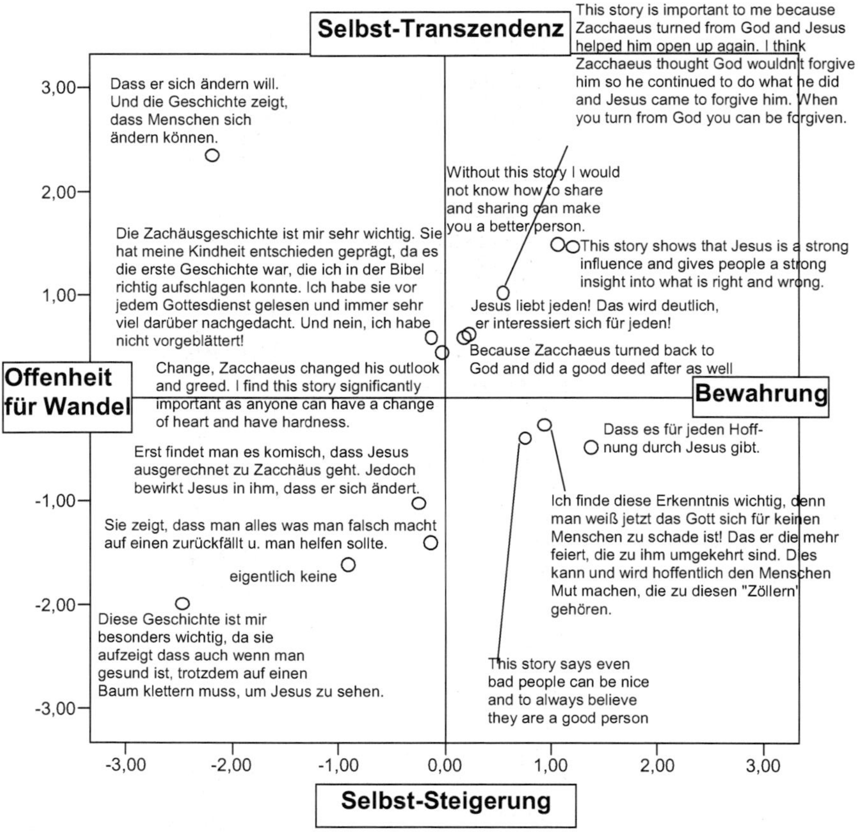

Abbildung 20: *Die Interpretationen der Zachäusgeschichte von 15 Schülerinnen und Schülern, die diese Geschichte nacherzählt haben (Plot der Faktorscores der 15 Befragten im Feld der persönlichen Werthaltungen)*

Es zeigt sich in Abbildung 20, dass im Bereich oben/rechts die Zachäusgeschichte tendenziell eher moralisch interpretiert wird (d. h., in der Sicht dieser Befragten zeigt die Geschichte, wie das Teilen funktioniert, sie vermittelt eine moralisch korrekte Orientierung und die Einsicht in Gottes Vergebung). Oben/links wird tendenziell stärker betont, dass Menschen sich ändern können. Unten/rechts nennen zwei Befragte die Idee der Hoffnung (Hoffnung durch Jesus; Menschen Mut machen), und ein Befragter wendet die Geschichte auf die Unterscheidung von guten und bösen Menschen an, so dass der Dualismus von Gut und Böse durchbrochen wird („bad people can be nice"). Unten/links wird der Geschichte eher keine Bedeutung zugeschrieben, oder es wird ausgesagt, dass das eigene Verhalten auf einen zurückfällt – eine Orientierung, die sich in der Tat im unteren Feldbereich lokalisiert (vgl. Gennerich, 2010a, S. 235), aber kaum der Geschichte entspricht. Darüber hinaus betont das oberste der vier Items in diesem Quadranten die Kraft der Veränderung („Erst findet man es komisch, dass Jesus ausgerechnet zu Zachäus geht. Jedoch bewirkt Jesus in ihm, dass er sich ändert"), was wiederum dem Pol „Offenheit für Wandel" entspricht.

Die Positionierung der 15 Einzelfälle lässt sich ansatzweise plausibilisieren. Denn *oben/rechts* erweist sich in anderen Studien die Religiosität als stark konventionell (Gennerich, 2011) und die Persönlichkeit als sehr gewissenhaft (Gennerich, 2010a, S. 83), was hier der Betonung sozialer Normen entspricht. Der Hinweis auf die Freiheit zur Veränderung *oben/links* ist äquivalent zum Glauben an immer neue Chancen, die das Leben bietet – eine Orientierung, die typisch ist für Jugendliche oben/links (Gennerich, 2010a, S. 298). Die tendenzielle Reserve gegenüber der Zachäusgeschichte *unten/links* lässt sich vor dem Hintergrund der geringen oder fehlenden religiösen Sozialisation in diesem Segment erklären (vgl. oben Abb. 11). Die Betonung von Hoffnung mit explizitem Rückgriff auf „Gott" und „Jesus" im Bereich *unten/rechts* könnte als Signal für eine konservative Haltung in diesem Bereich interpretiert werden, insbesondere in Opposition zum Bereich oben/links, in dem eine hohe Bildung und ein hohes Familieneinkommen vielfältige Chancen generiert, so dass die Annahme, dass „Menschen sich ändern können", nicht zwingend mit Gott begründet werden muss. Die relativ mittig positionierte Äußerung am Pol der Selbst-Steigerung, dass „alles, was man falsch macht, auf einen zurückfällt", entspricht schließlich dem Glauben an eine „gerechte Welt", bei dem Tun und Ergehen zusammenhängen, und der empirisch im unteren Feldbereich verortet ist (siehe Gennerich, 2010a, S. 235–237 u. 297).

In einem weiteren Schritt lassen sich solche Einzelfallinterpretationen aber auch auf der Basis der Daten der ganzen Stichprobe validieren. Dem wird in Kapitel 4.2.4 vertiefend nachgegangen. Denn alle Befragten sollten die Bedeutung der Zachäusgeschichte einem fiktiven Austauschschüler erläutern. Die Antworten wurden nach den vier Funktionen der Unterscheidung von Gesetz und Evangelium kodiert (usus politicus = Normorientierung; usus theologicus = Selbsterkenntnis; Evangelium = Gottesliebe; tertius usus legis = freies, situationsgemäßes Handeln; Gennerich, 2012a, 140–144) sowie nach den oben skizzierten vier Identitätsmotiven Ziele, Selbstwert, Kontrolle und Kohärenz (vgl. Kap. 2.2.4). Der Verweis auf „Änderungschancen" in der linken Feldhälfte entspricht dabei der Kategorie des Evangeliums und die moralische Interpretation in der rechten Hälfte dem usus politicus.

Die Deutung der Zachäusgeschichte beim Fall „Nancy" in Beziehung zu den Wertedimensionen

In einer weiteren Aufgabenstellung wurde gefragt: *„Stell dir nun als zweites die Austauschschülerin Nancy vor. Nancy hat durch einen Unfall als Kleinkind einen Arm verloren und denkt, dass sie weniger wert sei als ihre Mitschüler. Was könnte die Geschichte ihr sagen?"*

Die Antworten wurden neben einer Kategorisierung nach der Unterscheidung von Gesetz und Evangelium sowie den vier Identitätsmotiven (vgl.

Kap. 4.2.4) auch nach einem davon unabhängigen Schema folgendermaßen kategorisiert (siehe oben im Detail in Kap. 4.1.4 vor Tab. 47): (1) Bloße Behauptung; (2) Begründung mit explizitem Bezug zur Geschichte; (3) Begründung mit externem Argument; (4) Alternative Interpretationen; (5) Fehlende korrekte Antwort; (6) leere Kästchen.

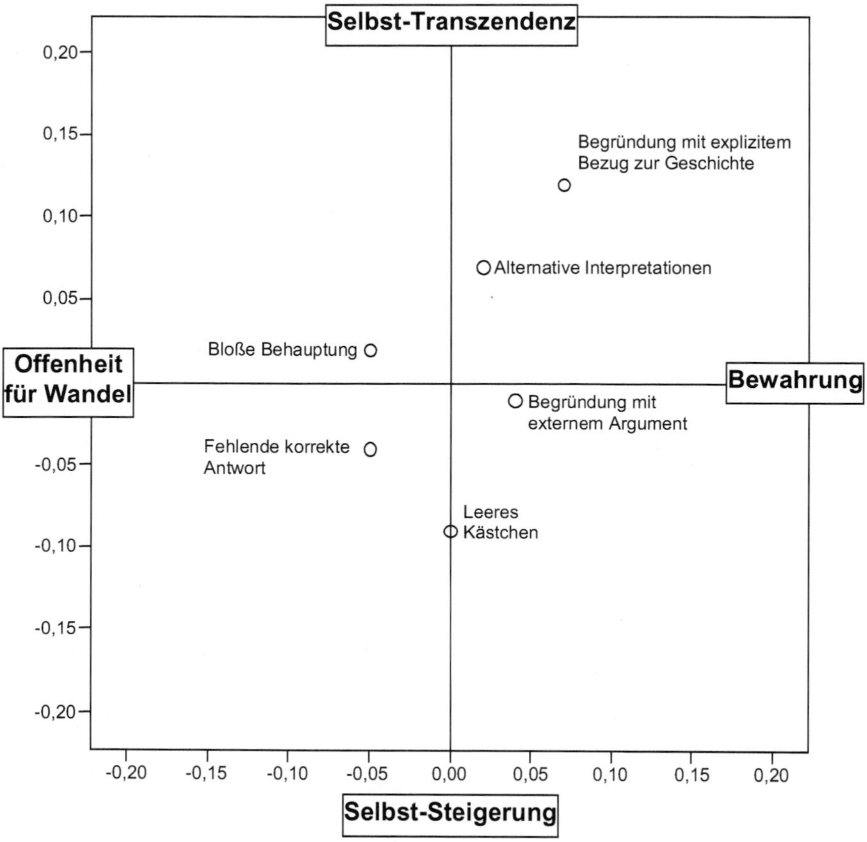

Abbildung 21: *Korrelationen der Kategorien zur Nancy-Frage mit dem Feld der persönlichen Werthaltungen*

Abbildung 21 zeigt, dass Schülerinnen und Schüler, die die Geschichte mit Bezug auf den Plot der Geschichte interpretieren, vor allem oben/rechts verortet sind. Auch alternative Interpretationen werden vor allem von Schülerinnen und Schülern oben/rechts häufiger formuliert als von anderen. Schülerinnen und Schüler, die keine Antwort oder aber im Horizont der Frage falsche Antworten gegeben haben, liegen eher unten bzw. unten/links. Interpretationen mit externen Argumenten und Interpretationen ohne Begründung (bloße Behauptungen) zeigen eine geringere Profilierung – wobei allerdings die bloßen Behauptungen in Richtung des Pols „Offenheit für Wandel“ liegen.

Interessant daran ist, dass also ein expliziter Geschichtenbezug im Bereich besonders religiöser Schülerinnen und Schüler liegt (vgl. Abb. 11) und Schülerinnen und Schüler auf der linken Feldhälfte weniger in der Lage sind, kohärente begründete Interpretationen zu formulieren. Entweder sind die Chancen geringer, dass progressive Interpretationen artikuliert werden, weil die progressiven Schülerinnen und Schüler aufgrund ihrer geringeren Religiosität weniger elaborierte Antworten geben. Oder aber: Im Religionsunterricht werden weniger häufig progressive Interpretationen bekannt gemacht, so dass Schülerinnen und Schüler auf der linken Feldhälfte ihre Interpretationen weniger gut versprachlichen und begründen können. Für die letztere Möglichkeit spricht zumindest der Befund von Gennerich und Zimmermann (2016, S. 100–103, 126–131), dass nämlich Schülerinnen und Schüler auf der linken Feldhälfte im Religionsunterricht kaum attraktive Interpretationsperspektiven zur Verfügung gestellt bekommen und sich deshalb besonders häufig vom Religionsunterricht abmelden.

Zusammenfassung und Schlussfolgerungen

Insgesamt zeigt sich, dass die Zachäusgeschichte im Mittel als profiliert prosozial und traditionell wahrgenommen wird. Diese Wahrnehmung der Geschichte bietet Hürden und Chancen bei einer unterrichtlichen Thematisierung. Einerseits wird die Geschichte relativ konventionell wahrgenommen und somit eher als unvereinbar mit der eigenen Entwicklung in Richtung Autonomie interpretiert. Andererseits kann die Position jedoch im Sinne einer produktiven Spannung zur eigenen Entwicklung im Unterricht adressiert werden. Dann jedoch verweisen die Befunde auf eine Reihe von Aspekten, die bei einer Thematisierung der Zachäusgeschichte zu beachten wären: (a) Die Geschichte wird tendenziell in Übereinstimmung mit den persönlichen Orientierungen interpretiert. Die Geschichte in ihrem Eigensinn wäre demgegenüber zur Geltung zu bringen. (b) Da eine progressive Interpretation der Autonomieentwicklung der Schülerinnen und Schüler entspricht, sind bei der Auslegung der Geschichte öffnende Interpretationen zu fokussieren. (c) Letzteres vor allem, weil die älteren Schülerinnen und Schüler die Geschichte offenbar als Gegenpol zur eigenen Entwicklung stereotypisieren. Lehrerinnen und Lehrer hätten dann im Unterricht solchen Stereotypisierungen immer wieder öffnende Perspektiven entgegenzuhalten. (d) Interessanterweise gab es in unserer Fallanalyse tatsächlich Schülerinnen und Schüler auf der linken Feldhälfte, die für sie attraktive Aspekte der Zachäusgeschichte gefunden haben. Das spricht dafür, dass progressivere Interpretationen durchaus von den Schülerinnen und Schülern im Unterricht wahrgenommen werden können. (e) Wenn jedoch Schülerinnen und Schüler auf der linken Feldhälfte häufiger ihre Interpretation „nur behaupten" und weniger Argumente für ihre Interpretation benennen können, dann bestätigt dies den Bedarf an progressiven Interpretationen im Unterricht.

4.2.2 Bibel und Gender

Unter Kapitel 2.2.2 wurden Erkenntnisse in der Literatur zu Genderunterschieden in Bezug auf Bibellektüre, die Wahl der Lieblingsgeschichte, die Einschätzung zur Wahrheit und die Bedeutung für die Identität herausgearbeitet. Diese Effekte sollen nun anhand unserer Daten überprüft werden. So stellen sich die Fragen:

a) ob Mädchen tatsächlich häufiger in der Bibel lesen und deshalb z. B. biblische Geschichten besser identifizieren können?
b) ob sich die Wahl einer Lieblingsgeschichte, aber auch das Identifizieren der Geschichte aus den Bildern gleichsam gendergemäß ausdifferenziert wie bei Hanisch und Bucher (2002) und Kammeyer und Büttner (2011)?
c) ob Mädchen die Bibel positiver bzw. wahrer beurteilen als Jungen?
d) ob Mädchen bei der Textrezeption involvierter vorgehen und sich mit den biblischen Texten stärker identifizieren können?

Häufigkeit der Bibellektüre und medialen Beschäftigung mit der Bibel

Tabelle 61 zeigt, dass die Mädchen im Bibelwissenstest besser abschneiden als die Jungen. Der Unterschied ist hochsignifikant ($t(2103) = 5{,}90$, $p = 0.000$). Ebenso schätzen sie ihre entsprechenden Fähigkeiten, die Geschichten nacherzählen zu können, besser ein ($t(1983) = -4{,}00$, $p = 0.000$). Mädchen lesen auch häufiger selber in der Bibel ($t(2058) = 2{,}97$; $p = 0.003$), und ihnen gefallen die biblischen Geschichten besser ($t(1926) = -6{,}12$, $p = 0.000$).

Tabelle 61: *Geschlechtsunterschiede im Bibelwissen, in der Selbsteinschätzung der Nacherzählkompetenz, der Häufigkeit des Bibellesens und des Gefallens (Mittelwerte auf der jeweiligen Skala)*

	Mädchen	Jungen
Bibelwissen	0,68	0,56
Nacherzählen können	1,53	1,48
Bibel selber lesen (Häufigkeit)	1,88	1,74
Gefallen an der Geschichte	1,66	1,57

Tabelle 62 zeigt, dass beide Geschlechter vor allem biblische Geschichten durch Filme/DVDs rezipieren. Ein deutlicher Geschlechtseffekt zeigt sich beim Computerspiel: Hier haben nur 1 % der Mädchen, jedoch 9 % der Jungen Kontakt mit biblischen Geschichten, wohingegen bei Mädchen Hör-CDs häufiger eine Quelle der Begegnung mit biblischen Geschichten darstellen (bei Mädchen 18 %, bei Jungen 13 %).

Tabelle 62: *Medien als Lernorte biblischer Geschichten in Prozent im Vergleich von Mädchen und Jungen*

	DVDs/ Filme	Computer-spiel	Comics	Hör-CDs	Sonstige
Mädchen (N = 961–967)	63	1	4	18	24
Jungen (N = 839–842)	60	9	6	13	26

Gendergemäße Wahl der Lieblingsgeschichte

Hanisch und Bucher (2002, S. 43) konnten zeigen, dass Mädchen die Geburtsgeschichte (165/w vs. 96/m) und die Adam-und- Eva-Geschichte (53/w vs. 18/m) häufiger als Jungen als Lieblingsgeschichte wählen, wohingegen Jungen die Mosesgeschichten (135/w vs. 172/m) im Vergleich zu den Mädchen häufiger wählen.

In unserer Studie haben wir die Schülerinnen und Schüler eine Geschichte nacherzählen lassen, die den Befragten „wichtig ist" oder an die sie sich „besonders gut erinnern" können. Die erzählten Geschichten können in unserer Studie als äquivalent zu den Lieblingsgeschichten bei Hanisch und Bucher interpretiert werden. Zumindest jedoch sollte sich auch bei unserer Formulierung der gleiche Geschlechtseffekt zeigen.

Das Berechnungsergebnis mit unseren Daten bestätigt den Befund von Hanisch und Bucher: Mädchen wählen mehr als doppelt so häufig wie Jungen die Geburtsgeschichte als Lieblingsgeschichte (179/w vs. 88/m). Ebenso wählen sie die Adam-und-Eva-Geschichte häufiger als Jungen (90/w vs. 56/m). Anders sieht es bei den Mosesgeschichten aus, die von beiden Geschlechtern in unserer Stichprobe gleichhäufig gewählt werden (59/w vs. 56/m).

Außerdem kann festgestellt werden, dass Mädchen grundsätzlich eher biblische Geschichten auswählten, die weibliche Identifikationsfiguren enthielten. Dies waren die Geschichten (1) „Die Frauen am leeren Grab" mit 42 Nacherzählungen und (2) „Esther" mit 3 Nacherzählungen, sowie (3) „Rahel und Lea", (4) „Rut", (5) „Gleichnis von der Perle", (6) „Gespräch am Jakobsbrunnen" mit jeweils einer Nacherzählung. Zusammengenommen wurden diese Geschichten von 49 Schülerinnen und Schülern nacherzählt. Als Vergleichsgruppe wurden folgende Geschichten gewählt, die männliche Identifikationsfiguren boten: (1) „David und Goliath" mit 44 Nacherzählungen, sowie (2) „Jesus und Thomas", (3) „Nehemia", (4) „Hosea" mit jeweils einer Nacherzählung und (5) Elija mit 2 Nacherzählungen (zusammen ebenfalls 49 Nacherzählungen).

Tabelle 63: *Anteil von Schülerinnen und Schülern in den Teilstichproben „Geschichten mit weiblichen vs. männlichen Identifikationsfiguren"*

Stichprobe	Anteil der Schülerinnen	Anteil der Schüler
Gesamtstichprobe (1)	53 %	47 %
Teilstichprobe mit weiblicher Identifikationsfigur in der Nacherzählung (2)	59 %	41 %
Teilstichprobe mit männlicher Identifikationsfigur in der Nacherzählung (3)	35 %	65 %
Teilstichprobe aller restlichen Nacherzählungen (Gesamtstichprobe ohne die Teilstichproben 2 und 3)	53 %	47 %

Bei der vorweg vorgenommenen Unterscheidung von sechs nacherzählten Geschichten mit weiblicher Identifikationsfigur und fünf nacherzählten Geschichten mit männlicher Identifikationsfigur verdeutlicht Tabelle 63 einen klaren Geschlechtseffekt. Geschichten mit weiblicher Identifikationsfigur wurden von Schülerinnen überproportional häufiger gewählt als von Schülern (59 % vs. 41 %). Und Geschichten mit männlicher Identifikationsfigur wurden von Jungen mit 65 % häufiger nacherzählt, obwohl sie in der Gesamtstichprobe sogar nur mit 47 % vertreten sind. Dabei ist außerdem zu beachten, dass die Mädchen deutlich häufiger eine Lieblingsgeschichte erzählt haben: 825 Mädchen von 1109 haben eine Lieblingsgeschichte nacherzählt (284 haben die Frage ausgelassen). Bei den 996 Jungen in unserer Stichprobe haben nur 585 eine Lieblingsgeschichte nacherzählt, jedoch 411 die Frage ausgelassen.

Bei der Frage, ob Schülerinnen im Bildertest Geschichten mit Frauen besser erkennen als Geschichten ohne Frauen, wurde, wie folgt, vorgegangen: Als Geschichten mit Frauen wurden die Geschichten (1) „Abraham und Sara"; (2) „Adam und Eva"; (3) „die Frauen bei der Auferstehung" und (4) „die Geburt Jesu mit Maria und Josef" definiert. Dazu haben wir als Vergleichsgruppe für die Berechnung typisch männliche Geschichten ausgewählt: (1) Jona (ein Mann als Protagonist im Konflikt mit Gott); (2) Josef und seine Brüder (Gewalt unter Brüdern); (3) Opferung Isaaks (Gewalt Vater-Sohn); (4) Daniel in der Löwengrube (ein Mann als Protagonist im gefährlichen Kontext); (5) David und Goliath (kriegerischer Kampf). Tabelle 64 zeigt den Befund. Mädchen schneiden im Test bei Geschichten mit weiblichen Figuren deutlich besser ab als Jungen. Sie scheiden auch bei Geschichten mit nur männlichen Figuren besser ab, aber hier ist der Effekt geringer. Festgehalten werden kann daher, dass der eigentliche Geschlechtseffekt in der höheren Geschichtenkompetenz der Mädchen liegt (Haupteffekt) und nur eher marginal im Interaktionseffekt, nämlich insofern, als Mädchen ihren Kompetenzvorteil besonders bei Geschichten mit weiblichen Figuren zur Geltung bringen können.

Tabelle 64: *Bibelwissen in Abhängigkeit zu Gender-Figuren (Mittelwerte der Teilgruppen)*

	Mädchen	Jungen
Bibelwissen bei Geschichten mit relevanter weiblicher Figur	0,98	0,78
Bibelwissen bei Geschichten mit männlichen Figuren und Themen	0,48	0,42

Gender und das Bild von der Bibel

Beurteilen Mädchen die Bibel positiver oder schätzen sie die Bibel als wahrer ein? Dieser Frage kann nachgegangen werden, indem die Items zur Einschätzung der Bibel mit dem Polaritätenprofil mit der Variable Geschlecht korreliert werden. Die Höhe der Korrelation zeigt dann an, wie relevant der Faktor Geschlecht bei der Einschätzung der Bibel ist. Tabelle 65 visualisiert den korrelativen Befund.

Tabelle 65: *Korrelationen der Variable Geschlecht mit den bipolaren Items zur Einschätzung der Bibel*

Mögliche Merkmale der Bibel	*weiblich (vs. männlich)*
modern vs. alt	,04
handelt von Gott vs. handelt von Menschen	-,06
langweilig vs. spannend	,07
wahr vs. erfunden	-,09
böse vs. gut	,04
schwer zu verstehen vs. leicht zu verstehen	-,02
vieldeutig vs. eindeutig	00
hat mit dem Leben zu tun vs. hat nichts mit dem Leben zu tun	-,07

Der Tabelle 65 ist zu entnehmen, dass die Geschlechtseffekte sehr klein sind. Eine Fehlerwahrscheinlichkeit von kleiner als 1 % haben lediglich die Korrelationen ab r = .07, wobei es sich dabei um einen sehr schwachen Effekt handelt. Die Tendenzen sind jedoch durchaus aufschlussreich: Mädchen beurteilen die Bibel tendenziell als „spannender", „wahrer" und lebensnäher („hat mit dem Leben zu tun"). Somit haben offenbar Mädchen eine Tendenz, die Bibel in einem stärkeren Ausmaß plausibel zu finden und als persönlich bedeutsam zu interpretieren. Es gibt jedoch keine Gendereffekte bei den Variablen „modern vs. alt", „handelt von Gott vs. von Menschen", „böse vs. gut", „schwer vs. leicht zu verstehen" und „vieldeutig vs. eindeutig".

Identifikation mit dem Text

Ob Mädchen bei der Textrezeption involvierter sind und sich mit den biblischen Texten stärker identifizieren können, kann überprüft werden, indem die Variable Geschlecht (Mädchen vs. Junge) in Beziehung gesetzt wird zu Variablen, die den Grad von Involviertheit und Identifikation mit der Bibel messen. In unserer Studie fragt eine Variable nach der Häufigkeit der persönlichen Bibellektüre: „Liest du selbst in der K-Bibel?" („nie" bis „jeden Tag"). Hier kann davon ausgegangen werden, dass eine häufige eigenständige Bibellektüre mit einer hohen Bedeutung für die eigene Identität einhergeht und auch mit einer relevanten persönlichen Beteiligung bei der Lektüre (Involviertheit). Eine weitere Variable misst, wie wichtig die Bibel „für mich selbst" ist. Eine hohe Wichtigkeit für die eigene Person lässt wiederum auf eine besondere Relevanz für die eigene Identität schließen.

Aus den beiden Variablen „Liest du selbst in der K-Bibel?" und „Wie wichtig ist die Bibel für folgende Menschen: für mich selbst" haben wir entsprechend eine Skala gebildet, die mit $\alpha = .74$ sehr reliabel ist und damit eine sehr gute Messung für den Grad der Identitätsrelevanz darstellt.

Diese Skala kann nun mit der Variablen „Geschlecht" in Beziehung gesetzt werden, wobei Mädchen mit 1 kodiert sind und Jungen mit 2. Es zeigt sich eine hochsignifikante Korrelation von $r = -.10$. Bezogen auf die Empfehlung von Gignac und Szodorai (2016), kann diese Korrelation als kleine Effektstärke gewertet werden ($r = .10$ gilt als kleine Effektstärke, $r = .20$ als mittlere und $r = .30$ als große.). Zum Vergleich: Die Werthaltungsdimension Selbst-Transzendenz vs. Selbst-Steigerung korreliert mit dem Geschlecht mit $r = .23$. Das gilt als ein mittlerer Effekt.

Mit Blick auf die Mittelwerte stellt sich diese kleine Effektstärke so dar: Mädchen haben auf der Skala einen Wert von $M = 2,47$ und Jungen von $M = 2,25$. Das ist also ein gradueller Unterschied, der wahrscheinlich keine grundlegenden didaktischen Entscheidungen rechtfertigen kann. Wir können also die These eines Geschlechtseffektes beim Identifikationsgrad bestätigen, jedoch ist der Geschlechtseffekt vergleichsweise klein. Es bestätigt sich damit auch die Analyse zum Zusammenhang von der Variablen Geschlecht und dem Bild von der Bibel, wo sich ebenfalls sehr schwache, aber konsistente Zusammenhänge zeigten. Der Befund liegt damit auf einer Linie mit Gennerich (2013), der allgemein für die Religiosität von Jugendlichen herausgefunden hat, dass die Geschlechtseffekte im Vergleich zu anderen Variablen wie die konfessionelle Zugehörigkeit (wo hier die Effekte auf der Einstellungsdifferenz von Konfessionslosen zu Muslimen resultieren) und Lebensstilgruppen eher klein sind. Mit Blick auf die Lebensstilgruppen ist dabei zu bedenken, dass sich hier von Natur aus leichter Zusammenhänge nachweisen lassen, weil es sich bei Lebensstilen wie bei Bildern von der Bibel um Einstellungsvariablen handelt. Das biologische Geschlecht hängt jenseits von gesellschaftlichen Geschlechtskonstruktionen nicht direkt mit Einstellungen zur Bibel zusammen (siehe Abschnitt 2.2.2), so dass die geringen Zusammenhänge hier nicht verwundern müssen. Andere Einflussfaktoren wie „Zuwendung von den Eltern“, „Bildung“ und „finanzielle Abgesichertheit des Lebens“ sind relevantere Faktoren (Gennerich, 2010a, S. 57–59, 96 u. 193).

4.2.3 Die Bibel und die Frage nach der Wahrheit

Ob die biblischen Geschichten in der Einschätzung der Schülerinnen und Schüler wirklich geschehen sind, wurde bereits von Bröking-Bortfeld (1984, S. 148) untersucht. Damals, wie bereits oben zitiert, bejahten nur 25 % der Evangelischen, aber 45 % der Katholiken dies. In unserer Studie soll dieser Zusammenhang anhand der deutschen Teilstichprobe überprüft werden, weil die katholischen Schülerinnen und Schüler in der englischsprachigen Stichprobe aufgrund ihrer Gewinnung an katholischen Privatschulen nicht repräsentativ für deutsche katholische Schülerinnen und Schüler sein können. Der Befund zur Abhängigkeit der Einschätzung der Bibel als „wahr vs. erfunden“ findet sich in Tabelle 66.

Tabelle 66: *Bewertung der Bibel als „wahr (vs. erfunden)“ in Abhängigkeit von der konfessionellen Zugehörigkeit in Deutschland*

Religiöse Gruppe	wahr (codiert mit 2) vs. erfunden (codiert mit 1): Mittelwerte (Standardabweichungen)
Katholisch (N = 240/196)	1,50 (0,50)
Evangelisch (N = 807/644)	1,39 (0,49)
Ev.-freikirchlich (N = 69/57)	1,70 (0,46)
Konfessionslos (N = 166/144)	1,28 (0,45)
Muslimisch (N = 88/59)	1,54 (0,50)

Tabelle 66 dokumentiert, dass die Bibel bei evangelisch-freikirchlichen Schülerinnen und Schülern besonders deutlich als „wahr“ angesehen wird. Die Konfessionslosen dagegen betrachten die Bibel eher als „erfunden“. Die landeskirchlich-evangelischen Schülerinnen und Schüler sehen die Bibel auch im Durchschnitt eher als „erfunden“ denn als „wahr“. Ihre katholischen Peers sind da unentschieden und betrachten daher die Bibel als wahrer im Vergleich zu ihren evangelischen Mitschülern. Noch etwas stärker bejahen wiederum die Muslime die Heilige Schrift als wahr, wobei jedoch unklar bleibt, ob sich hierin die koranische Anerkennung der Bibel als ein Buch mit Gottes Offenbarung ausdrückt, oder aber, ob die Muslime hier den Fragebogen mit Bezug zum Koran ausgefüllt haben.

Durch eine explorative Korrelationsanalyse können auch weitere Variablen mit ihrem Zusammenhang zur Einschätzung der Bibel als wahr analysiert werden. Den Befund zeigt Tabelle 67.

Tabelle 67: *Korrelationen verschiedener Variablen mit dem Item „wahr vs. erfunden“ in der deutschen Teilstichprobe*

Variable (N = 1169–1364)	*Korrelation mit „wahr vs. erfunden“*
Bibelwissen (Test)	0,06
Alter	-0,18
Geschlecht (weiblich = 1; männlich = 2)	-0,09
Gottesdienstbesuch	0,33
Gebet	0,42
Vorlesehäufigkeit	0,18
Selberlesen	0,35
Bedeutung von Religion im Elternhaus	0,21
Skala „Eltern als Tradenten“	0,21
Skala „Großeltern als Tradenten“	0,11
Skala „Kindergottesdienst als Tradent“	0,17
Bibel – ein Buch „für mich“	0,53
hat mit meinem Leben zu tun (vs. hat nichts mit meinem Leben zu tun)	0,39

Der Tabelle 67 lässt sich entnehmen, dass sich die größte Korrelation der Einschätzung der Bibel als wahr bei dem Item „Die Bibel – ein Buch für mich“ zeigt (r = .53). Das bedeutet, dass die Bedeutung von Wahrheit wesentlich geprägt wird von der subjektiven Bedeutung der Bibel im eigenen Leben. Ebenso ist die Korrelation mit dem Item „hat mit meinem Leben zu tun“ relativ hoch (r = .39). D. h., ob die Bibel als sinnstiftend und plausibel im Kontext der eigenen Lebensführung betrachtet wird, entscheidet darüber, dass sie als „wahr“ empfunden wird. Relativ hohe Korrelationen zeigen sich auch bei den Variablen zur eigenen religiösen Praxis (Gottesdienstbesuch, Gebet, Bibellektüre), so dass die Bibel bei Jugendlichen, die die Bibel als „wahr“ betrachten, ein bedeutsames Element der eigenen Religiosität darstellt.

Wie bei Tabelle 40 beschrieben wurden drei reliable Skalen zu den Sozialisationsakteuren „Eltern“, „Großeltern“ und „Kindergottesdienst“ gebildet. Der Befund zeigt hier, dass Großeltern (r = .11) und Kindergottesdienst (r = .17) nur einen relativ schwachen Effekt haben auf die Einschätzung der Bibel als wahr. Stärker ist dagegen der Einfluss der Eltern. Ihre Benennung als Tradenten der eigenen Bibelkenntnis korreliert mit dem Wahrheits-Item mit r = .21.

Die Einschätzung der Bibel als „wahr“ steht des Weiteren in Beziehung damit, dass sie in der eigenen Kindheit vorgelesen oder erzählt wurde (r = .18), jedoch kaum mit der eigenen Bibelkenntnis im Bildertest (r = .06). Einen deutlichen Effekt zeigt auch das Lebensalter: die Jüngeren bewerten die Bibel als wahrer als die Älteren (r = -.18). – Daher findet sich auch kein Zusammenhang mit der Bibelkenntnis, weil die Älteren besser bei dem Test abschneiden, aber die Bibel in ihrer Einstellung als weniger wahr bewerten. Kaum einen relevanten Effekt zeigt schließlich das Geschlecht der Befragten (r = -.09; männliche Befragte bewerten die Bibel mit einer minimalen Tendenz als weniger wahr).

Aufschlussreich sind auch Korrelationen der „Wahrheitsvariablen" mit den Kategorien, die bezogen auf die Antworten zur offenen Frage „Was ist eine Bibel? Was bedeutet sie für dich?" gebildet wurden. Der zweite Frageteil wurde quantifizierend beantwortet, so dass in der Auswertung eine Skala von „bedeutet nichts" bis „bedeutet viel" gebildet werden konnte. Bezogen auf den ersten Frageteil, wurden 6 Kategorien gebildet, die in Kapitel 4.1.2 näher dargestellt werden. Um auch hier Korrelationen berechnen zu können, wurde jede Kategorie bei ihrem Vorliegen mit 1 kodiert und mit 0, wenn sie nicht vorlag. Tabelle 68 stellt den Befund dar.

Tabelle 68: *Korrelationen der Kategorien zur offenen Frage nach der Bedeutung der Bibel mit dem Item „wahr vs. erfunden" in der deutschen Teilstichprobe*

Variable (N = 1310–1353)	*Korrelation mit „wahr vs. erfunden"*
bedeutet nichts vs. bedeutet viel	.46
(1) Inkarnation	.15
(2) Glaubenszeugnis	-.03
(3) Kritisches Element: menschl. Dokument, unwahr, unhistorisch	-.17
(4) Historie	.03
(5) Inhalt: Buch über ...	.01
(6) Buch	-.02

Es wird wiederum deutlich, dass mit einer Bewertung der Bibel als „wahr" sie auch als hoch bedeutsam erlebt wird (r = .46). Mit Blick auf die verschiedenen Definitionen der Bibel zeigen sich zwei relevante Korrelationen bei den Kategorien (1) und (3): Wenn die Bibel im Sinne einer „Inkarnation" als „göttlich" attribuiert wird (vgl. Kap. 4.1.2), dann wird sie eher als „wahr" bewertet. Wenn die Bibel explizit „kritisch" bewertet wird, dann wird sie eher als „erfunden" bewertet.

Wenn die Bibel als „wahr" verstanden wird, dann beruht diese Einschätzung offenbar sowohl auf einer gelingenden lebensweltliche Anwendung ihrer Inhalte als auch auf ihrer Einschätzung als heiliges Wort Gottes. Denn die Kategorie „Inkarnation" kennzeichnet die Bibel als Schrift oder Brief Gottes, beschreibt sie als „Wort Gottes" oder „göttlich", teils auch mit persönlichem Bezug wie „Es ist ein Buch von unserem Gott" (Nr. 771) bzw. „Durch die Bibel spricht Gott zu uns" (Nr. 714). Das Wort „wahr" speist sich in seiner Bedeutung daher auch aus der Zuschreibung von Heiligkeit gegenüber der Bibel. Die Korrelation von r = .15 ist zwar geringer als bei der Variablen „hat mit meinem

Leben zu tun“ (r = .39). Die Differenz in der Größe geht hier jedoch wahrscheinlich auf einen methodischen Effekt zurück, weil es sich bei der Kategorie „Inkarnation“ um eine inhaltlich weniger präzise Messung (bezogen auf eine offene Frage) handelt als bei den anderen über Ratings konstruierten Messungen. Die *lebensweltliche Anwendung* und die *Qualität der Heiligkeit* können daher als gleich bedeutsam für die Einschätzung der Bibel als wahr betrachtet werden.

4.2.4 Befunde zur persönlichen Bedeutsamkeit der Bibel

Die in Kapitel 2.2.4 entfaltete theoretische Perspektive kann anhand der zwei Aufgabenstellungen empirisch analysiert werden, die wir zur Zachäusgeschichte formuliert haben. In einer ersten Anforderungssituation ging es darum, die Bedeutung der gelesenen Zachäusgeschichte zu erläutern:

> „Stell dir vor, du schlägst zusammen mit Ramin die Bibel auf und ihr landet auf der Seite mit der Zachäusgeschichte (siehe oben). Ihr lest die Geschichte und du wirst von dem Austauschschüler gefragt, was die Geschichte bedeutet. Versuche eine Antwort zu geben:“

In einer zweiten anschließenden Anforderungssituation (der „Nancy-Frage“) wurde folgende Fragestellung zur Zachäusgeschichte formuliert:

> Stell dir nun als Zweites die Austauschschülerin Nancy vor. Nancy hat durch einen Unfall als Kleinkind einen Arm verloren und denkt, dass sie weniger wert sei als ihre Mitschüler. Was könnte die Geschichte ihr sagen?

Die erste Anforderungssituation haben 1638 Befragte bearbeitet, die zweite Anforderungssituation mit der Nancy-Frage 1578. Die gegebenen freien Antworten der Schülerinnen und Schüler wurden zum einen anhand der vier Identitätsmotive und zum anderen nach den vier Aspekten kategorisiert, die der Logik der Unterscheidung von Gesetz und Evangelium entsprechen (siehe Kap. 2.2.4).

a) Zur Kategorisierung der vier Motive der Identitätskonstruktion, nämlich Ziele, Selbstwert, Kontrolle und Kohärenz: Die freien Antworten auf die Frage, was die Zachäusgeschichte bedeutet, sowie auf die Frage, was die Zachäusgeschichte einer Austauschschülerin mit dem Namen Nancy sagen könnte, die als Kind einen Arm verloren hat und darunter leidet, wurden bezogen auf diese vier Motive kategorisiert. Die Antworten auf die allgemeine Frage nach der Bedeutung wurden durch drei geschulte wissenschaftliche Hilfskräfte unabhängig kodiert. Nach etwa 100 kodierten Fällen wurden die Ratings von den Autoren geprüft und Missverständnisse bei der Kodierung korrigiert. Zweifelsfälle wurden mit den Autoren der Studie durchweg besprochen. Es ergeben sich die folgenden Reliabilitäten für die vier Motive: α = .92 für „Ziele“, α = .75 für „Selbstwert“, α = .69 für „Kontrolle“ und α = .64 für „Kohärenz“. Bei den Nancy-Antworten finden sich die folgenden Reliabilitäten: α = .73 für „Ziele“, α = .80 für „Selbstwert“, α = .68 für „Kontrolle“ und α = .72 für „Kohärenz“. Tabelle 69 zeigt Beispiele für die kodierten Antworten, wobei solche ausgewählt wurden, die mit nur einer Kategorie geratet wurden. Die meisten Antworten enthalten jedoch mehrere Motive, die auch entsprechend kodiert wurden.

Tabelle 69: *Beispielantworten für die vier Identitätskategorien*

Kategorie	*Beispielantworten*
Ziele	– Die Geschichte bedeutet das man nicht unrecht zu den anderen sein soll. (Nr. 1)
	– Mir bedeutet die Geschichte, dass man andere Menschen nicht vom Aussehen bezeichnen soll, sondern vom inneren kleine Menschen sollen (können) auch nett, fröhlich, freundlich sein. (Nr. 609)
	– Nur weil man anders als andere ist, heißt nicht, dass die einen nicht mögen. Man sollte sich nur nicht so verhalten, dass sie einen nicht mögen. (Nancy, Nr. 587)
Selbstwert	– Sie zeigt, dass kein Mensch weniger wert ist als ein anderer. Gott freut sich auf die, die ihr Leben lang lieb waren, jedoch noch mehr über die Sünder, die umgekehrt sind auf den rechten Weg. (Nr. 234)
	– Sie bedeutet, dass Jesus jeden annimmt so wie dich und mich. (Nr. 607)
	– Die Geschichte könnte ihr sagen, dass Jesus allen hilft und dass sie genauso viel wert ist wie alle anderen. (Nancy, Nr. 1035)
Kontrolle	– Zachäus wollte unbedingt Jesus sehen. Und Jesus kam auch. Doch Zachäus war sehr klein und konnte Jesus nicht sehen er kletterte auf einen Baum um ihn sehen zu können. Jesus sagte, er soll runter kommen, weil er sein Gast sei. Zachäus meinte er würde allen etwas von seinem Geld abgeben. (Nr. 185)
	– Es zeigt, dass sich auch schlechte Menschen ändern können. (Nr. 630)
	– Dass es nicht wichtig ist arm oder reich, behindert oder gesund ist. Es kommt nur darauf an wie du bist nämlich nett oder fies. (Nancy, Nr. 1038)
Kohärenz	– Die sagt, dass es egal ist ob du gesündigt hast oder unfair gegenüber anderen warst. Gott und Jesus werden deine Sünden vergeben. (Nr. 619)
	– Die Geschichte will dir sagen, dass egal wie du dein Leben bisher geführt hast und egal wie gemein du warst, wenn du deine Fehler eingesehen hast, will Gott dir vergeben. (Nr. 760)
	– Das egal wie man ist trotzdem gemocht wird. (Nancy, Nr. 720)

b) Darüber hinaus wurden die offenen Fragen zur Zachäusgeschichte (nach ihrer allgemeinen Bedeutung und der möglichen Bedeutung für Nancy) bezogen auf die Unterscheidung von Gesetz und Evangelium kategorisiert. Dabei wurden neben dem Evangelium die drei Funktionen des Gesetzes differenziert (usus politicus, usus theologicus u. tertius usus legis). Die Antworten auf die allgemeine Frage nach der Bedeutung der Zachäusgeschichte wurden durch zwei geschulte wissenschaftliche Hilfskräfte kodiert. Nach etwa 100 kodierten Fällen wurden die Ratings von den Autoren geprüft und Missverständnisse bei der Kodierung korrigiert. Zweifelsfälle bei der Kodierung wurden besprochen. Die Reliabilitäten der Kodierungen sind dabei für den „usus politicus" $\alpha = .87$, für den „usus theologicus" $\alpha = .67$, für den „tertius usus" = .83 und für die Kategorie des „Evangeliums" $\alpha = .72$. Für eine entsprechende Skalenbildung wurden beide Ratings gemittelt. Bei der Kodierung der Nancy-Antworten wurde aufgrund der guten Reliabilität bei der Frage nach der allgemeinen Bedeutung auf eine doppelte Einschätzung verzichtet. Tabelle 70 zeigt Beispiele für die kodierten Antworten.

Tabelle 70: *Beispielantworten für die vier Funktionen der Unterscheidung von Gesetz und Evangelium*

Kategorie	*Beispielantworten*
usus politicus (Formulierung moralischer Standards)	– Die Geschichte bedeutet das man nicht unrecht zu den anderen sein soll (Nr. 1) – Du sollst anderen nicht zu viel abnehmen und sollst teilen. (Nr. 152) – Man soll nicht alles für sich behalten oder beanspruchen und andere werden immer ärmer daran. Man soll sein Leib und Wohl mit anderen teilen die kaum was haben. (Nr. 618) – Man soll sich nicht vom Geld verführen lassen und lieber auch mal teilen was man hat. (Nr. 744) – Das andere ihr helfen sollten und nicht ihr Handicap ausnutzen. (Nancy; Nr. 903)
usus theologicus (Selbsterkenntnis)	– Zachäus ist ein Zöllner, er hat vielen Menschen zu viel abgenommen. Er hat erkannt, dass es falsch war, als er Jesus eines Tages getroffen hat. Er hat jedem, dem er zu viel abgenommen hat, vierfach soviel gegeben. Jesus war stolz auf ihn. (Nr. 13) – Man kann sich im Leben ändern. Jeder verdient eine zweite Chance. Wenn man sein Fehler einsieht und daraus lernt ist alles möglich. (Nr. 824) – Sie bedeutet, dass jeder und wirklich jeder ein Christ sein kann. Egal ob arm oder reich oder groß oder klein. Egal ob man eine schwere Last (so wie Zachäus) auf sich geladen hat. Erkennt man seine Fehler und versucht zumindest sie zu korrigieren, so ist dieser auch Gottes Sohn bzw. er kann Teil von Gottes Gemeinschaft werden. (Nr. 973) – Die Geschichte will aussagen, dass Geld oder Reichtum nicht alles im Leben ist. Familie und Freunde sind wichtiger, nur in dieser Geschichte erkennt Zachäus dies erst später. Er bereut seine Taten und will es ändern. (Nr. 1186) – This story could change their mind by allowing them to see whatever they have poor self-esteem about isn't all they have going for them and could make them change their mind about themselves. (Nancy, Nr. 1486)

Fortsetzung folgt

tertius usus (Äußerungen, in denen das moralisch gute Verhalten nicht eine Anpassung an äußerliche Standards ist im Sinne eines „man muss“, „es sollte“, sondern Konsequenz der eigenen Erkenntnis bzw. des persönlichen Wollens)	– Zöllner waren früher Sünder, weil diese den Menschen früher Geld abgenommen haben. Jesus entscheidet sich nicht bei einem Nicht-Sünder Gast zu sein, sondern bei einem Sünder. Dieser hat dann seine Fehler eingesehen und will diese dann auch wieder gut machen.“ (Nr. 95) – Jesus ist auf die Welt gekommen, damit unsere Sünden vergeben werden können. Zachäus hat eingesehen einen Fehler gemacht zu haben. Er gibt das, was er unrechtens erworben hat und mehr zurück. Weltlicher Besitz ist in Gottes Augen nichts wert. (Nr. 108) – Ein Zolleinnehmer hat vielen Menschen zu viel Geld abgenommen und will ihnen jetzt das 4-fache zurückgeben und sein Geld mit den Armen teilen. (Nr. 825) – Der Zolleinnehmer will den Armen, dank Jesus Geld geben, sogar noch mal das Vierfache. (Nr. 1471) – In der Geschichte will Zachäus zeigen wie er wirklich ist. Nämlich ist er erst reich und knüpft allen Armen das Geld ab, aber dann gibt er viel Geld für die Armen ab. Denen der er zu viel Geld abgeknüpft hat, gibt er vierfach zurück. Nancys Mitschüler denken vielleicht, dass sie nichts wert sei. Aber dann kann Nancy zeigen wie sie wirklich ist. Sie muss ihnen erklären, wie unwichtig das Äußerliche ist und wie wichtig das Innerliche ist! [...] (Nancy, Nr. 1029)
Evangelium (Botschaft von der Liebe Gottes)	– Ich glaube, sie bedeutet, dass jeder von Gott angenommen wird, egal was jemand getan hat, dass Gott immer hinter einem stehen wird und jeder Mensch etwas Besonderes ist. (Nr. 12) – Dass jeder sich ändern kann und zu Gott kommen kann. Gott verzeiht jedem und gibt ihm eine 2. Chance. (Nr. 24) – Die Geschichte soll ausdrücken, dass selbst die Sünder nur Menschen sind und das Gott auch ihnen verzeiht. (Nr. 785) – Die Geschichte bedeutet, dass Jesus einem Menschen hilft, seine schlechten Taten wieder gut zu machen und lässt ihn nicht allein. Gott ist bei einem, in guten und in schlechten Zeiten. (Nr. 809) – Die Geschichte könnte ihr sagen, dass alle Menschen von Gott geliebt werden. Es ist egal, ob man arm oder reich, gesund oder krank oder alt oder jung ist. (Nancy, Nr. 1030)

Im Vergleich der vier Identitätsmotive mit den vier Kategorien der Unterscheidung von Gesetz und Evangelium zeigt sich, dass die Kategorien ähnlich sind und miteinander in Beziehung stehen. So geht es beim usus politicus um Verhaltensstandards, mit denen immer Ziele einhergehen. Der usus theologicus mit seinem Fokus auf Selbsterkenntnis hat keine direkte Parallele bei den Identitätsmotiven, insofern die Kategorie des Selbstwerts immer die positive Bewertung der ggf. wahrgenommenen Selbstaspekte voraussetzt. Jedoch kann die Liebe Gottes, die im Evangelium repräsentiert ist, einen positiven Selbstwert begründen. Der tertius usus legis akzentuiert das freie, selbstentschiedene gute

Handeln und hat daher eine Ähnlichkeit zum Motiv der Kontrolle, die ebenfalls die Dimension der freien Entscheidung impliziert. Das Motiv der Kohärenz, das die Konstruktion von Brücken zwischen Widersprüchen und eigentlichen Unvereinbarkeiten beinhaltet, hat schließlich ebenfalls eine Ähnlichkeit zum Evangelium, weil dieses dem eigentlichen unannehmbaren Menschen mit der frohen Botschaft eines neuen Lebens begegnet. Tabelle 71 verdeutlicht, wie die Motive auf der empirischen Ebene zusammenhängen.

Tabelle 71: *Interkorrelationen der Identitätsmotive und der Kategorien der Unterscheidung von Gesetz und Evangelium bei den Antworten zur Frage nach der allgemeinen Bedeutung der Zachäusgeschichte*

Identitätsmotive / *Unterscheidung von Gesetz u. Evangelium*	usus politicus	usus theologicus	Evangelium	tertius usus legis
Ziele	.89	-.14	-.34	-.18
Selbstwert	-.16	.01	.53	-.07
Kontrolle	-.13	.43	.07	.22
Kohärenz	-.24	.19	.47	.04

Tabelle 71 verdeutlicht, dass der konzeptionellen Analogie zwischen den Kategorien „Ziele“ und „usus politicus“ auf der empirischen Ebene eine sehr hohe Korrelation von r = .89 entspricht, die anzeigt, dass die beiden Kategorien als inhaltlich identisch gewertet werden können. Die Kategorie des „Selbstwerts“ korreliert besonders hoch mit dem „Evangelium“ (r = .53). Das ist theoretisch sinnvoll, weil Gottes Liebe eine Quelle der Selbstwertbegründung darstellt (vgl. Crocker & Wolfe, 2001). Die Kategorie der „Kontrolle“ korreliert ebenso deutlich mit dem „usus theologicus“ (r = .43), was den Zusammenhang abbildet, dass Einsicht und Selbsterkenntnis Voraussetzungen für Kontrolle darstellen. Schließlich zeigt sich eine weitere hohe Korrelation von „Kohärenz“ und „Evangelium“ von r = .47. Dem entspricht vor allem, dass die Vergebung von Schuld, die im Evangelium begründet ist, Selbst-Diskrepanzen relativieren kann (vgl. Gennerich, 2012a, S. 144). Der „tertius usus legis“ korreliert am stärksten, jedoch weniger hoch (r = .22) mit dem Motiv der „Kontrolle“. Das ist ebenfalls theoriegemäß (vgl. Gennerich, 2012a, S. 144), weil die implizierte Handlungsfreiheit des tertius usus legis dem Motiv der Kontrolle entspricht. Darüber hinaus zeigt sich noch eine relativ hohe negative Korrelation zwischen dem Motiv der „Ziele“ und dem „Evangelium“, was bedeutet, dass Schülerinnen und Schüler, die die Zachäusgeschichte „moralisch“ deuten, eher nicht in ihrer Deutung auf den Zuspruchcharakter der Geschichte abheben. Die parallelen Korrelationen bei der Nancy-Frage (vgl. Tab. 72) bieten die Möglichkeit, diese Zusammenhänge zu prüfen.

Tabelle 72: *Interkorrelationen der Identitätsmotive und der Kategorien der Unterscheidung von Gesetz und Evangelium bei den Antworten zur Nancy-Frage*

Unterscheidung von Gesetz u. Evangelium / *Identitätsmotive*	usus politicus	usus theologicus	Evangelium	tertius usus legis
Ziele	.65	.00	-.27	.01
Selbstwert	-.14	-.14	.71	-.16
Kontrolle	.19	.21	-.18	.18
Kohärenz	-.11	-.03	.26	-.05

Tabelle 72 zeigt – wie bereits Tabelle 71 – eine sehr hohe Korrelation zwischen der Kategorie der „Ziele" und dem „usus politicus" (r = .65). Noch stärker hängen bei der Nancy-Frage die Kategorien „Selbstwert" und „Evangelium" zusammen (r = .71). Offenbar wird der mögliche Selbstwert von Nancy angesichts ihrer Beeinträchtigung fast durchweg mit dem Verweis auf Gottes Liebe (Evangelium) begründet. Wie in Tabelle 61 korreliert das Motiv der „Kontrolle" am stärksten mit der Kategorie des „usus theologicus", allerdings relativ schwach (r = .21). Ebenso korreliert wie bereits in Tabelle 71 das Motiv der „Kohärenz" am stärksten mit der Kategorie des „Evangeliums" (r = .26). Auch die negative Korrelation (r = -.27) der offenbar „moralischen" Ziele-Kategorie mit dem „Evangelium" entspricht der Tabelle 71. Allerdings sind bei der Nancy-Frage die Korrelationen bis auf die Selbstwertbegründung mit der Liebe Gottes deutlich niedriger. Das könnte daran liegen, dass die Nancy-Frage nur diese eine „Lösung" zugelassen hat, so dass sich die anderen Zusammenhänge in den Antworten kaum repräsentieren.

Tabelle 73: *Interkorrelationen der Identitätsmotive bei den Antworten zur Frage nach der allgemeinen Bedeutung der Zachäusgeschichte (unterhalb der Diagonalen) und zur Nancy-Frage (oberhalb der Diagonalen)*

Identitätsmotive	Ziele	Selbstwert	Kontrolle	Kohärenz
Ziele	1	*-.12*	*.16*	*-.10*
Selbstwert	-.16	1	*-.16*	*.20*
Kontrolle	-.15	-.01	1	*-.05*
Kohärenz	-.22	.26	.22	1

Tabelle 73 verdeutlicht ergänzend noch die Interkorrelationen bei den vier Identitätsmotiven für die allgemeine Zachäusfrage und die Nancy-Frage. Es zeigen sich relativ kleine Korrelationen. Das ist sachgemäß, weil die Motive als unabhängig voneinander theoretisch konzipiert wurden. Die höchste Korrelation findet sich mit r = .26 zwischen den Motiven des „Selbstwerts" und der „Kohärenz". Das entspricht dem theoretischen Zusammenhang, dass Selbst-Diskrepanzen den Selbstwert bedrohen (Gennerich, 2010a, S. 97–98).

Tabelle 74: *Interkorrelationen der Kategorien der Unterscheidung von Gesetz und Evangelium bei den Antworten zur Frage nach der allgemeinen Bedeutung der Zachäusgeschichte (unterhalb der Diagonalen) und zur Nancy-Frage (oberhalb der Diagonalen)*

Unterscheidung von Gesetz u. Evangelium	usus politicus	usus theologicus	Evangelium	tertius usus legis
usus politicus	1	*-.07*	*-.42*	*-.03*
usus theologicus	-.20	1	*-.20*	*.00*
Evangelium	-.40	-.02	1	*-.18*
tertius usus legis	-.21	.13	-.07	1

Tabelle 74 stellt die Interkorrelationen der Kategorien zur Unterscheidung von Gesetz und Evangelium dar. Hier zeigen sich mit einer Ausnahme ebenfalls erwartungsgemäß geringe Interkorrelationen. Lediglich zwischen den Kategorien „usus politiucs" und „Evangelium" wird eine deutlich negative Korrelation von r = -.40 bei der Zachäusfrage bzw. r = -.42 bei der Nancy-Frage sichtbar, was der Logik der Unterscheidung von Gesetz und Evangelium entspricht, insofern eine gesetzlich-moralische Geschichteninterpretation eine Interpretation unwahrscheinlich macht, die auf „Gnade" abhebt. Aufschlussreich ist dabei vor allem, dass Schülerinnen und Schüler, die die Liebe und Zuwendung Gottes/Jesu in der Geschichte sprachlich nicht formulieren, dazu neigen, den Sinn der Geschichte in einer Semantik von „müssen" und „sollten" zu formulieren. Im Grunde zeigen diese Schülerinnen und Schüler dabei eine Haltung, die der verurteilenden Bevölkerung in der Geschichte entspricht. Allerdings ist genauso erwartbar, dass Schülerinnen und Schüler in der Lage sind, ihre Semantik zu verändern, wenn sie lernen, den Zuwendungsaspekt der Geschichte in Worte zu fassen.

Die so weit erfolgte Analyse der korrelativen Zusammenhänge gibt noch keine Auskunft darüber, wie häufig die verschiedenen Kategorien in den Interpretationen der Schülerinnen und Schüler vorkamen. Wie häufig die Kategorien verwendet wurden, kann man im Folgenden aus Tabelle 75 ablesen.

Tabelle 75 stellt dar, wie häufig die verschiedenen Kategorien zur Anwendung kamen. Eine methodische Erläuterung ist dafür nötig: Da die Kategorisierungen über die Rater jeweils gemittelt wurden, ergeben sich Mittelwerte mit Kommastellen. Bei einem Wert von 0,5 wurde aufgerundet und die Kategorie als vorliegend gewertet (was sehr selten der Fall war). Die Prozentangaben beziehen sich sodann jeweils auf die gesamte Stichprobe, inklusive der Schülerinnen und Schüler, die keine Deutung der Geschichte aufgeschrieben haben. So geben die Prozentangaben an, wie häufig die Deutungen in der gesamten Stichprobe vorkommen und wieviel Prozent der Schülerinnen und Schüler entsprechende Deutungskompetenzen gezeigt haben. „Missing values" werden hier daher als eine fehlende Kompetenz gewertet – sei es, weil entsprechende Fertigkeiten fehlen, sei es, weil die Motivation zu gering ausgeprägt ist, sie zu zeigen.

Tabelle 75: *Prozentuale Häufigkeiten der acht Kategorien*

Kategorie	Häufigkeit in Prozent	Häufigkeit in % bei weiblichen Befragten	Häufigkeit in % bei männlichen Befragten
Ziele	37	39	34
Selbstwert	11	13	8
Kontrolle	11	13	9
Kohärenz	7	8	5
usus politicus	42	45	39
usus theologicus	12	14	10
Evangelium	20	23	16
tertius usus legis	8	9	6
Ziele (Nancy)	11	13	9
Selbstwert (Nancy)	51	57	44
Kontrolle (Nancy)	6	8	5
Kohärenz (Nancy)	5	7	3
usus politicus (Nancy)	12	14	10
usus theologicus (Nancy)	2	2	2
Evangelium (Nancy)	50	55	45
tertius usus legis (Nancy)	2	2	2

Bei der allgemeinen Zachäusfrage wird deutlich, dass eine moralische Interpretation der Geschichte bei den Schülerinnen und Schülern vorherrscht. Das Identitätsmotiv der Zielsetzung kommt mit 37 % am häufigsten vor, die anderen Motive liegen bei 7 und 11 %. Ebenso wird bei der Unterscheidung von Gesetz und Evangelium deutlich, dass der zum Motiv der „Ziele" analoge „usus politicus" mit 42 % am häufigsten ist. Mit 20 % kommt in Relation zum „usus theologicus" (12 %) und dem „tertius usus legis" (8 %) das „Evangelium" noch relativ häufig als Deutungskategorie vor. Aufschlussreich ist dabei jedoch, dass die Kategorie des „Evangeliums" bei der Interpretation nur etwa halb so häufig herangezogen wird wie die Kategorie des „usus politicus". Da bereits in Kapitel 4.2.1 deutlich wurde, dass „moralische" Interpretationen im rechten konservativen Wertefeldbereich und dem Evangelium entsprechende Interpretationen (Chance der Umkehr bzw. Veränderung) im linken Feldbereich verortet sind, ist davon auszugehen, dass die meisten Schülerinnen und Schüler die Zachäusgeschichte in einer Weise interpretieren, die sie selbst eher wenig attraktiv finden, weil moralische Interpretationen vermutlich als lebensweltlich irrelevant empfunden werden (vgl. Tab. 76 das Item „hat mit meinem Leben zu tun" und Gennerich & Zimmermann, 2016, S. 99). Des Weiteren zeigen Korrelationen mit dem Bildertest zum Bibelwissen, dass der „usus theologicus“ und die Kategorie des „Evangeliums“ mit diesem objektiven Test zur Geschichtenkenntnis mit r = .13 und r = .16 korrelieren. Der „usus politicus“ zeigt dagegen keine nennenswerte Korrelation mit dem Kenntnisstand (r = .05), ebenso wenig der „tertius usus“ mit einer Nullkorrelation (r = .00). Eine nicht-moralische Interpretation der Zachäusgeschichte kann in diesem Sinne als Kompetenz interpretiert werden.

Bei der Nancy-Frage finden wir ein charakteristisch anderes Muster: Nicht das Identitätsmotiv der Ziele (11 %) wird am häufigsten angewendet, sondern das Motiv des Selbstwerts (51 %). Vergleichbar wird bei der Anwendung der Unterscheidung von Gesetz und Evangelium deutlich, dass das Evangelium mit 50 % am häufigsten kategorisiert wurde. Komplementär dazu zeigen die Schülerinnen und Schüler bei der Kategorie des „usus politicus“ mit 12 % eine relativ große Zurückhaltung. Das signalisiert, dass die Schülerinnen und Schüler ein Bewusstsein dafür haben, dass die Selbstwertproblematik bei Nancy nicht mit moralischen Standards gelöst werden kann, sondern dass es hier eines Zuspruchs bedarf. Dass bei der allgemeinen Zachäusfrage der „usus politicus“ so häufig zur Anwendung kommt, mag daher auch der Bedürfnislage der Schülerinnen und Schüler entsprechen, die in ihrer Identitätsentwicklung nach Orientierung suchen. Die Schülerinnen und Schüler zeigen damit insgesamt eine beachtliche Flexibilität bei der lebensweltbezogenen Anwendung der Zachäusgeschichte.

Ergänzend bietet Tabelle 75 auch jeweils eine Spalte mit den Prozentzahlen für weibliche und männliche Befragte. Dabei zeigt sich, dass die weiblichen Befragten bei fast allen Kategorien höhere Werte haben. Lediglich bei den schwierigen Kategorien des „usus theologicus“ und des „tertius usus legis“ bei der Nancy-Frage haben beide Geschlechter Werte von 2 %. Besonders hoch sind die Differenzen zwischen Mädchen und Jungen bei den Kategorien des Evangeliums und des Selbstwerts. Mädchen interpretieren die Zachäusgeschichte häufiger mit Rückgriff auf die Idee der Liebe Gottes und betonen auch häufiger die Selbstwertrelevanz der Geschichte. Sie zeigen damit bei der Interpretation, wie auch schon bei dem Geschichtenidentifikationstest, eine größere Kompetenz als die Jungen.

In einem nächsten Schritt können über die Korrelationen der acht Motive bzw. Kategorien mit weiteren Variablen ihre Bedeutung für das Bibelverständnis exploriert werden. Die Tabellen 76 und 77 dokumentieren die Befunde für die allgemeine Frage nach der Bedeutung der Zachäusgeschichte und für die Nancy-Frage. Die Korrelationen sind insgesamt relativ klein. Das liegt daran, dass es sich bei den aufgeführten Variablen um Ratings bzw. Selbsteinschätzungen der Schülerinnen und Schüler im Fragebogen handelt und bei den Kategorien um Einschätzungen der wissenschaftlichen Hilfskräfte, bezogen auf die Zachäusinterpretationen der Schülerinnen und Schüler. Die Ratings stammen damit quasi methodisch von unterschiedlichen Personen, so dass intrapersonale Konsistenzeffekte weniger zum Tragen kommen. Tabelle 76 zeigt zunächst die

Korrelationen bezogen auf die Frage nach der allgemeinen Bedeutung der Zachäusgeschichte.

Tabelle 76: *Korrelationen verschiedener Variablen mit den acht Kategorien der Frage nach der allgemeinen Bedeutung der Zachäusgeschichte*

	Ziele	Selbstwert	Kontrolle	Kohärenz	usus politikus	usus theologicus	Evangelium	tertius usus legis
Hast Du eine Kinderbibel? (keine, eine, mehrere)	-.04	.15	.04	.08	-.05	.04	.15	-.01
Habt Ihr eine Bibel zuhause? (keine, eine, mehrere)	.01	.14	.10	.13	-.01	.07	.16	.04
Hat Dir jemand früher bibl. Geschichten vorgelesen/ erzählt?	.02	.13	.03	.11	.01	.04	.19	-.03
Mutter hat vorgelesen/ erzählt	-.03	.08	.05	.06	-.06	.00	.07	.03
Kindergottesdiensthelfer hat vorgelesen/ erzählt	-.07	.14	.05	.16	-.07	.05	.16	-.02
Wie oft gehst Du in den Gottesdienst?	.04	.14	.00	.14	.02	.04	.18	-.06
Bibel ist wichtig *„für mich"*	.02	.11	.00	.09	.01	.03	.15	-.04
Von der Mutter erzählt (Woher kennst Du die meisten bibl. Geschichten?)	-.01	.06	.05	.08	-.03	.03	.08	.02
Kindergottesdienst (Woher kennst Du die meisten bibl. Geschichten?)	-.05	.08	.08	.11	-.06	.05	.09	.04
Konfirmandenunterricht (Woher kennst Du die meisten bibl. Geschichten?)	-.02	.11	.16	.07	-.03	.08	.08	.04
Skala „Bibelwissen"	.06	.20	.17	.18	.04	.15	.22	.00
Skala „Gefallen" an den Test-Geschichten	.03	.17	.10	.13	.04	.11	.18	.01
Wie sehr gefällt Dir die Zachäusgeschichte?	.07	.13	.09	.13	.06	.09	.14	.02
Bibelbild: *Hat mit meinem Leben zu tun vs. hat nichts mit meinem Leben zu tun*	-.01	.14	.01	.11	-.02	.03	.18	.00
Klassenstufe	-.01	.11	.17	.17	-.01	.12	.11	.00
Alter	.00	.10	.17	.16	-.01	.10	.12	.00

Tabelle 76 macht aufschlussreiche Effekte sichtbar: (1) Besitzen die Schülerinnen und Schüler eine Kinderbibel, ist eine Bibel im Haushalt vorhanden und wurden ihnen biblische Geschichten vorgetragen, dann kommt in ihren Interpretationen häufiger die Kategorie des Evangeliums zur Anwendung und die Zachäusgeschichte wird häufiger „selbstwertdienlich" interpretiert. (2) Weiterhin wird bei der Frage, wer die Geschichten vorgelesen oder erzählt hat, eine deutliche Differenz zwischen der „Mutter" und kirchlichen Mitarbeiterinnen

(„Kindergottesdiensthelfern“) deutlich: Eine selbstwertdienliche Interpretation mit Rückgriff auf die Kategorie des „Evangeliums“ zeigt sich stärker bei den Kindergottesdiensthelferinnen und -helfern (r = .17 bzw. r = .15) und weniger bei der „Mutter“ (r = .10 bzw. r = .06). Dieser Effekt wird auch bei der Frage, woher biblische Geschichten bekannt sind, sichtbar: Eine selbstdienliche Interpretation wird weniger von der Mutter gefördert (r = .07), jedoch stärker im Kindergottesdienst (r = .17) und im Konfirmandenunterricht (r = .19). Wohlgemerkt: Die „Mutter“ wurde hier exemplarisch ausgewählt. Die anderen Instanzen unterscheiden sich vergleichbar von dem singulären Effekt der „kirchlichen“ Sozialisationsinstanzen. Als Ergebnis kann festgehalten werden, dass offenbar die kirchlichen Sozialisationsinstanzen eine selbstwertdienliche Interpretation mit Bezug zur Kategorie des Evangeliums besonders fördern. Das bedeutet jedoch nicht, dass die „Mutter“ oder Sozialisationsakteure verantwortlich für die vorherrschende „moralische“ Interpretation der Zachäusgeschichte sind, denn hier finden sich keine Zusammenhänge (Korrelationen r < 0.5). (3) Des Weiteren ist deutlich, dass eine selbstwertdienliche Interpretation der Zachäusgeschichte mit Rückgriff auf die Kategorie des Evangeliums zusammenhängt mit dem „Bibelwissen“ im Bildertest (r = .14 für „Selbstwert“ und für „Evangelium“) und einer höheren Klassenstufe (r = .09 und r = .13). Dieses sinnstiftende Interpretationsmuster mit Rückgriff auf die Kategorie des Evangeliums und das Selbstwertmotiv kann daher als eine Kompetenz der Schülerinnen und Schüler gewertet werden, die mit zunehmenden Bibelerfahrungen in Beziehung steht. (4) Für das Motiv der „Kohärenz“, das überwiegend die Idee der Vergebung repräsentiert, lassen sich weitgehend vergleichbare Befundmuster wie für das Motiv des „Selbstwerts“ finden. Dem entspricht oben der Befund, dass die Motive des „Selbstwerts“ und der „Kohärenz“ am stärksten miteinander zusammenhängen (r = .26) und auch gemeinsam mit der Kategorie des „Evangeliums“ korrelieren. (5) Bis auf das Motiv der „Ziele“ (r = .06) steht die Variable „Bibelwissen“ auch sehr deutlich mit dem Motiv der „Kontrolle“ (r = .17) und der „Kohärenz“ (r = .18) in Beziehung. Das kann so interpretiert werden, dass mit zunehmendem Bibelwissen allgemein die Kompetenz steigt, biblische Geschichten identitätsrelevant zu interpretieren. Ebenso wird die Bibel umso lebensrelevanter gefunden, je stärker die Interpretationen auf die Motive des „Selbstwerts“ (r = .14) und der „Kohärenz“ (r = .11) sowie der Kategorie des „Evangeliums“ (r = .18) bezogen werden. (6) Schließlich zeigen die Korrelationen mit den beiden Gefallensvariablen, dass eine identitätsbezogene oder theologische kompetente Interpretation anhand der Unterscheidung von Gesetz und Evangelium bei den Schülerinnen und Schülern insgesamt mit einem gesteigerten Gefallen an der biblischen Geschichte einhergeht. Mit speziellem Blick auf die Lebensrelevanz („hat mit meinem Leben zu tun“) zeigt sich differenzierend, dass die biblische Geschichte umso relevanter gefunden wird, je eher es den Schülerinnen und Schülern gelingt, die Geschichte mit Bezug auf die Kategorien

„Selbstwert", „Kohärenz" und „Evangelium" zu interpretieren. Die Korrelationen mit der Klassenstufe und dem Alter zeigen dabei, dass eine moralische Interpretation der biblischen Geschichte mit Rückgriff auf das Motiv der „Ziele" und den „usus politicus" offenbar altersunabhängig ist (r = .00 bzw. r = -.01), dass jedoch die Nutzung der Kategorien „Selbstwert", „Kontrolle", „Kohärenz", „usus theologicus" und „Evangelium" in einer nicht-moralischen Interpretation älteren Schülerinnen und Schülern höherer Klassenstufen eher gelingt.

In einer Analyse der offenen Antworten auf die Nancy-Frage können diese Befunde überprüft werden. Tabelle 77 dokumentiert dieselben Zusammenhänge wie in Tabelle 76 für die Nancy-Frage.

Aus Tabelle 77 wird deutlich, dass auch bezogen auf die Nancy-Frage die Motive des „Selbstwerts" und der „Kohärenz" sowie die Kategorie des „Evangeliums" häufiger auftreten, wenn die Schülerinnen und Schüler eine Kinderbibel besitzen und eine Bibel im Haushalt existiert. Ebenso zeigt sich wiederum, dass mit kirchlichen Sozialisationsinstanzen eine Interpretation wahrscheinlicher wird, die die Identitätsmotive des „Selbstwerts" und der „Kohärenz" bedient und dabei auf die Kategorie des „Evangeliums" zurückgreift. Auch bei der Nancy-Frage kann man sehen, dass derart „kompetente" Interpretationen mit einem besseren Abschneiden im Bibelwissens-Test und höheren Klassenstufen bzw. höherem Alter in Beziehung steht. Und ebenso zeigt sich bei der Nancy-Frage, dass eine identitätsbezogene bzw. theologisch kompetente Interpretation mit einem höheren Gefallen an der Geschichte einhergeht.

Tabelle 77: *Korrelationen verschiedener Variablen mit den acht Kategorien der Frage nach der möglichen Bedeutung der Zachäusgeschichte für Nancy*

	Ziele	Selbstwert	Kontrolle	Kohärenz	usus politikus	usus theologicus	Evangelium	tertius usus legis
Hast Du eine Kinderbibel? (keine, eine, mehrere)	-.04	.10	-.02	.09	-.04	-.04	.09	-.02
Habt Ihr eine Bibel zuhause? (keine, eine, mehrere)	-.01	.10	.02	.11	-.02	.05	.10	.03
Hat Dir jemand früher bibl. Geschichten vorgelesen/ erzählt?	-.02	.05	.04	.12	-.02	.05	.07	.06
Mutter hat vorgelesen/ erzählt	-.04	.10	-.06	.10	.00	-.03	.06	-.03
Kindergottesdiensthelfer hat vorgelesen/ erzählt	-.03	.17	-.04	.08	.01	-.07	.15	-.03
Wie oft gehst Du in den Gottesdienst?	.07	-.08	.09	.04	.02	.09	-.01	.12
Bibel ist wichtig „für mich"	.05	-.05	.07	.04	.02	.08	-.02	.09
Von der Mutter erzählt (Woher kennst Du die meisten bibl. Geschichten?)	-.04	.07	-.02	.06	-.03	-.02	.09	.01
Kindergottesdienst (Woher kennst Du die meisten bibl. Geschichten?)	-.07	.17	.00	.13	-.03	-.06	.14	-.01
Konfirmandenunterricht (Woher kennst Du die meisten bibl. Geschichten?)	-.06	.19	-.04	.11	-.04	-.10	.16	-.08
Skala „Bibelwissen"	.01	.14	.11	.15	.00	.05	.14	.06
Skala „Gefallen" an den Test-Geschichten	.05	.07	.09	.14	.04	.03	.11	.07
Wie sehr gefällt Dir die Zachäusgeschichte?	.02	.06	.08	.09	.03	.01	.08	.08
Bibelbild: *Hat mit meinem Leben zu tun vs. Hat nichts mit meinem Leben zu tun*	.01	.00	.03	.10	-.01	.03	.03	.06
Klassenstufe	.02	.09	.00	.14	-.02	.01	.13	-.09
Alter	.02	.10	.02	.13	-.02	.02	.12	-.08

In einem abschließenden Schritt können wir die 8 Kategorien auch im Wertefeld analysieren und darstellen, wie die Nutzung der Kategorien in Beziehung steht zu den Lebensstilen der Schülerinnen und Schüler und den Werten, die der Zachäusgeschichte zugeschrieben werden. Wir beginnen mit den Zusammenhängen bei der Nancy-Frage, weil sich die Ergebnisse zur allgemeinen Zachäus-Frage in Relation zu den Nancy-Befunden gut profilieren lassen.

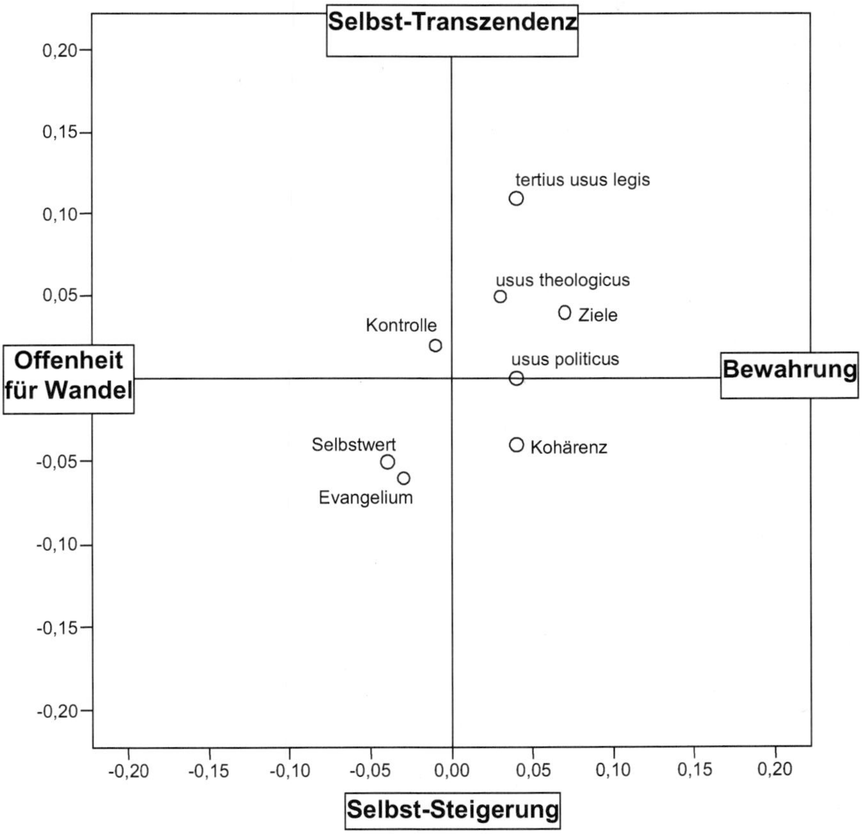

Abbildung 22: *Korrelation der verwendeten Identitätsmotive und Kategorien der Unterscheidung von Gesetz und Evangelium bei der Interpretation der Nancy-Frage in Korrelation mit den Dimensionen der persönlichen Werthaltung*

Abbildung 22 macht sichtbar, dass die Nancy-Geschichte besonders von Schülerinnen und Schülern in der unteren Feldhälfte mit Rückgriff auf die Motive des „Selbstwerts" und der „Kohärenz" sowie der Kategorie des „Evangeliums" interpretiert wird. Das signalisiert eine höhere theologische wie psychologische Interpretationskompetenz dieser Schülerinnen und Schüler, da mit dieser Antwort die Geschichte in der Tat Nancy in unterstützender Weise etwas zu sagen hätte. In einer freien ethischen Weise (tertius usus legis) wird die Nancy-Frage dagegen eher von Schülerinnen und Schülern mit Selbst-Transzendenzwerten interpretiert. Der Befund zeigt damit eine relativ klare Struktur, und man könnte fragen, warum gerade die Schülerinnen und Schüler die Motive des „Selbstwerts" und der „Kohärenz" verwenden, wo sie doch mit einer größeren Wahrscheinlichkeit als andere von ihren eigenen Eltern eher mit Strafen und weniger mit Zuwendung und Unterstützung erzogen wurden (vgl. Gennerich, 2018a, S. 32). Kohärenz und Selbstwert erfahren diese Befragten daher persönlich eher mit einer geringeren Wahrscheinlichkeit (nach Gennerich, 2018a, S. 33, erfahren sie z. B. mehr Probleme). Es legt sich daher die Vermutung nahe, dass die Nancy-Frage dazu anregt, nicht über sich selbst Auskunft zu geben, sondern eigene Deutungskompetenzen für eine andere Person anzuwenden. Dabei könnte nun der Alterszusammenhang im Wertefeld ausschlaggebend werden, denn die jüngeren Befragten (die 9- bis 12-Jährigen) liegen eher oben im Feld und die älteren (die 13- bis 20-Jährigen) unten im Feld (vgl. Abb. 8). Eine ergänzende Berechnung bestätigt die Vermutung, dass sich im Feld von Abbildung 22 ein Alterseffekt spiegelt, denn die Variablen Selbstwert ($r = .08$), Kohärenz ($r = .13$) und Evangelium ($r = .12$) korrelieren beim Nancy-Problem signifikant positiv mit dem Lebensalter der Befragten ($N = 1518$). Die Variable „tertius usus legis", die am stärksten mit dem Pol der Selbst-Transzendenz in Beziehung steht, korreliert erwartungsgemäß signifikant negativ mit dem Lebensalter ($r = -.08$). Die Korrelate der anderen Variablen liegen nicht signifikant zwischen $r = -.02$ und $r = .02$.

Das Besondere und Beachtenswerte an diesem Befund ist, dass der mit dem Lebensalter in Beziehung stehende „Kompetenzeffekt" hier stärker zu sein scheint als der „Sozialisationseffekt", weil diesem entsprechend „Selbstwert" und „Evangelium" eher im Bereich oben/rechts hätten platziert sein müssen. Denn oben/rechts ist eine religiöse Sozialisation am wahrscheinlichsten (vgl. Abb. 11), die einen z. B. in Kontakt mit Kinderbibeln und Bibeln bringt, wobei ein solcher Kontakt wiederum positiv mit der Nutzung des Selbstwertmotivs und der Kategorie des Evangeliums in Beziehung steht. Allerdings wird in Abbildung 12 eben auch ein anderer Sozialisationseffekt sichtbar: Die Schülerinnen und Schüler im Feld unten/links haben ihre Bibelkenntnis aus dem Kindergottesdienst und vor allem aus dem Konfirmandenunterricht – vermutlich deshalb, weil die Familie als religiöse Erziehungsinstanz hier am wahrscheinlichsten ausfällt (vgl. Abb. 11). Und genau diese kirchlichen Sozialisationsinstanzen haben wir als diejenigen identifiziert, die bei der Interpretation besonders die Kategorien des „Selbstwerts" und des „Evangeliums" betonen (vgl. Tab. 76 u. 77). Es lässt sich daher schlussfolgern, dass die Schülerinnen und Schüler unten/links stärker auf den „Selbstwert" und das „Evangelium" beim Fall Nancy zu sprechen kommen, weil sie einerseits aufgrund ihres Alters den Fall besser verstehen und zum anderen eine entsprechende Interpretation durch kirchliche Instanzen kennengelernt haben (die dann nicht durch andere familiäre

Instanzen wieder durch moralische Interpretationsmuster hat überschrieben werden können).

In einem nachfolgenden Schritt kann geprüft werden, welche Zuschreibungen der Zachäusgeschichte im Kontext des Nancy-Problems gemacht werden. D. h., es kann geprüft werden, welche Schülerinnen und Schüler vermuten, dass die Geschichte die Identität von Nancy fördert hinsichtlich Selbstwert, Kohärenz, Kontrolle und Zielen. Und es kann geprüft werden, ob die Anwendung der Kategorien der Unterscheidung von Gesetz und Evangelium mit den zugeschriebenen Werthaltungen der Geschichte zusammenhängen. Abbildung 23 zeigt den Befund.

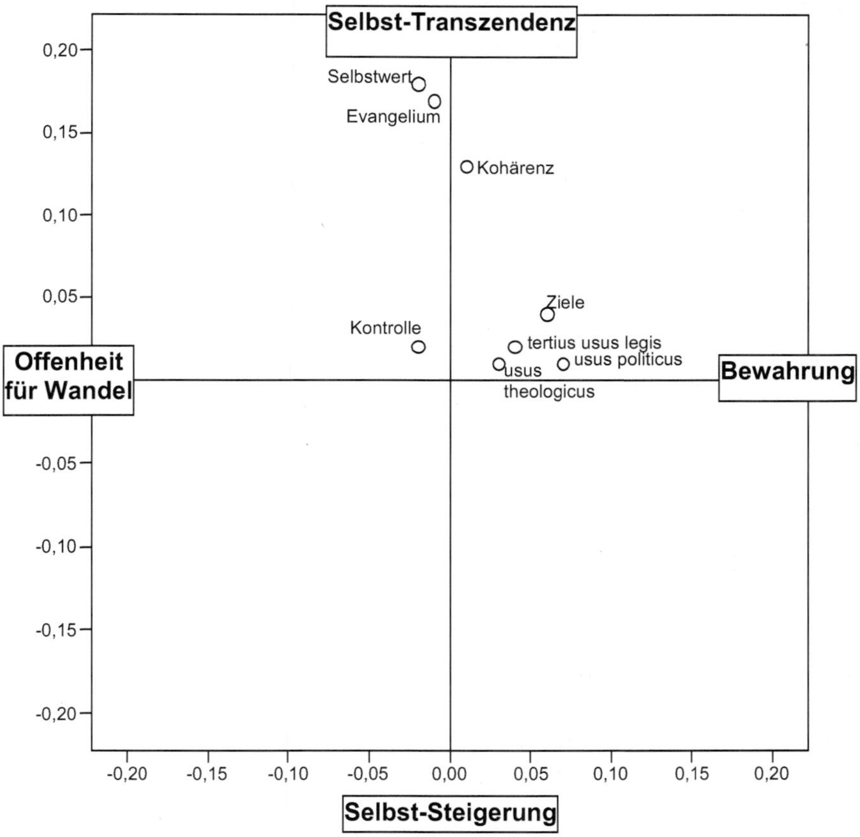

Abbildung 23: *Korrelation der verwendeten Identitätsmotive und Kategorien der Unterscheidung von Gesetz und Evangelium bei der Interpretation der Nancy-Frage in Korrelation mit den Dimensionen der Geschichten zugeschriebenen Werte (Geschichtenfeld)*

Abbildung 23 zeigt, dass wiederum die beiden Identitätsmotive des „Selbstwerts“ und der „Kohärenz“ und die Kategorie des „Evangeliums“ im Feld besonders profiliert lokalisiert sind. D. h., je stärker der Geschichte Werte der Selbst-

Transzendenz zugeschrieben werden, desto eher werden die Identitätsmotive des „Selbstwerts" und der „Kohärenz" sowie die Kategorie des „Evangeliums" zur Interpretation herangezogen. Alle weiteren Identitätsmotive und Kategorien der Unterscheidung von Gesetz und Evangelium zeigen keinen relevanten bzw. einen nur geringen Zusammenhang mit den Dimensionen des Geschichtenfeldes. Auch dieser Befund macht einen tendenziellen Zusammenhang mit dem Lebensalter der Befragten deutlich, denn das Lebensalter korreliert mit der Dimension „Selbst-Transzendenz vs. Selbst-Steigerung" mit r = .21 und mit der Dimension „Bewahrung vs. Offenheit für Wandel" mit r = .01. D. h., die älteren Schülerinnen und Schüler schreiben der Geschichte eher Selbst-Transzendenzwerte zu als die jüngeren Schülerinnen und Schüler, die tendenziell stärker Selbst-Steigerungswerte in der Geschichte wahrnehmen. Das Geschlecht zeigt dabei einen deutlich geringeren Effekt, wobei mit dem weiblichen (vs. männlichen) Geschlecht die vertikale Dimension mit r = .10 korreliert und mit der horizontalen Dimension mit r = .03. Obwohl also ältere Schülerinnen und Schüler in Relation zu jüngeren in ihren persönlichen Werthaltungen eher dazu übergehen, Selbst-Steigerungswerte zu betonen, neigen sie bei der Geschichteninterpretation stärker dazu, gegenläufig zur eigenen Entwicklung der Geschichte bei der Nancy-Frage eine Förderung von Selbst-Transzendenzwerten zuzuschreiben. Ausgehend von diesem Befund, wäre zu überlegen, ob die biblischen Geschichten für die Schülerinnen und Schüler eine komplementär-kompensierende Funktion erfüllen können. So hatte Biehl (2000, S. 35; vgl. Gennerich, 2010a, S. 37) angenommen, dass Schülerinnen und Schüler durch gesellschaftliche Kräfte in Richtung des Pols der Selbst-Steigerung verschoben werden, dass jedoch die biblischen Symbole den Gegenpol kompensierend stärken könnten. Oder bedeutet dieser Befund, dass mit dem Älterwerden ein Relevanzverlust biblischer Geschichten einhergeht, weil sie eine mehr und mehr fremde Wertewelt vermitteln? Unsere Befunde können diese Frage hier nicht weiter klären.

Der Befund in Abbildung 24 zeigt, dass die bei der Interpretation der Zachäusgeschichte herangezogenen Identitätsmotive und Kategorien der Unterscheidung von Gesetz und Evangelium kaum mit den persönlichen Werthaltungen zusammenhängen. Dieser Befund ist nun besonders aufschlussreich im Vergleich mit dem parallelen Befund bei der Lösung der Nancy-Frage. Dort zeigt sich, dass die Identitätsmotive des „Selbstwerts" und der „Kohärenz" und die Kategorie des „Evangeliums" besonders deutlich mit dem Pol der Selbst-Steigerung in Beziehung stehen. Dieser Befund wiederholt sich hier gerade nicht. Es spricht also viel dafür, dass die Unterschiede auf die Aufgabentypen zurückgehen und nicht etwa aufgabenunabhängig auf Persönlichkeitsunterschieden beruhen. Es legt sich daher die Vermutung nahe, dass die (älteren) Schülerinnen und Schüler am Pol „Selbst-Steigerung" des Feldes persönlicher

Werte eine größere Kompetenz haben, Anwendungsprobleme religiöser Tradition auf die Lebenswelt zu lösen. Der Befund zur Interpretation der Zachäusgeschichte im Feld persönlicher Werte lässt sich dann so interpretieren, dass sich zwei Effekte mitteln: Durch die religiöse Sozialisation im Feldbereich oben/rechts wird eine Anwendung der Kategorien des „Selbstwerts" und des „Evangeliums" geschult (vgl. Abb. 11 u. Tab. 76–77), aber ebenso steigt die Anwendung dieser Kategorien als Kompetenzentwicklungseffekt mit dem Lebensalter, wobei ältere Schülerinnen und Schüler unten/links mehrheitlich verortet sind (vgl. Abb. 8 u. Tab. 76–77). Dadurch resultiert als Gesamteffekt hier eine mittige Position. Die relativ gesehen profilierteste Verortung im Bereich oben/rechts zeigt sich schließlich bei dem Motiv der „Ziele" und der Kategorie des „usus politicus". Der Befund entspricht dem fallanalytischen Befund von Abbildung 20 und ist in diesem Sinne als erwartungsgemäß zu interpretieren.

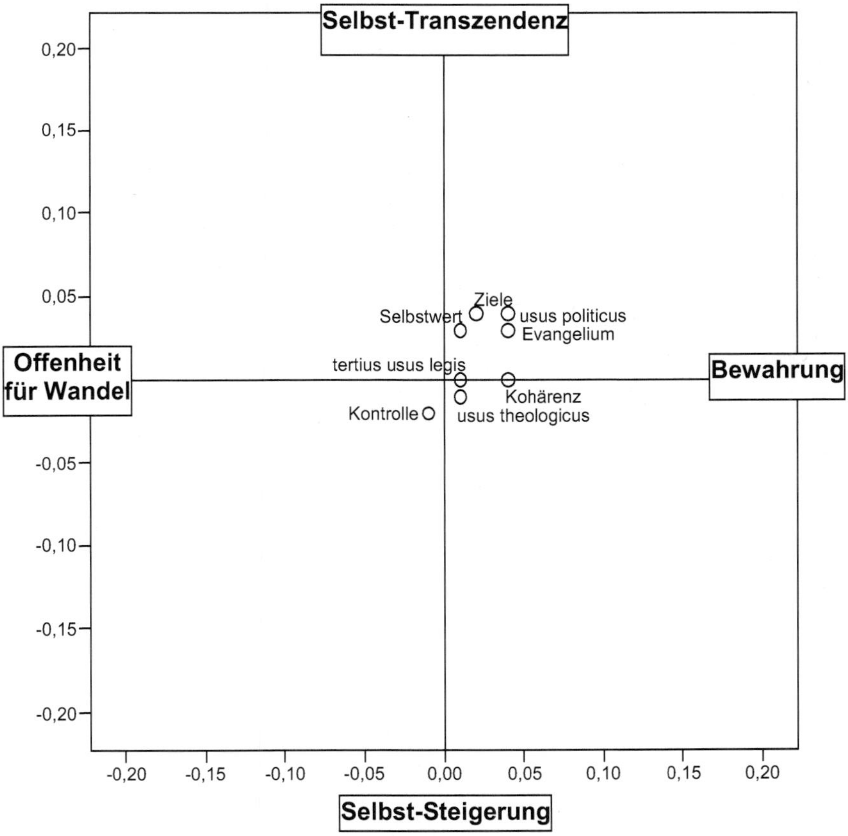

Abbildung 24: *Korrelation der verwendeten Identitätsmotive und Kategorien der Unterscheidung von Gesetz und Evangelium bei der Interpretation der Zachäusgeschichte in Korrelation mit den Dimensionen der persönlichen Werthaltung*

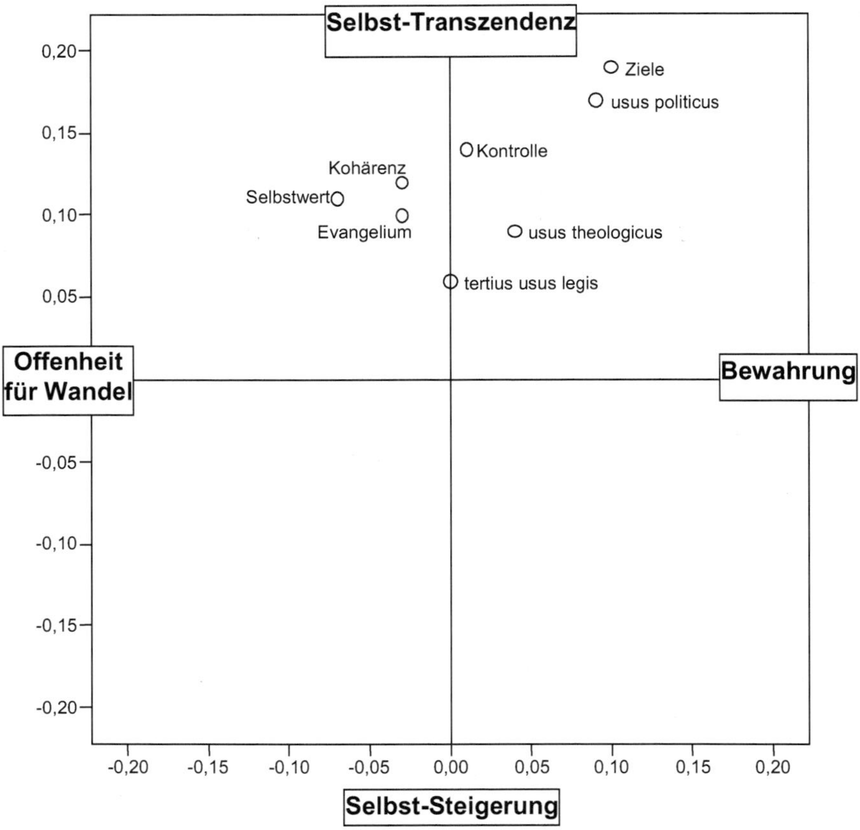

Abbildung 25: *Korrelation der verwendeten Identitätsmotive und Kategorien der Unterscheidung von Gesetz und Evangelium bei der Interpretation der Zachäusgeschichte in Korrelation mit den Dimensionen der Geschichten zugeschriebenen Werte (Geschichtenfeld)*

Abbildung 25 zeigt einen weiteren auffälligen Befund. Schülerinnen und Schüler, die der Geschichte mehr als andere zuschreiben, dass sie Selbst-Transzendenzwerte fördert, nutzen bei ihrer Interpretation häufiger die vier Identitätsmotive und greifen häufiger auf Kategorien der Unterscheidung von Gesetz und Evangelium zurück. Des Weiteren kann man sehen, dass Schülerinnen und Schüler, die der Zachäusgeschichte mehr „Offenheit für Wandel" zuschreiben, eher auf die Identitätsmotive des „Selbstwerts" und der „Kohärenz" sowie der Kategorie des „Evangeliums" zurückgreifen, wohingegen Schülerinnen und Schüler, die in der Geschichte eher Bewahrungswerte entdecken, sie eher zur Begründung von „Zielen" und Standards („usus politicus") heranziehen. Es reproduziert sich hier der Befund aus Abbildung 20, bei der sich in einer Fallanalyse gezeigt hat, dass Jugendliche auf der linken Feldhälfte eher die Chance der Umkehr betonen und Befragte auf der rechten Feldhälfte eher moralische Normen nennen, die ihnen an der Zachäusgeschichte gefallen. Überraschend ist jedoch, dass sich dieser Effekt auf der rechts-links-Achse hier sehr deutlich im Geschichtenfeld zeigt, wohingegen er sich in Abbildung 20 im Feld der persönlichen Werthaltungen zeigt. In Abbildung 24 hat er sich jedoch aus bereits erörterten Gründen nicht in dieser Prägnanz gezeigt. Der deutliche Effekt in Abbildung 25 lässt sich so interpretieren, dass in der Sicht der Schülerinnen und Schüler eine moralische Interpretation mit Rückgriff auf das Motiv der „Ziele" und die Kategorie des „usus politicus" einen konservativen Einschlag hat und eine freiheitsstiftende Interpretation mit Rückgriff auf die Motive des „Selbstwerts" und der „Kohärenz" sowie der Kategorie des „Evangeliums" eher mit einer progressiven Orientierung assoziiert wird.

Zusammenfassend seien einige bedenkenswerte Befunde dieses Abschnitts festgehalten: (a) Die Variablen des „Selbstwerts" und des „Evangeliums" korrelieren erwartungsgemäß miteinander, was der theologischen Perspektive eines in Gottes Liebe begründeten Selbstwerts entspricht. Auch das Identitätsmotiv der „Kontrolle" und die Kategorie des „tertius usus legis" stehen in einer semantischen Beziehung, weil im Kontext biblischer Geschichten beide Variablen mit dem Erleben von Entscheidungsfreiheit und Autonomie in Beziehung stehen. (b) Insgesamt herrscht eine moralische Interpretation biblischer Geschichten vor. Jedoch gelingt es vor allem Älteren Schülerinnen und Schülern auch mit Rückgriff auf die Idee der Liebe Gottes („Evangelium") selbstwertförderliche Interpretationen biblischer Geschichten zu formulieren. (c) Die Zugehörigkeit zu einem religiösen Milieu oder der Kontakt zu kirchlichen Sozialisationsagenten (z. B. Kindergarten) fördern ebenfalls eine Interpretation mit Rückgriff auf das Motiv des „Selbstwerts" und der Kategorie des „Evangeliums". (d) Die Befunde zeigen, dass sich der Alterseffekt bei der Interpretationskompetenz als stärker erweist als religiöse Sozialisationserfahrungen. Das ermutigt Bildungsbemühungen auf der Basis des empirischen Zusammenhangs, dass Interpretationen mit Rückgriff auf die Kriterien „Selbstwert" und „Evangelium" mit der Wahrnehmung universalistischer Deutungsperspektiven im biblischen Text einhergehen und dass der Rekurs auf „Ziele" und Standards („usus politicus") traditionell-konservative Deutungen wahrscheinlicher macht. (e) Die Wertefeldanalyse hat aufgedeckt, dass mit steigendem Lebensalter die Nancy-Frage kompetent und mit Rückgriff auf die Kategorie des „Evangeliums" und des Motivs des „Selbstwerts" gelöst wird. Insbesondere sehen die Älteren, dass bei der Nancy-Frage eine Selbstwertproblematik vorliegt, die angemessen mit Rückgriff auf die Kategorie des „Evangeliums" gelöst werden kann, obwohl die Älteren im Vergleich zu den Jüngeren die Bibel insgesamt weniger attraktiv finden.

5. Bibeldidaktische Konsequenzen

In den zurückliegenden Kapiteln konnten wir vielfältige Einsichten zum Bibelverständnis und Bibelwissen von Schülerinnen und Schülern generieren. Da eine umfassende Zusammenfassung den Rahmen sprengen würde, sollen hier zunächst besonders markante Befunde noch einmal integrierend skizziert werden. (1) Bei der Frage, wer den Befragten biblische Geschichten erzählt und bekannt gemacht hat, zeigt sich, dass nicht nur die Mutter einen großen Einfluss hat (s. Tab. 23 u. 28), sondern auch Erzieherinnen, Lehrkräfte und Kindergottesdiensthelfer. Insbesondere der Religionsunterricht wird von mehr als 80 % der Schülerinnen und Schüler als überwiegende Quelle der eigenen Bibelkenntnis benannt. Auch bei einer offenen Frage zu den relevanten Medien wird der Religionsunterricht als maßgebliche Quelle für das Kennenlernen biblischer Geschichten von 85 % der Antwortenden benannt. (2) Dieser besonderen Bedeutung des Religionsunterrichts entspricht, dass die Bibel im deutschen Durchschnitt bei 42 % der Befragten mindestens jede zweite Stunde thematisiert wird. (3) Dabei wird in methodischer Hinsicht vor allem hermeneutisch mit der Bibel gearbeitet, so dass die Bedeutung des Textes im damaligen und gegenwärtigen Kontext erschlossen wird. Der Religionsunterricht versucht offenbar, die Anwendung des biblischen Textes zu fördern. Die Unterrichtsstrategie ist insgesamt relativ unabhängig vom Lebensalter der Befragten bzw. der Klassenstufe, in der der Religionsunterricht stattfindet. (4) Interessanterweise benennen die Befragten als Hauptmerkmal der Bibel ihre „Vieldeutigkeit" und diese wird gesteigert von den älteren Befragten wahrgenommen. Jedoch wird diese Vieldeutigkeit mitunter als belastend erlebt, so dass sich in jedem Fall anbietet, aus ihr ein Sinnstiftungspotenzial für gegenwärtige Anwendungskontexte zu entwickeln. (5) Dafür spricht auch, dass die Befragten der Bibel Relevanz bemessen, wenn es ihnen gelingt, eine theologische Bedeutung zu konstruieren. Das gelingt etwa einem Drittel der Befragten. Die meisten Befragten können jedoch bei der Interpretation eines biblischen Textes kaum argumentieren, so dass es wünschenswert wäre, den argumentativen Umgang mit der Bibel im Religionsunterricht stärker zu fördern. Welche Aspekte dabei besonders zu bedenken sind, soll die folgende Erörterung bibeldidaktischer Konsequenzen vertiefen.

Zum Abschluss wird daher mit Blick auf die vier Theorieperspektiven nach den bibeldidaktischen Konsequenzen gefragt. Zuerst werden die Perspektiven aus den wertefeldanalytischen Befunden entfaltet. Dann fragen wir nach einer genderbewussten Bibeldidaktik. In einem dritten Schritt thematisieren wir die Frage nach der Wahrheit, und schließlich wollen wir Möglichkeiten aufzeigen, wie die Bibel als bedeutsam erlebt werden kann.

5.1 *Wertefeldanalytische Perspektiven*

Die Wertefeldanalysen haben unter Rückgriff auf ein bewährtes Instrument und durch Anwendung der innovativen Methode des „Geschichtenfeldes“ neue Befunde generiert.

Progressive Interpretationen der Bibel als Herausforderung

Es konnte gezeigt werden, dass biblische Geschichten stereotyp als konservativ wahrgenommen werden. Schülerinnen und Schüler, die jedoch in der Lage sind, die Bedeutung der von uns exemplarisch untersuchten Zachäusgeschichte mit einer progressiven Perspektive zu formulieren, fanden die biblische Geschichte besonders attraktiv. D. h., wir konnten jenseits des erwartbaren Effekts, dass eher traditionelle Schülerinnen und Schüler biblische Geschichten am attraktivsten finden, einen Interpretationseffekt nachweisen, der nahelegt, dass es im Unterricht darauf ankommt, biblische Geschichten mit progressiven Interpretationsperspektiven zu vermitteln, weil dann die Schülerinnen und Schüler allgemein einen besseren Zugang zu biblischen Geschichten gewinnen und der Religionsunterricht in diesem Sinne dann erfolgreicher ist.

Wenn nun besonders progressive Interpretationen der biblischen Geschichten den besten Erfolg im Religionsunterricht wahrscheinlich machen, dann sind vorfindliche Exegesen und Unterrichtsmaterialien auf dieses Kriterium hin zu prüfen. Vor allem die exegetische Literatur zur Zachäusgeschichte bietet Interpretationsspielräume, die ggf. für progressivere Akzentsetzungen im Unterricht genutzt werden könnten. Zwei strittige Punkte sind für den Unterricht besonders interessant.

(1) Grammatikalisch können die Worte von Zachäus in Lk 19,8 iterativ („ich habe immer schon“) oder futurisch („ich werde“) gedeutet werden (Gute Nachricht: „ich werde die Hälfte meines Besitzes den Armen geben“). Bei der iterativen Deutung ist nicht Jesus Anlass der Bekehrung von Zachäus, sondern Jesus bestätigt nachträglich die hohe Moral von Zachäus. Bei der futurischen Deutung dagegen drückt Zachäus aufgrund der erfahrenen Gnade die Absicht aus, sein Verhalten zu ändern. Die iterative Deutung gilt als „neue Interpretation“, weil sie erst Anfang des 20. Jahrhunderts formuliert wurde. Die futurische Deutung mit ihrer Betonung der vorgängigen Gnade Gottes gilt demgegenüber als die „traditionelle Auslegung“. Tatsächlich sprechen sich mit gewichtigen Argumenten jedoch neuere Kommentare gegen die „neue“ Interpretationslinie aus (Bovon, 2001, S. 275–276; Wolter, 2008, S. 613–614). Z. B. spricht Zachäus nicht von „Einkommen“, sondern von seinem „Vermögen“, das sich schlecht regelmäßig halbieren lässt und eine regelmäßige Rückerstattung würde zugleich bedeuten, weiterhin zu betrügen (Wolter, 2008, S. 613–614). Die neuere

„iterative" Interpretation erscheint in einer exegetischen Perspektive daher nicht wirklich eine Optionserweiterung darzustellen.

(2) Interessant ist jedoch, eine neuere Auslegungsoption von Parsons (2001), der darauf verweist, dass es in der Zeit von Lukas und seinen Zuhörerinnen und Zuhörern ein Gemeingut war, äußere Merkmale mit inneren Qualitäten einer Person zu verknüpfen. D. h., literarischen Belegen entsprechend gab es in der Zeit vom 3. Jh. v. Chr. bis zum 4. Jh. n. Chr. ein allgemeines physiognomisches Bewusstsein, wonach Kleinsein als ein äußerer Ausdruck eines „kleinen Geistes" interpretiert wurde: „Dies sind die Merkmale einer kleingeistigen Person: Sie ist klein gebaut, klein und rund, dürr, mit schmalen Augen und einem schmalen Gesicht" (Anonymus, Physiognomonia 808a.30); „Innere Größe" ist dagegen assoziiert mit einer großen Körperstatur (Aristoteles, Eth. nic. 4.3.1123b7; 4.8.1128a.8–13); auch für Chrysostomos stand Kleingeistigkeit mit einer körperlich kleinen Größe in Beziehung (Comm. Gal. 1.3; Hom. Matt. 10.1) und auch mit Gier (Hom. Rom. 18.7). Das bedeutet, dass Menschen, die in einer Welt mit einem physiognomischen Bewusstsein leben, die kleine Köpergröße von Zachäus als Verweis auf seine Kleingeistigkeit interpretieren werden, was sich darin zeigt, dass er Zöllner geworden ist (weil er nicht viel auf sich hält) und gierig ist (er ist reich geworden auf Kosten seiner Landsleute). – Verschärft würde diese Wahrnehmung der Zachäus-Figur zur Zeit von Lukas auch noch durch die übliche Rhetorik des Spottes, wonach es eine rhetorische Konvention war, körperliche Merkmale wie eine kleine Körpergröße für Schmähungen zu nutzen (Cicero, De oratore 2.60.245). Parson geht daher davon aus, dass durch den häufigen Rekurs auf die Körpergröße in Schmähreden die Zuhörer von Lukas veranlasst gewesen sein dürften, Zachäus als lächerlich wahrzunehmen: „Er kann noch nicht mal über die Menge schauen." – Wenn die Menge Zachäus (die bisherige Merkmalskombination von „klein" und „gierig" erweiternd) als „Sünder" bezeichnet, dann sei es nicht unwahrscheinlich, dass die kleine Statur als Ausdruck seiner Sündhaftigkeit wahrgenommen wird (so werden in der Antike weitverbreitet körperliche Defekte als Ausdruck von Sündhaftigkeit verstanden: jüdisch 2. Sam 1,15b–23; Ruth Rab. 6.4; christlich Johannes 9,2; griechisch Hesiod Op. 1.235; Herodot Hist. 1.105; 4.67). Zachäus wurde als Sünder geboren (sieht man, weil er klein ist) und lebte als Sünder (sieht man, weil er seine Landsleute betrügt). Kurz, Zachäus erscheint eine ablehnenswerte Person zu sein. Lukas Absicht ist es jedoch, diese Beschreibung in ihr Gegenteil zu verkehren, so dass der physiognomische Determinismus gebrochen und die Stoßrichtung des Spottes gegenstandslos werden: Weil er pathologisch klein ist, bedeutet es nicht, dass er aus der Familie Gottes ausgegrenzt wird. Er ist ein Sohn Abrahams. Lukas stellt damit das vorherrschende Vorurteil in Frage, wonach der Körper die Position in der Gesellschaft determiniert. Zachäus straft vielmehr überraschend das Vorurteil mit seiner Verwandlung Lügen: „Herr, die Hälfte meines Vermögens will ich den Armen geben, und wenn ich von jemand zu viel gefordert habe, gebe ich ihm das Vierfache zurück." Dieser Akzentsetzung in der

Interpretation der Zachäusgeschichte können jedoch nicht alle folgen. Wolter (2008, S. 612) zum Beispiel lehnt eine derartig „negative" Beschreibung von Zachäus ohne weitere Begründung als zu extrem ab. Die Interpretationen von Parsons scheint jedoch durchaus eine Option darzustellen, insofern Wolter hier lediglich mit seinem persönlichen Geschmack operiert.

Es lässt sich nun weiterführend fragen, wie sich die exegetischen Interpretationsspielräume in den Materialien des Religionsunterrichts spiegeln und welches Potenzial die in den Materialien und Lehrbüchern offerierten Deutungsangebote für die empirisch identifizierten Schülergruppen haben. Bei der Sichtung der Unterrichtsmaterialien fällt zunächst auf, dass die Zachäusgeschichte im 5. und 6. Schuljahr offenbar noch relativ häufig thematisiert wird (Busch et al., 1976; Eilerts & Kübler, 2003, 2006; Hahn & Schulte, 2013a, 2013b; Kraft, Petri, Rupp, Schmidt & Thierfelder, 2005; Koretzki & Tammeus, 2000a, 2000b; Petri & Thierfelder, 2006), nicht jedoch im 9./10. oder 11. Schuljahr (Emmerich et al., 2002; Schibilsky, 1991). Im Folgenden seien daher zuerst ausgewählte Unterrichtswerke für das 5./6. Schuljahr geprüft.

Einige Materialien haben einen deutlich konservativen Einschlag: Im Unterrichtswerk „reli plus" von Hahn und Schulte (2013a) wird die Zachäusgeschichte auf einer Lehrbuchseite präsentiert mit der Überschrift „Sehnsucht nach einem Neuanfang". Sie soll hier mit einer Alltagsgeschichte verglichen werden, in der ein/e Schüler/in einer Mitschülerin ein Handy stiehlt. Die Reflexionsfrage lautet hier (S. 88): „Erkläre, warum Zachäus nicht glauben kann, dass Jesus zu ihm will." Im Lehrerband (2013b) wird explizit darauf hingewiesen, dass die traditionelle Auslegung die Gnade betont habe. Die „neuere Auslegung" betone dagegen das ethische Engagement des Zachäus als Ausdruck seiner Menschlichkeit. Entsprechend wird der Fokus auf Zachäus gelegt, „weg von Jesus" (S. 110). Damit wird eine moralische Interpretation im Sinne des 9. Gebots „Du sollst nicht begehren deines Nächsten Haus" unterstützt, auf das als „weiterführender Tipp" hingewiesen wird. Die „neuere Deutung" erweist sich damit eher als konservativ und alles andere als progressiv, denn in Abbildung 20 liegen moralische Deutungen auf der rechten Feldhälfte, und die Befunde von Feige und Gennerich (2008, S. 132 u. 139) zeigen, dass vor allem Jugendliche im Feldbereich oben/rechts „Stehlen" als Sünde begreifen.

Auch das „Kursbuch Religion 1", herausgeben von Kraft et al. (2005, Arbeitsbuch für die Schülerhand) sowie Petri und Thierfelder (2006, Lehrermaterialien), hat einen konservativen Einschlag. Hier wird im Schülerbuch im Abschnitt „Gleichnisse Jesu" ein alter Stich zur Zachäusgeschichte geboten. Im Lehrerbuch wird dazu die Aufgabe formuliert: „Bildbetrachtung: Überlege, welches Gleichnis besser zu Zachäus passt: Vom verlorenen Schaf oder Von der verlorenen Münze? Warum?" Der Gedanke der Umkehr im Kontext des Reiches Gottes wird so betont. Der Vergleich mit den beiden genannten Gleichnissen, in dem kaum autonome Entscheidungen denkbar sind (Münze und Schaf!), reduziert hier zweifelsohne die Identifikationsmöglichkeiten für Schülerinnen und Schüler auf der linken Feldhälfte. Die günstigere Alternative wäre hier ein Vergleich mit der Geschichte des verlorenen Sohnes, in der sowohl der jüngere wie der ältere Sohn vor Entscheidungssituationen stehen. Gleichwohl hat die Vergleichsaufgabe wenig Potenzial, die lebensweltlichen Erfahrungen der Schülerinnen und Schüler zu erschließen, weil die Aufgabenstellung auf der Ebene innerreligiöser Kohärenz fixiert bleibt.

In der aktuellen Neuauflage des „Kursbuch Religion 1" von Dierk et al. (2015, S. 57; 2016, S. 55) wird die Zachäusgeschichte neben der Bartimäusgeschichte als Vorlage genutzt, anhand derer die Schülerinnen und Schüler der „Beziehung zwischen Jesus und Gott auf die Spur" kommen sollen (Dierk et al., 2016, S. 55). In den Geschichten ginge Jesus auf Außenseiter zu und vergebe Sünden und bringe damit das Reiches Gottes zu den Menschen (Dierk et al., 2016, S. 55). Die Schülerinnen und Schüler sollen in der Reflexion und im Kontext weiterer Informationen zum Konzil von Chalcedon (451) Gott und Mensch in Jesus komplementär denken. Die Zachäusgeschichte dient dabei als Veranschaulichung eines abstrakten theologischen Konzepts. Die aktuelle Neuauflage des Lehrbuchs verwendet die Zachäusgeschichte damit für eine religiös-dogmatische Zielstellung, die vor allem Schülerinnen und Schüler im konservativen Feldbereich oben/rechts ansprechen wird. Denn dort glauben Jugendliche an „Jesus Christus" (Gennerich, 2010a, S. 149) und an Gottes Gegenwart in Jesus (S. 161) und sind bereit Paradoxe zu akzeptieren (Gottes Treue in Jesus Christus erkennen, z. B. bei Schicksalsschlägen, S. 155 u. 243), wohingegen Jugendliche im Feldbereich oben/links rationale Glaubensvorstellungen präferieren („Krankheiten verursachen wir selber" statt „in Krankheit und Tod begegnen wir Gott", S. 243; „Gott kann nur über Menschen eingreifen" statt „Gott handelt, wo wir am Ende sind", S. 246). Die konservative Interpretationslinie der Zachäusgeschichte bleibt damit auch bei der Neuauflage erhalten.

Andere Materialien haben einen deutlich progressiven Einschlag: Sieberg (2015) thematisiert Ausgrenzungsprozesse unter Jugendlichen unter dem Schlagwort „Du Opfer!". Der Einstieg erfolgt anhand einer lebensweltlichen Mobbingsituation, in der ein beliebter Schüler empathisch gegenüber einem Mobbingopfer reagiert und damit sich selbst in eine riskante Situation bringt. Anhand der Zachäusgeschichte wird dann das Potenzial eines solchen Dazwischentretens für eine Wandlung der Situation veranschaulicht. Denn durch den Besuch von Jesus im Haus des Zöllners erfahre sich dieser angenommen und erkenne, dass Freunde wichtiger als Geld seien (S. 15). Seine Umkehr sei die Konsequenz. Diese Deutung hat in dem Befund von Abbildung 20 eine Analogie zur Wahrnehmung des Ungewöhnlichen in Jesu Handeln und der Betonung, dass in der überraschenden Zuwendung die ursächliche Wirkung für die Veränderung liegt („Erst findet man es komisch, dass Jesus ausgerechnet zu Zachäus geht. Jedoch bewirkt Jesus in ihm, dass er sich ändert"). Vor allem aber verlangt die Positionierung des riskanten Verhaltens Jesu als ethisches Vorbild den Schülerinnen und Schülern eine hinreichende Risikobereitschaft ab, um das

Ideal auch ins eigene Tun integrieren zu können. Diese Risikobereitschaft liegt im Feld auf der linken Seite als Element von Stimulationswerten (vgl. Abb. 4 und Gennerich, 2010a, S. 32).

Besonders überzeugend ist ein Entwurf von Kuchenbauer (2003). Sie schlägt eine Einheit für die 6. Klasse vor, in der auf der einen Seite die historische Situation des Zachäus als Zöllner rekonstruiert wird und zwar relativ dicht am Porträt von Zachäus nach Parsons (2001): „Der Oberzöllner ist ein Kotzbrocken" (S. 105) – dies erschließt sich den Schülerinnen und Schülern auf der Basis von narrativem Material, das die negativen Erfahrungen mit Zöllnern zur Zeit Jesu lebendig macht: „Er ist ein Scheusal, eine Bestie" (S. 110). Sogar rhetorischer Witz wird herangezogen, um Zachäus abzuwerten: „Gibt's jetzt schon Affen in Jericho?" (S. 113). Auf der Seite der Schülerinnen und Schüler wird diese Negativskizze reproduziert, in dem diese auf einen Zettel „drei Eigenschaften eines Menschen, auf den sie wütend sind", notieren sollen (S. 105) und „drei positive Eigenschaften von sich". Im weiteren Verlauf erläutert die Lehrperson dann, dass man von einem Menschen nur das verabscheuenswürdige Gesicht sieht, wenn man wütend ist. Die Schülerinnen und Schüler sollen nun die Frage stellen, ob nicht der Feind auch Eigenschaften haben könnte, die sie auf der positiven Liste aufgeführt haben. Es wird dann gefragt: „Was sieht Jesus in Zachäus?" (S. 106). Die Schülerinnen und Schüler sollen die Erkenntnis dann auch in einer Kleingruppenarbeit vertiefend anwenden, indem sie einen Konfliktfall besprechen, „in dem es möglich ist, dass einer sich verändert, weil der andere sein anderes Gesicht gesehen hat, so wie bei Jesus und Zachäus. Entwerft für die Veränderung eine Schlagzeile!" Der Entwurf insgesamt fördert den persönlichen Reifungsprozess der Schülerinnen und Schüler, so dass der Wert der Selbstentfaltung gefördert wird. Er zeigt einen Weg zu einer Kultur, in der der jeweils andere auch die Freiheit hat, sich zu verändern. Ganz im Sinne der Schüleräußerung aus dem Bereich oben/links von Abbildung 20: „die Geschichte zeigt, dass Menschen sich ändern können." Gleichzeitig ist der Entwurf jedoch auch in der Lage, Schülerinnen und Schüler unten/rechts anzusprechen, indem ihre Tendenz zum Dualismus adressiert wird (vgl. Abb. 20 „bad people vs. good persons"; oder „Die Guten werden vom Leben belohnt, die Schlechten werden bestraft", Streib & Gennerich, 2011, S. 51), so dass eine neue Perspektive eröffnet wird, ganz im Sinne der Äußerung: „This story says even bad people can be nice and to always believe they are a good person" (unten/rechts, Abb. 20). Denn hier wird ein Vorurteil über „schlechte Leute" kritisch und öffnend reflektiert.

Mit Blick auf die Klassenstufen 9 bis 11 stehen nur vereinzelt Materialien zur Verfügung, die mangels Anzahl nicht ermöglichen, eine vergleichbare Variationsbreite wie für das 5./6. Schuljahr darzustellen:

(1) Emmerich und Kolleginnen und Kollegen (2002) schlagen für die 9. Klasse vor, Zachäus als Illustration von Vergebung in biblischer Perspektive innerhalb einer Einheit zum Thema „Scheitern–Schuld–Vergebung" zu heranzuziehen. Die vorgeschlagene Einheit geht von lebensweltlichen Erfahrungen des Scheiterns

und der Schuld aus. Auf diese hin soll das Beispiel von Zachäus für die Option der Vergebung praktisch werden, in dem Elemente einer Meditation von Eugen Drewermann („unsere ständigen Entschuldigungen" als Schuld, verpasstes Engagement als Schuld, Vereinsamung durch Schuld) in der Geschichte wiederentdeckt werden sollen. Prosoziale Orientierungen werden damit vorrangig thematisiert, denn „Vergebung" ist sowohl im Theoriemodell (Gennerich, 2010a, S. 32) wie in verschiedenen empirischen Analysen (Gennerich, 2010a, S. 83, 148, 295–296) ein Begriff, der im Feldbereich oben/rechts präferiert wird.

(2) Psycho- und bibliodramatische Ansätze ermöglichen schließlich, mit der Zachäusgeschichte ältere Schülerinnen und Schüler zu erreichen. Das Potenzial der Geschichte liegt dabei darin, dass Jesus den abwertenden Kommentaren der Menge trotzt und so einen Raum zur Thematisierung individueller Schwächen stiftet. Ludwig (2011) arbeitet psychodramatisch mit 14-jährigen Konfirmanden (ca. 8. Klasse). Die Anlage der Einheit zur Zachäusgeschichte zielt auf die Wahrnehmung von Ausgrenzungserfahrungen und auf die Erkenntnis, wie befreiend es ist, dass sich Jesus gegenüber dem Volk verteidigend vor Zachäus stellt. Die Konfirmanden erfahren die Einheit – unter anderem durch wechselseitige Selbstöffnungen – auch in einem stark verbesserten Zusammenhalt der Gruppe. Vergleichbar berichtet Schibilsky (1991) von der Arbeit mit einer Gruppe 18- und 19-Jähriger in Bethel (ca. 12./13. Klasse), in der die bibliodramatische Arbeit mit der Zachäusgeschichte eine befreiende Bearbeitung von Ausgrenzungserfahrungen ermöglicht hat. Indem Ausgrenzungserfahrungen problematisiert werden, werden verstärkt universalistische Werte angesprochen, die im Theoriemodell des Wertefeldes auf der linken progressiven Feldhälfte verortetet sind (vgl. neben Abb. 4 vor allem das Theoriemodell in Gennerich, 2010a, S. 32).

Insgesamt bilden daher die Materialien den exegetischen Möglichkeitsraum gut ab. D. h., die Materialien bleiben von ihrem Deutungspotenzial her nicht hinter den exegetischen Perspektiven zurück. Es hat sich auch gezeigt, dass die Zachäusgeschichte durchaus progressive Aspekte enthält, die in der Exegese wie in einzelnen Materialien herausgearbeitet werden. Die Aufgabe besteht offenbar darin, passende Materialien für den eigenen Unterricht auszuwählen. Die besonders progressiven Materialien fanden sich alle nicht in den Lehrbüchern und erfordern ggf. auch Fernleihen über Bibliotheken wie im Falle des bayerischen Materials für den Gymnasialunterricht von Kuchenbauer (2003), das durchaus allgemein für die Sekundarstufe gut anwendbar ist.

Auch der Rückblick auf Abbildung 20 zeigte, dass die Antworten der Schülerinnen und Schüler den Interpretationsrahmen spiegeln, der in den Unterrichtsmaterialien geboten wird. Denkbar ist deshalb mit den Interpretationen der Klasse und ihren Begründungen im Kontext des Theologisierens zu biblischen Texten zu arbeiten (vgl. Zimmermann, 2012b). Es stellt sich daher die Frage, ob nicht die bisher dokumentierte konservative Gesamtpositionierung der Geschichte korrigiert werden könnte. Eine besondere alternative Interpretationsperspektive konnte unsere Forschung hier nicht entwickeln. Vielmehr liegt die

Aufgabe des Unterrichts offenbar darin, das progressive Potenzial, das im Kern der Geschichte selbst liegt, im Unterricht zur Darstellung zur bringen. Viele der oben genannten Lehrbücher haben hier leider nicht die Originalität und Innovativität wie die Entwürfe von Sieberg (2015), Kuchenbauer (2003) und Ludwig (2011).

Selbstwert und die Liebe Gottes als Interpretationskriterien

Wir konnten zeigen, dass Schülerinnen und Schüler, die eher in Distanz zum Religionsunterricht in der unteren Feldhälfte positioniert sind (vgl. Gennerich et al., 2008), die Nancy-Aufgabe besonders adäquat mit Rückgriff auf die Identitätsmotive der Kohärenz und des Selbstwerts sowie der Kategorie des Evangeliums lösen. Mit Blick auf die allgemeine Bedeutungszuschreibung zur Zachäusgeschichte finden sich dagegen eher geringe Zusammenhänge der Identitätsmotive und der Kategorien der Unterscheidung von Gesetz und Evangelium mit den persönlichen Werthaltungen. Das spricht dafür, dass Deutungskompetenzen zunehmend im Religionsunterricht erworben werden, und zwar relativ unabhängig von den persönlichen Lebensumständen. Jedoch erkennt man in den Abbildungen 22 bis 25, dass das Motiv der „Ziele" und die Kategorie des „usus politicus" stets im Bereich oben/rechts verortet sind. Diese Kategorien indizieren eine Tendenz zum moralischen Interpretieren der biblischen Geschichten, die jedoch keine relevanten Korrelate mit einer lebensdienlichen Anwendung der Geschichten zeigen. Es legt sich daher nahe, bei den Interpretationen der biblischen Geschichten vor allem auf das Motiv des Selbstwerts und der Kategorie des Evangeliums abzuheben, die im Geschichtenfeld auf der linken Feldhälfte positioniert sind.

Es ist auch davon auszugehen, dass eine lebensweltlich erschließende Interpretation biblischer Geschichten den Bildungsbemühungen in der Schule zugänglich ist, denn die älteren Schülerinnen und Schüler in der unteren Feldhälfte, die eigentlich in Distanz zum Religionsunterricht stehen, erwiesen sich als besonders kompetente Interpreten biblischer Geschichten. Des Weiteren zeigte sich, dass mit einem Fokus auf das Motiv des Selbstwerts und der Kategorie des Evangeliums zugleich universalistische und entwicklungsförderliche Interpretationen biblischer Geschichten in den Blick kommen (entsprechend ihrer Verortung oben/links im Geschichtenfeld). Es bestätigt sich damit die Empfehlung, möglichst progressive Interpretationen biblischer Geschichten im Unterricht zu erschließen. Dies kann offenbar bereits dadurch geleistet werden, dass die selbstwertdienliche Perspektive des Evangeliums erschlossen wird.

5.2 Perspektiven einer genderbewussten Bibeldidaktik

Einer genderbewussten Bibeldidaktik kann man sich von drei Seiten nähern, um zu einem verantwortlichen didaktischen Umgang mit biblischen Texten zu kommen.

Einerseits kann man die *Schülerinnen und Schüler* in den Blick nehmen, die sich in der Schule oft in geschlechtstypischer Weise verhalten, wodurch Frauen gegenüber Männern durch männliches Dominanzverhalten und weibliche Nachordnung immer noch benachteiligt werden (vgl. Riegel & Ziebertz, 2010, S. 387). Unterschiede in den Geschlechtern zeigen sich z. B. in der Fächer- bzw. Kurswahl (naturwissenschaftliche vs. sprachliche Orientierung), im Verhalten in der Klassengemeinschaft und der Art Wissen zu präsentieren. Lehrerinnen und Lehrer verstärken teilweise rollentypisches Verhalten im Unterricht und schenken den männlichen Schülern mehr Aufmerksamkeit (vgl. Riegel & Ziebertz, 2010, S. 388). Nicht zu unterschätzen ist, dass immer noch, je nach Schultyp, mehr als 60 % der Lehrkräfte Frauen sind, die Leitungspositionen dieses Verhältnis aber nicht abbilden. Da das Geschlechterverhalten auch zu (großen) Anteilen Produkt sozialer Interaktion ist, kommen Schülerinnen und Schüler bereits geschlechtlich sozialisiert als Mädchen oder Junge in die Schule und sind auch dort mit rollentypischen Verhaltenserwartungen und Modellen konfrontiert. Schule ist somit ein Raum geprägter Zwei- bzw. seit den letzten Jahren einer bewusster wahrgenommenen Mehrgeschlechtlichkeit, in dem sowohl die Wahrnehmung von Wirklichkeit als auch die Erwartungen des sozialen Umfelds an ein Individuum typischen Mustern folgen, die Frauen und Männern bestimmtes Verhalten und bestimmte Eigenschaften zuschreiben. Zur Beschreibung der Mehrdimensionalität menschlicher Geschlechtlichkeit hilft es, zwischen biologischem und psychokulturellem bzw. sozialem Geschlecht zu differenzieren (Wieser, 2015, S. 3).

Man kann auch beim *biblischen Text* ansetzen und hierin das biblische Menschenbild fokussieren, nachdem die aus der Gottesebenbildlichkeit abgeleitete Gleichwürdigkeit zwischen Mann und Frau zum Kernbestand biblisch-christlicher Anthropologie gehört. Nach Gen 1,27 ist der Mensch als geschlechtlich differenziertes Abbild Gottes geschaffen. Menschsein realisiert sich in verschiedenen Daseinsformen, die jeweils gleichwertig sind und an der Gottesebenbildlichkeit teilhaben. Somit sind sie mehr als biologische Notwendigkeit, sondern haben einen expliziten Eigenwert, auch weil sie erst zusammen, in Beziehung, das Wesen des Menschen ausmachen. In der Feministischem Exegese war allerdings der Ausgangspunkt die Beobachtung, dass die Bibel oft gegen Frauen verwendet wurde, um rollenstabilisierend für die patriarchale Gesellschaft zu wirken (vgl. Weißphal, 2018, S. 750). Sie machte deutlich, dass schon die biblische Tradition selbst häufig patriarchal geprägt war (z. B. Informationen zur weiblichen Prophetin Hulda wurden nicht bewahrt, Apostolin Junia in Röm 16,3 wurde vermännlicht), und die hervorgehobene Rolle von Frauen (z. B. als erste Auferstehungszeuginnen) wurde missachtet. Deshalb sollen durch eine feministische Textauslegung weibliche Erfahrungen in biblischen Texten wiederentdeckt (Hermeneutik des Erinnerns) und für eine Kirche mit und von Frauen fruchtbar gemacht werden (Hermeneutik der kreativen Aktualisierung und Verkündigung) (vgl. Zimmermann & Zimmermann, 2018, S. 500). So wurden z. B. viele lang übersehene weibliche Aspekte im biblischen Gottesbild entdeckt und Symbole und Bilder, die eher patriarchal geprägt waren, in weibliche transformiert und z. B. auch in gendersensiblen Übersetzungen wie der „Bibel in gerechter Sprache" sichtbar gemacht (z. B. die Geistkraft, feminin). Über diese „Befreiung des Textes" hinaus geht es in der feministischen Exegese auch um die „Befreiung vom Text", indem frauenkritische oder misogyne Bibelstellen im Sinne einer innerbiblischen Korrektur hermeneutisch durch Gegentexte relativiert, kritisiert und weitergeführt werden (vgl. Zimmermann & Zimmermann, 2018, S. 501).

Explizit im Zentrum dieser Arbeit steht nun als dritte Perspektive neben dem Blick auf die Lernenden und das Medium Bibel die Frage, wie das *Verhältnis zwischen Schülerinnen bzw. Schülern und der Bibel* in unterschiedlichen empirischen Studien beschrieben wird. Hier wird deutlich: Genderfragen werden noch nicht allzu lange in der Konzeption und Auswertung empirischer Studien berücksichtigt, die sich mit dem Bibelwissen und dem Bibelverständnis beschäftigen. So finden diese sich noch nicht bei Goldmann (1964) und Bröking-Bortfeld (1984) und nur in Ansätzen (geschlechtsspezifische Aufgabenstellung) z. B. bei Tamminen (1993, S. 148). Geschlechtsspezifische Unterschiede kann dann z. B. Greiner in seiner Studie von 2003 zumindest hinsichtlich der *Lesehäufigkeit der Bibel* bei der Gruppe der „unregelmäßigen-zwei-bis-dreimal-pro-Woche"-Leserinnen und -Leser erkennen (50 % mehr Mädchen als Jungen, vgl. Greiner, 2003, S. 339), während die Gruppe der täglichen Bibelleseinnen bzw. -leser bei Mädchen und Jungen etwa gleich groß ist. Ein Zusammenhang zur allgemeinen Leseforschung wird an dieser Stelle noch nicht hergestellt, so dass nicht deutlich wird, ob das schon damals ein spezifisches Phänomen des Bibellesens oder des Lesens überhaupt war.

Forschungen, die Ende der 1990er Jahre dann im Kontext feministischer Religionspädagogik dezidiert das genderspezifische Rezeptionsverhalten darstellen, konnten – wie unsere Untersuchung auch – zeigen, dass *Identifikation mit biblischen Figuren* stark genderspezifisch geprägt ist. Die Jungen wiesen z. B.in der Untersuchung von Charmé zur Rezeption der Adam-und-Eva-Erzählung ausdrücklich zurück, sich mit einer Frau wie Eva zu identifizieren (Charmé, 1997, S. 31), weil Adam eindrucksvoller als Eva sei und zuerst erschaffen wurde. Die Identifikationsbereitschaft sowohl mit Adam als auch mit Eva nahm allerdings grundlegend ab, sobald die Charaktere moralisch problematisch wurden. Auch aus unserer Befragung wurde deutlich, dass Mädchen grundsätzlich eher biblische Geschichten auswählten, die weibliche Identifikationsfiguren enthielten.

Dies waren die Geschichten „Die Frauen am leeren Grab“ mit 42 Nacherzählungen und „Esther“ mit 3 Nacherzählungen, sowie „Rahel und Lea“, „Rut“, „Gleichnis von der Perle“ und „Gespräch am Jakobsbrunnen“ mit jeweils einer Nacherzählung. Bei der vorweg vorgenommenen Unterscheidung von sechs nacherzählten Geschichten mit weiblicher Identifikationsfigur und fünf nacherzählten Geschichten mit männlicher Identifikationsfigur zeigte sich (vgl. Tab. 63) ein klarer Geschlechtseffekt. Geschichten mit weiblicher Identifikationsfigur wurden von Schülerinnen überproportional häufiger gewählt als von Schülern.

Mädchen beurteilen außerdem die Bibel tendenziell „spannender“, „wahrer“ und lebensnäher („hat mit dem Leben zu tun“). Somit haben offenbar Mädchen eine Tendenz, die Bibel in einem stärkeren Ausmaß plausibel zu finden und als persönlich bedeutsam zu interpretieren. Wir können in unserer Untersuchung die These eines Geschlechtseffektes beim Identifikationsgrad demnach bestätigen, jedoch ist der Geschlechtseffekt vergleichsweise klein. Kaum einen relevanten Effekt zeigt schließlich das Geschlecht der Befragten bei der Frage nach dem Wahrheitsgehalt, den diese der Bibel zubilligen ($r = -.09$; männliche Befragte bewerten die Bibel mit einer minimalen Tendenz als weniger wahr).

Die allgemeine Leseforschung hat darüber hinaus zeigen können, dass Mädchen eher ernst, realistisch und identifikatorisch lesen (möchten). Jungen dagegen lieben Komik, Witz, Parodie und alle Formen von schrägem Humor und skurrilen Übertreibungen; dies sind für sie nicht zuletzt Möglichkeiten der Distanzierung von den fiktionalen Welten (Philipp & Garbe, 2007; Philipp, 2011a und 2011b). Aus dem Rezeptionsverhalten konnte gezeigt werden, dass das Medium Comic, in dem auch biblische Geschichten zur Verfügung stehen, gerade für männliche Schüler eine attraktive Lektüre biblischer Texte anbietet.

Schon in der Studie von Hanisch und Bucher (2002, S. 35) erzielten Mädchen bessere Ergebnisse bei der *Kenntnis biblischer Geschichten,* und ihnen fielen auch deutlich mehr Bibelgeschichten ein. Mädchen schneiden auch in unserer Studie im Test bei der Geschichtenerkennung mit weiblichen Figuren deutlich besser ab als Jungen. Sie sind allerdings auch bei Geschichten mit nur männlichen Figuren leistungsfähiger, aber hier ist der Effekt geringer. Festgehalten werden kann daher, dass der eigentliche Geschlechtseffekt in der höheren Geschichtenkompetenz der Mädchen liegt (Haupteffekt) und nur eher marginal im Interaktionseffekt, nämlich, dass Mädchen ihren Kompetenzvorteil besonders bei Geschichten mit weiblichen Figuren zur Geltung bringen können.

Auch bei den offenen Fragen zur Interpretation der Zachäusgeschichte zeigten die Mädchen einen *Kompetenzvorteil*: Sie produzierten mehr Interpretationen, die sich auf die vier Identitätsmotive bzw. die theologische Unterscheidung von Gesetz und Evangelium bezogen, so dass sie mehr sinnstiftende Interpretationen formulierten. Darüber hinaus nutzten sie das Selbstwertmotiv und die Kategorie des Evangeliums häufiger, so dass ihnen, bezogen auf die Zachäusgeschichte, auch sachgemäßere Interpretationen gelangen.

Wenn wir also aus den Ergebnissen zusammenfassen, dass Schülerinnen (a) häufiger die Bibel lesen, (b) sich besser damit identifizieren, (c) eine elaboriertere Kenntnis der biblischen Geschichten zeigen, (d) diese „spannender", „wahrer" und „ lebensnäher" einschätzen und (e) kompetentere Interpretationen produzieren, muss man als Folge ableiten, dass es die Jungen sind, um die man sich im Religionsunterricht bei biblischen Themen besonders kümmern muss. Seit der IGLU-Studie 2005 wird von einer nachweislichen Benachteiligung von Jungen im Schulsystem ausgegangen, die u. a. auch mit dem Fehlen männlicher Bezugspersonen in Verbindung gebracht wird.

Wollen wir nun also, ausgehend von den Ergebnissen unserer Studie, Konsequenzen für eine gendergerechte Bibeldidaktik festhalten, könnte man folgende Leitsätze formulieren. Dabei ist allerdings zu beachten, dass die didaktischen Konsequenzen aus Kapitel 4.2.1 (wertanalytische Befunde) und 4.2.3 (Frage nach der Wahrheit) sowie 4.2.4 (zur persönlichen Bedeutsamkeit) in Bezug auf die Beachtung eines Angebots an möglichst vielfältigen Deutungsoptionen im Kontext eines Theologisierens mit Jugendlichen ähnlich sind.

1. Ein geschlechtergerechter Religionsunterricht (mit der Bibel) befähigt Schülerinnen zu einem selbstbestimmten Umgang mit geschlechtstypischen Wertungen und Normen. Er entlarvt systemkritisch die Macht der Stereotype und setzt sich gemäß christlicher Anthropologie für die Freiheit und die Würde der Person ein. Dabei arbeitet er im Modus der Sensibilisierung, der Information und Aufklärung, der Urteilsbildung und der Einübung mit den Prinzipien der Subjektivität, der Hermeneutik der Zweigeschlechtlichkeit und der Berücksichtigung der Mehrdimensionalität der Geschlechtlichkeit und des Geschlechtskonzepts (vgl. Riegel & Ziebertz, 2010, 395–396).

2. Jungen lesen schlechter und weniger. Deshalb sollte der Unterricht über die Wahl zielgruppenorientierter Übersetzungen oder jungengemäßerer Medien wie Comics die Motivation der Beschäftigung mit biblischen Texten unterstützen. Wie in anderen Fächern auch sollte kontinuierlich fächerübergreifend an der Lesekompetenz gearbeitet werden, auch indem z. B. Langzeitaufgaben zu biblischen Ganzschriften u. U. auch aus Kinder- oder Jugendbibeln gegeben werden, so dass sich ein Geschichtennetz bilden kann, das beiden Geschlechtern zum Theologisieren zur Verfügung steht.

3. Natürlich sollten die wenigen weiblichen biblischen Figuren im Religionsunterricht eine Rolle spielen. Deren Fokussierung darf aber nicht dazu führen, dass männliche Rollenbilder vernachlässigt werden. Die Auswahl biblischer Texte und die dann spezifisch gewählte Erzählung sollten jeweils Jungen und Mädchen Möglichkeiten der Identifikation bieten. Insbesondere eine feministische Lesart biblischer Texte möchte Mädchen und jungen Frauen Identitätsangebote und Orientierungshilfen geben (Hötger & Wukkelt, 2002, S. 140). Indem z. B. in der Moseerzählung darüber nachgedacht wird, was sich durch den Perspektivenwechsel von Mose zu Mirjam ändert, können solche geschlechtsspezifischen Betrachtungen wahrgenommen und gedeutet werden, ohne dass eine

der beiden Perspektiven in der Wahl des didaktischen Zugangs als Vorentscheidung der Lehrkraft entfällt. Somit unterstützt das Angebot auch feministischer Lesarten die breite Darstellung möglicher Textdeutungen für Jugendliche.

4. Weil männliche Schüler eher Probleme haben, Bibeltexte als für sich relevant zu erleben, müssen methodische Möglichkeiten der Identifikation herangezogen werden, die die Gegenwartsrelevanz deutlich machen. Dabei soll eine Beschäftigung konstruktive (in Interaktion mit dem Text treten), dekonstruktive (Bilder von Männern und Frauen kritisch beleuchten) und rekonstruktive Zugänge (Neulesen und Neudeuten) sinnvoll verbinden. Gute Interpretationen stellen einen Bezug biblischer Texte zu den vier Identitätsmotiven bzw. der Unterscheidung von Gesetz und Evangelium her und fördern so sinnstiftende Deutungen beider Geschlechter (vgl. Kap. 5.4).

5.3 Zur Bearbeitung der Frage nach der Wahrheit

Wir haben im Kontext vorliegender Untersuchungen in Kapitel 2.2.3 darstellen können, dass die Frage nach der Wahrheit der Schrift eine der zentralen hermeneutischen Fragen ist, die religionspädagogisch bearbeitet werden muss (vgl. vertiefend auch Zimmermann, 2018). Die Befunde in unserer eigenen Studie zeigen erweiternd, dass Wahrheit im Verständnis der Schülerinnen und Schüler durch zwei Aspekte gekennzeichnet ist: einen lebensweltlichen Anwendungsbezug („hat mit dem Leben zu tun") und einen Bezug zum Heiligen („göttlich"). Des Weiteren zeigte sich differenzierend, dass der Bibel Wahrheit abgesprochen wird, wenn sie in einer Perspektive historischer Kritik als „erfunden" wahrgenommen wird. Dieser Befund fordert die didaktische Reflexion heraus:

Erstens legt sich nahe, die biblische Hermeneutik im religionspädagogischen Kontext mit einem besonderen Fokus auf das Subjekt und seine Lebenswelt zu konstruieren, denn dann kommen als Wahrheitskriterium vermehrt Aspekte der Aneignung des biblischen Textes durch das Subjekt in den Blick. Das wird deutlich, wenn wir bei der Wahrheitsfrage den systematisch-theologischen Diskurs berücksichtigen. So schlägt Stefan (2009) für die Rationalität theologischer Wahrheit neben den internen Kriterien der Kohärenz und Konsistenz die externen Kriterien des Erfahrungsbezugs und der Offenheit vor. Clayton (1992) entwickelt zur Begründung von Wahrheit im Bereich der Religion das Kriterium der Kohärenz und zeigt, wie dieses zur Anwendung gebracht werden kann, wenn Wissenschaftlichkeit und Rationalität als kontextbezogene Problemlösungseffektivität verstanden werden. Das bedeutet, dass sich Sinn und Wahrheit religiöser Aussagen nicht im Nachweis einer Übereinstimmung mit Referenzsachverhalten zeigt (vgl. in Kap. 2.2.3 „Korrespondenztheorie" der Wahrheit), sondern sich im Kontext angemessener lebensweltlicher Anwendungen erweist. In einer religionspädagogischen Perspektive definiert Gräb (1993, 1998) Religion, dieser Linie entsprechend, als Lebensdeutung dezidiert zweipolig: mit einem Subjekt, das sich Deutungsmuster der Tradition kritisch-konstruktiv nach Plausibilitätsgesichtspunkten aneignet und danach fragt, welchen Freiheitsgewinn ein Deutungsmuster mit sich bringt, und mit einem Traditionsbezug, der flüssig genug sein muss, um ihn auf unterschiedliche Lebenskontexte anwenden zu können.

Anhand empirischer Daten zeigt Gennerich (2010a, S. 391–394), dass die Präferenz und das Plausibilitätsempfinden für unterschiedliche Interpretationen theologischer Kategorien kontextabhängig sind. Die Verschiedenheit der individuellen Lebenskontexte einerseits und die Konventionalität der Glaubenskommunikationen an den meisten kirchlichen wie gesellschaftlichen Orten haben daher nach Gennerich (2012a) zur Folge, dass nicht für alle Subjekte gleichermaßen inhaltlich aneignungsfähige religiöse Deutungsmuster kommuniziert werden. So kann es Kontexte geben, für die keine sinnvollen Deutungen zur Verfügung stehen bzw. zu stehen scheinen, so dass ein „explanativer Misserfolg“ resultiert (Clayton, 1992, S. 151). Schülerinnen und Schüler, die sich vom Religionsunterricht abmelden, beklagen daher häufig, dass der Religionsunterricht für sie keine Interpretationen biblischer Texte bereitstelle, die zu ihrem Leben passen (Gennerich & Zimmermann, 2016, S. 87–88, 100–103). Zumindest implizit haben daher die Schülerinnen und Schüler bereits ein Wahrheitsverständnis, dass die Anwendung in ihrer Lebenswirklichkeit umfasst. Didaktisch muss daher die Erfahrung der Schülerinnen und Schüler expliziert werden, und zugleich bedarf es einer Didaktik, die auf die „Anwendbarkeit“ in den persönlichen Lebenskontexten achtet. Auf den Punkt gebracht, bedeutet das, dass biblische Texte nicht nur einen Bezug zur Historie benötigen, um nicht als „reine Fiktion“ missinterpretiert zu werden, sondern eben auch einen Bezug zur Lebenswirklichkeit der Schülerinnen und Schüler, weil ohne einen solchen die angenommene Relevanz der Texte ebenso zur bloßen Fiktion würde.

Zweitens ist die Frage der Historizität der biblischen Texte von Belang. Zwar steht ein Verständnis der Bibel als Geschichtsbuch in keinem empirischen Zusammenhang mit der Zuschreibung von Wahrheit, jedoch leidet die Kennzeichnung der Bibel als „wahr“, wenn ihre Historizität in Frage gestellt wird (siehe Tab. 68). Es stellt sich daher die Frage, wie der Zweifel an der Wahrheit der Bibel bearbeitet werden kann, damit nicht eine Arbeit mit der Bibel verstellt wird. Zimmermann und Zimmermann (2003) verweisen auf die Archäologie als wichtiges Thema in der Sekundarstufe I in diesem Kontext. Zentrale Bedeutung komme bei der Frage nach der wirklichen Geschichte hinter den Texten den materialen (nicht-textlichen) Überrestquellen, also den Steinen und Kleinartefakten zu. So erfreue sich die Archäologie schon seit der Phase des hermeneutischen Religionsunterrichts großer Beliebtheit. Bei Einheiten zu „Zeit und Umwelt Jesu“ (obligatorisch in Klasse 5/6), zu den „Gleichnissen Jesu“ oder auch im Rahmen der Themen zur Christologie (z. B. zum „historischen Jesus“) wird auf archäologische Kenntnisse standardmäßig Bezug genommen. In entsprechenden archäologischen Ansätzen wird versucht, Wahrheitsfragen zur Bibel zu erklären, indem archäologische Funde identifizierend (z. B. die David-Inschrift aus Tel-Dan, die 1993 entdeckt wurde und belegt, dass David wohl als historische Gestalt existiert hat), illustrierend (z. B. Ausgrabungen des Teiches von Bethesda in Jerusalem, die zeigen, dass auch der Wundererzählung von Joh 5,1–9 ein realer Ort zugrunde liegt) oder kontrastierend (Rekonstruktion des herodianischen Tempels, dessen Dimensionen mit einem Vorhof von ca. 10.000m^2 zeigen, dass Jesus als einzelner Mann unmöglich alle Händler aus dem Tempel getrieben haben kann, wie Mk 11,15–16 und Joh 2,15 das behaupten) zur Erläuterung des Bibeltextes eingesetzt werden.

Jeweils werden dabei die biblischen Texte hinsichtlich ihrer historischen Referenzialität befragt, was nicht nur Ziel der historisch-kritischen Methode ist, sondern auch an die Korrespondenztheorie der Wahrheit anschließt. Biblische Texte sind nur in Kenntnis dieser historischen Verwurzelung zu verstehen, sie sind Spiegel einer vergangenen Zeit und Kultur, die durch historische Methoden bis zu einem gewissen Maß rekonstruiert werden können. Die große Frage aber, wie es wirklich war, ist in den meisten Fällen auf diesem Wege nicht zu beantworten. Denn kritische Methoden können nur Plausibilitäten und nicht objektive historische Fakten liefern. Auch reicht die Fragmentarität der Überrestquellen nicht aus, um wirklich ein enzyklopädisches Bild antiker Kulturen zu erheben, und schon gar nicht ist die Rekonstruktion des ältesten Überlieferungsstadiums eines Textes immer theologisch wertvoller bzw. wahrer als eine jüngere Fassung. Die „ungeschminkten Tatsachen der Vergangenheit" lassen sich nicht erheben. Die historischen Quellen, aber auch archäologischen Funde wie Steine, Töpfe oder Münzen bedürfen immer der Interpretation. Unterrichtspraktisch kann das anhand von Jesus-Quellen, am Beispiel des Bethlehemsterns, der wissenschaftlich-historisch „bewiesen" wird, sowie der historischen und von manchen auch proklamierten religiösen Bedeutung des „Jesus"-Bootes von Magdala (ein archäologischer Fund am See Genezareth) oder an den obigen Beispielen zur Archäologie veranschaulicht werden (Zimmermann & Zimmermann, 2003).

Neben der internen, methodologischen Kritik tritt dabei auch unterrichtspraktisch die Frage nach der Reichweite dieser Annäherung im Blick auf die Wahrheit der biblischen Texte auf. So sind die Fragen nach der Möglichkeit von Wundern oder nach der Wahrheit der Auferstehung nicht mit Hilfe dieser Annäherung zu lösen, denn selbst wenn man Hallen eines Sanatoriums des Bethesda-Teichs ausgraben kann, sagt das noch nichts darüber, ob dort auch ein Wunder Jesu stattgefunden hat. Hilfreich an diesem Zugang gerade in der Sekundarstufe I ist aber die grundsätzliche Einsicht, dass die Bibel ein geschichtliches Buch mit einer bestimmten historischen Plausibilität ist. Die Einsicht in fiktionale Elemente der biblischen Überlieferung darf nicht zu der radikalen Schlussfolgerung verleiten, dass deshalb alles ‚erfunden', d. h. fiktional ist. Im literaturwissenschaftlichen Sinne sind die meisten biblischen Erzählungen „faktuale

Erzählungen“, und dies gilt sogar für die Wundergeschichten. Weder die Figur Jesu ist erfunden noch die Figur des Petrus oder des Paulus. Die Wahrnehmung der geschichtlichen Referenzialität der Bibel bewahrt das Buch davor, als Mythen- oder Märchensammlung missverstanden zu werden. Wenn die historische Annäherung diese Diesseitigkeit der Botschaft herausarbeitet, trägt sie zum vertieften Wahrheitsverständnis der Bibel bei und kann den wahrheitsunterminierenden Zweifel relativieren.

Drittens werfen unsere Befunde die Frage auf, wie die Attribuierung der Bibel als „göttlich“ zu adressieren ist. Dabei handelt es sich um eine Sicht auf die Bibel, die in einer fachlichen Perspektive kritisch reflektiert werden kann, da, theologisch gesehen, Jesus Christus das Wort Gottes ist und nicht die Bibel selbst, die das Wort Gottes in ihrer Auslegung zur Sprache bringen kann. Die kinder- und jugendtheologische Arbeit mit biblischen Texten bietet sich zur Bearbeitung dieser Thematik an.

Wie an theologische Entwürfe der Anspruch gerichtet wird, innere Kohärenz aufzuweisen, so gilt auch für wissenschaftliche Auslegungen der Bibel, dass sie eine innere Stimmigkeit aufweisen sollten. Gleiches gilt auch für die Auslegungsversuche von Kindern und Jugendlichen, so zumindest eine These innerhalb der Kindertheologie. Es ist gerade ein Kriterium kindertheologischer Kompetenz, dass die Auslegung biblischer Texte nicht nur spontan und kreativ, sondern auch stringent und kohärent ist (Zimmermann, 2012b, S. 222–223). D. h., nach dem internen Wahrheitskriterium der Kohärenz muss nicht eine Deutung zu einem Text als „wahr“ vermittelt werden, sondern es können vielmehr die eigenen und z. T. markant unterschiedlichen Interpretationen der Kinder und Jugendlichen als prinzipiell gültig angenommen und ernst genommen werden (Exegese der Kinder). Im Sinne des Theologisierens mit Kindern, werden diese Deutungen dann aber hinsichtlich ihrer inneren Stimmigkeit bzw. Kohärenz geprüft und dann durch das Angebot von Deutungsvarianten der Tradition erweitert. Beim Thema Wundergeschichten z. B. werden die Positionen der Schülerinnen und Schüler gesammelt, die sich zwischen rationalistischen Deutungen, bei denen die in der Erzählung referierten Wunder rational erklärt werden sollen, und supranaturalistischen Deutungen, bei denen Wunder als Eingriffe Gottes in seine Schöpfung gegen die Ordnung der Natur aufgrund der Allmacht Gottes geschehen, einordnen lassen (Zimmermann, 2013). Dann kann man Schülerinnen und Schüler hinsichtlich der Kohärenz ihres Modells mit ihrem Gottesbild befragen (z. B. Macht, Freiheit, Wirksamkeit Gottes). Die von Kindern angebotenen Auslegungen können auch durch weitere Deutungsperspektiven erweitert werden, wie z. B. hinsichtlich ihrer nachhaltigen Tragfähigkeit im Sinne kontextueller Anwendungsfähigkeit. Jugendliche gewinnen bei diesem religionspädagogischen Ansatz die Erkenntnis, dass die Wahrheit eines biblischen Textes auch wissenschaftlich nicht im Vorhinein festliegt. Sie erleben, dass Theorien sich durch plausible Argumente Wahrheit erarbeiten müssen. Damit erfährt jedoch auch die Attribution der Bibel als göttliches Buch eine Relativierung, weil ein als eindeutig wahrgenommener „göttlicher" Text mit der Vielfalt menschlicher Auslegungen im Kontrast steht und sich der Blick auf das Subjekt der Exegese verlagert. In Kapitel 4.2.1 konnten wir zeigen, dass ein Verständnis der Bibel als „eindeutig" gegenüber „vieldeutig" als positives Attribut gesehen wird und dass das Attribut „eindeutig" mit „handelt von Gott" in Beziehung steht (vgl. Abb. 13). Eine Fokussierung der Pluralität von Auslegungsperspektiven dürfte daher mit einer Neubewertung der Bibel bei den Schülerinnen und Schülern einhergehen. Nämlich, dass das Verhältnis der Attribute „göttlich" und „eindeutig" bei der Bibel neu bestimmt wird und sie infolge eines entsprechenden Unterrichts nicht mehr so eng miteinander gekoppelt werden wie in Abbildung 13.

5.4 *Anleitung zur Identifikation*

Zum Abschluss wollen wir unter der Leitperspektive „Anleitung zur Identifikation" erörtern, wie die Bibel persönlich bedeutsam werden kann. In unserer Theoriebildung haben wir angenommen, dass die Bibel als persönlich bedeutsam erlebt wird, wenn Beziehungen zur eigenen Identität im Prozess der Auslegung hergestellt werden können. Vier Identitätsmotive haben wir dabei als maßgeblich angesehen: Ziele, Kontrolle, Kohärenz und Selbstwert. Wird der biblische Text auf diese Motive bezogen, ist davon auszugehen, dass der Text einen Beitrag zur Sinnkonstruktion leistet. Auch in der theologischen Perspektive der Unterscheidung von Gesetz und Evangelium erwies sich ein solcher Fokus auf den Lebenssinn der Texte als sachgemäß. Die empirischen Analysen haben diesbezüglich mehrere relevante Befunde aufgedeckt: (1) Eine moralisch orientierte Deutung der Bibel steht einer selbstwert- bzw. kohärenzdienlichen Deutung gegenüber. Je häufiger moralische Deutungen praktiziert werden, desto weniger wahrscheinlich wird eine selbstwertdienliche Interpretation. (2) Im Kontext der Nancy-Aufgabe erwies sich eine nichtmoralische, selbstwertbezogene Deutung als die sachgemäßere. Gleichwohl können in einer theoretischen Perspektive auch Kontexte denkbar sein, in denen eine moralische Deutung angemessener ist (z. B. in Peergroups antisozialer Jugendlicher, die Schädigungen anderer verharmlosen und mangels eines Bewusstseins für Normen kein schlechtes Gewissen bei aggressiven Übergriffen verspüren, vgl. Gibbs et al., 1995, S. 25). (3) Kirchliche Akteure in der Sozialisation fördern deutlich eine selbstwertbezogene Deutung biblischer Texte mit Rückgriff auf das Motiv des Evangeliums. (4) Insgesamt wird ein biblischer Text eher als bedeutsam erlebt, wenn die Motive des Selbstwerts und der Kohärenz oder die Kategorie des Evangeliums zur Anwendung kommen. In einer didaktischen Perspektive ginge es daher darum, die besonders häufig angewendeten moralischen Deutungen der Bibel (vgl. Tab.

75) kritisch zu begleiten und eher auf die Motive des Selbstwerts und der Kohärenz bezogene Deutungen bei den Schülerinnen und Schülern zu unterstützen.

Das Konzept der mimetischen Bibeldidaktik von Zimmermann und Zimmermann (2014) kann dies leisten, weil es hier um eine kreative Anwendung biblischer Figuren und Formen im eigenen Kontext geht, so dass eine direkte, moralisch intendierte Extraktion von Regeln und Standards aus biblischen Texten vermieden wird. Im Anschluss an die antike Diskussion zum Mimesis-Begriff sind die folgenden Aspekte des Konzepts wesentlich (vgl. Zimmermann, 2015):

- Mimesis ist keine Kopie eines vorgegebenen Gegenstandes, der in einem 1:1-Entsprechungsverhältnis nachgebildet wird. Zugleich kann aber am Maßstab der Teilhabe an der Wahrheit zwischen gelungener und misslungener Mimesis unterschieden werden.
- Mimesis bezieht sich auf einen vorausliegenden Gegenstand, aber die Art der Darstellung und Bezugnahme vergegenwärtigt diesen in intensivierter, kreativer und produktiver Weise. Damit gelingt eine Balance zwischen Traditio und Innovatio.
- Mimesis hat eine kognitive und affektive Wirkung, sei es auf den Nachahmer, sei es auf den Rezipienten der Nachahmung, löst also Erkenntnisprozesse und Emotionen aus.
- Mimesis hat einen Prozesscharakter, bei dem eine Mimesis wieder neue Akte der Mimesis hervorbringt.

Es zeigt sich so mit Blick auf unsere Befunde zweierlei: Die „Teilhabe an der Wahrheit“ bedarf im Unterricht handhabbarer Kriterien, die unsere Theoriebildung einschließlich unserer Befunde mit den vier Identitätsmotiven und der Unterscheidung von Gesetz und Evangelium liefert. Des Weiteren wäre die kognitive und affektive Wirkung der Mimesis zu konkretisieren, dass nämlich im Prozess der Mimesis ein *Identitätsbezug* hergestellt wird. Wir sprechen daher auch von einer Anleitung zur Identifikation, die im Folgenden skizziert sei.

Wie die exegetische Wissenschaft zeigt, kann die biblische Überlieferung bereits selbst als ‚mimetischer Prozess‘ beschrieben werden. Dies gilt schon bei den Geschichtserzählungen der hebräischen Bibel (z. B. das deuteronomistische Geschichtswerk in Bezug auf die jahwistisch-elohistische Erzählung), bei Fortschreibungsprozessen der Prophetie (z. B. Jesaja-Buch), aber ebenso bei den Evangelien oder auch einzelnen Mikro-Gattungen. Die vorfindliche Jesuserzählung des Markus wird z. B. von Lukas nicht einfach kopiert, sondern in einer Weise ‚nachgeahmt‘, die wir ‚mimetisch‘ nennen können (Lk 1,1–3). Denn einerseits wird die Tradition mit Respekt und Achtung bewahrt, doch zugleich in kreativer Weise in die jeweilige Situation hinein vermittelt.

In diesem Sinne versucht die mimetische Bibeldidaktik deshalb, die spezifische Form der biblischen Überlieferung nicht nur wahrzunehmen, sondern auch didaktisch und sogar methodisch aufzunehmen. Die Botschaft der Bibel ist nicht jenseits oder hinter ihrer Medialität, sondern nur ‚in, mit und unter‘ ihrer Sprech- und Denkweise zu verstehen. So ist das Ziel einer mimetischen Didaktik, dass Schülerinnen und Schüler selbst zu „Mimeten“, zu aktiven Nachahmern werden und nicht nur die Mimesis eines biblischen Autors oder einer Kommentatorin nachempfinden. Ganz unterschiedliche Aspekte können dabei nachgeahmt werden. So kann eine *biblische Figur* nicht nur in ihrer tugendhaften Weise, sondern gerade auch in der Ambivalenz, wie sie biblischen Charakteren eigen ist, zum Glaubens-Vorbild werden. Ferner kann eine *Einzelgattung* oder sogar ein ganzes biblisches Buch mimetisch aufgenommen werden. Oder es geht um eine spezifische Denk- und Sprechweise, mit der ein theologisches Problem z. B. narrativ, metaphorisch oder dialektisch erörtert wird. Auch die Art und Weise des mimetischen Aktes folgt dem Variationsreichtum der biblischen Texte selbst und geht darüber hinaus. Mimesis unterscheidet sich von Auswendiglernen und Kopieren. Es geht immer um einen kreativen Prozess der Übertragung, Anwendung und Vergegenwärtigung.

Dabei wird in einer empirischen Perspektive das eigene Repertoire an Handlungsmöglichkeiten und des eigenen Selbstverstehens erweitert. Die mimetische Bibeldidaktik lässt sich daher zugespitzt auf die Identitätskonstitution mit dem Konzept der „möglichen Selbste“ (possible selves) von Markus und Nurius (1986) sowie Markus und Ruvolo (1989) begründen. Mögliche Selbste sind ideale Selbstvorstellungen, die man gerne erreichen möchte. Sie sind aber auch Selbstvorstellungen, die im eigenen biographischen Kontext denkbar sind oder von denen man befürchtet, dass sie sich realisieren. Mögliche Selbste fungieren als persönliche Repräsentationen allgemeiner Ziele, Motive oder Bedrohungen. Sie dienen der Verhaltenssteuerung im Hinblick auf das, was erstrebt oder vermieden werden soll, und sie stellen auch Kriterien bereit, anhand derer Ergebnisse bewertet werden können. ‚Mögliche Selbste‘ sind daher sensibel gegenüber neuen und inkonsistenten Informationen über das Selbst. Auf der anderen Seite sind sie aber auch flexibler. Anders als aktuelle Selbstvorstellungen, die durch öffentliches Verhalten und durch den persönlichen sozialen Kontext nur eingeschränkt variierbar sind, können ‚mögliche Selbste‘ als Optionen freier gehandhabt werden. Zum Beispiel können als attraktiv empfundene Ziele in Form möglicher Selbste auf die eigene Person übertragen werden. Sie können so die Person motivieren und sind als Hoffnungen in Spannung zu aktuellen Selbstvorstellungen im persönlichen Selbstsystem gerechtfertigt. D. h., der Prozess der Nachahmung muss eine Schülerin oder einen Schüler nicht normativ festlegen, sondern eröffnet ein Identitätslaboratorium (vgl. Gennerich, 2010a, S. 409).

Didaktisch bedeutet dies also, dass biblische Vorlagen für mögliche Selbstverständnisse nicht moralisch-normativ verstanden werden müssen, um relevant zu werden. Denn mit den möglichen Selbsten steht ein Spielfeld zur Verfügung, in dem Schülerinnen und Schüler mit biblischen Perspektiven und Formen ihre Identität und Entwicklungsoptionen frei reflektieren können. Ein mögliches Selbst kann erhofft oder auch gefürchtet sein, so dass sie in der Selbstregulation als orientierende Bojen fungieren. Im Prozess der Mimesis können daher biblische (Denk-)Figuren als mögliches Selbst rekonstruiert werden, und es kann offen bleiben, wie die Schülerinnen und Schüler die Vorlage in ihrem eigenen Selbstverstehen variieren.

Methodisch stehen viele Optionen zur Verfügung, neben kreativem Schreiben zu und entlang biblischer Geschichten (s. u.) stehen vor allem Rollenspiele im Zentrum, die in zwei Perspektiven entfaltet werden können: Biblische Texte können in Rollenspielen „nachgeahmt" und auf der Ebene der Imagination verarbeitet werden.

a) Rollenspiele können helfen, prinzipiell denkbare Ziele und Lebensvorstellungen als persönliche ‚mögliche Selbste' zu erproben. Da das Rollenspiel eine als-ob-Realität darstellt, ist es ebenso wie die möglichen Selbste freier gegenüber der sozialen Wirklichkeit. Das Spektrum ‚möglicher Selbste' von Schülerinnen und Schülern kann daher erweitert werden. Wenn beim Rollenspiel zunächst neue ‚mögliche Selbste' in das Selbstkonzept integriert werden, steigt die Wahrscheinlichkeit, dass von der biblischen Vorlage inspirierte Verhaltensweisen entwickelt werden. Wieweit das dann verfügbare Verhaltensrepertoire auch zu einer Erweiterung des eigenen Handelns führt, hängt dann auch mit dem Grad der Einübung zusammen. Dem mimetischen Konzept entsprechend können sich dabei die Rollenübernahmen auf biblische Figuren, aber auch auf biblische Formen beziehen (z. B. kann eine Rolle biblische Formen integrieren wie Reden, Sprichwörter u. ä.).

b) Auch in der narrativen Imagination können religiöse Denk-, Gefühls- und Handlungsmuster als Optionen des eigenen Selbst exploriert werden. Dies ist Gegenstand der religiösen Rollentheorie von Sundén (1966), die davon ausgeht, dass bei der Rezeption biblischer Erzählungen eine Identifikation mit biblischen Figuren stattfindet. Die biblischen Figuren versteht Sundén dabei als Rollenvorlagen, die die komplementäre Rolle ‚Gott' und einen spezifischen Bezugsrahmen zur Wahrnehmung der Wirklichkeit immer schon mitsetzen. Das bedeutet: Die Übernahme biblischer Rollen in der inneren Nachahmung einer biblischen Geschichte strukturiert das Erlebnisfeld und eröffnet damit auch neue Sichtweisen des Selbst. Das führt dann in der Rezeption durch Walter Neidhart (1975) in seiner biblischen Erzähltheorie zu einer Ich-Erweiterung und Ich-Stärkung, denn die in den Geschichten vorgeführten Identifizierungsmöglichkeiten können für die Zuhörerinnen und Zuhörer als Entwicklungsoptionen konkret werden. Die Erzähltheorie von Neidhart öffnet dabei die Perspektive, spezifische biblische Ideen in der Erzählung in einer Weise elaboriert zu integrieren, dass der Bezug zum persönlichen Selbstverstehen und zur persönlichen Lebenswelt leichter nachvollzogen werden kann (Gennerich, 2012a).

c) Das Potenzial des kreativen Schreibens in der Bibeldidaktik (vgl. Zimmermann, 2011, 2012a) soll hier anhand der Gleichnisse Jesu skizziert werden. Ihr besonderer Wert liegt darin, dass die literarische Gestalt der Texte und die damit geleistete theologische Reflexivität fruchtbar gemacht werden können. Eine Parabel ist ein fiktionaler Erzähltext, dessen Erzählinhalt realistisch ist, aber aufgrund von Transfersignalen zugleich metaphorisch verstanden werden will.

Seine Appellstruktur entfaltet die Parabel in dem jeweiligen Kontext. Die Fiktionalität fordert zur kreativen Weiterarbeit heraus, indem z. B. neue Visionen für das Reich Gottes oder andere Beispielgeschichten ausgedacht werden. Weil Parabeln realistische Vorgänge beschreiben, laden sie auch dazu ein, Beispiele aus der realen Erfahrungswelt der Kinder und Jugendlichen zu suchen, die sich als ‚bildspendende Bereiche' für religiöse Aussagen eignen. Parabeln sind aber auch metaphorische Texte, die Übertragungen von realen Begebenheiten in den religiösen Bereich vollziehen. Es geht darum, den Lebensalltag nicht nur problemorientiert einzufangen und zu thematisieren, sondern ihn in der bildhaften Übertragung auf Gottes Welt zu beziehen. Was hat z. B. der Umgang mit Tieren (Lk 15,1–7) oder ein Geschwisterkonflikt (Lk 15,11–32) mit Gott zu tun? Wie kann ich entsprechend meine Lebenswelt hinsichtlich der Wirklichkeit Gottes reflektieren? Erspüre ich an dieser Denkweise zugleich das Wesen eines Gottes in menschlichen Erlebenswelten oder Jesu, der als Gleichniserzähler zugleich zum ‚Gleichnis Gottes' wird? Wer die Theologie der Gleichnisse inhaltlich zu erfassen versucht, kann nicht anders, als sie zu lesen, in ihre Welt einzutreten, um sie von innen heraus zu verstehen. Mimetische Didaktik geht hier noch einen Schritt weiter. Wer die Gleichnisse Jesu verstehen will, der wird dazu angeregt, die spezifische Sprech- und Denkweise im kreativen Schreiben fortzuschreiben. Mimetische Gleichnisdidaktik regt dazu an, eigene Gleichnisse zu erfinden, in denen alle Aspekte der biblischen Gleichnisse aufgenommen und neu zur Darstellung gebracht werden. Dieser Vorgang imitiert aber nicht nur biblischen Gleichnisstoff, sondern wagt es auch, von Gott auf neue Weise mit den Bildern der Welt zu sprechen. Die Mimesis erlaubt es, auf diese Weise weit über die biblischen Gleichniswelten hinauszugehen und z. B. die elektronische und mediale Welt einzubeziehen (Zimmermann, 2015).

Mit Blick auf unsere Befunde kann in der Anwendung dieser methodischen Möglichkeiten nun jedoch angenommen werden, dass die Schülerinnen und Schüler dabei stark normativ gefärbte Fortschreibungen und Nachahmungen produzieren. Unsere Befunde machen daher bereits für den Planungsprozess des Unterrichts bewusst, dass und wie die Produkte der Schülerinnen und Schüler kritisch begleitet werden können. So lässt sich zum Abschluss einer Nachahmungsaufgabe die Frage nach der Wahrheit reflektieren. Die Schülerinnen und Schüler können ggf. die eigene moralische Transformation des biblischen Textes entdecken und kritisch reflektieren. Es kann ihnen dann auch deutlich werden, dass sich biblische Texte spezifisch von anderen lebensweltlichen Texten und Neuproduktionen unterscheiden und eben darum aus gutem Grund als „heilig" verstanden werden.

Literatur

Amini, M. (2009). Religious identity. *International Journal of Public Theology, 3*, 443–459.

Arzt, S. (1999). *Frauenwiderstand macht Mädchen Mut: Die geschlechterspezifische Rezeption einer biblischen Erzählung*. Innsbruck u. a.: Tyrolia.

Arzt, S. (2009). Bibel lesen als Mädchen, als Junge: Gender und Textrezeption. In A. Pithan, S. Arzt, M. Jakobs & T. Knauth (Hrsg.), *Gender - Religion - Bildung: Beiträge zu einer Religionspädagogik der Vielfalt* (S. 63–81). Gütersloh: Gütersloher Verlagshaus.

Baron-Cohen, S. (2004). *Vom ersten Tag an anders: Das weibliche und das männliche Gehirn*. Düsseldorf: Walter.

Bayer, O. (2005). Mit Luther in die Gegenwart: Die diagnostische Kraft reformatorischer Theologie. In N. Slenczka & W. Sparn (Hrsg.), *Luthers Erben: Studien zur Rezeptionsgeschichte der reformatorischen Theologie Luthers* (S. 297–310). Tübingen: Mohr.

Beckmayer, S. (2018). *Die Bibel als Buch: Eine artefaktorientierte Untersuchung zu Gebrauch und Bedeutung der Bibel als Gegenstand*. Stuttgart: Kohlhammer.

Behrendt, W. (2001). Alle lieben Zachäus: Ein Beispiel für freies Arbeiten, selbständiges Lernen und offenen Unterricht. *Zeitschrift für Pädagogik und Theologie, 53*, 170–179.

Berg, H. K. (1989). Die Bibel - ein wichtiges Buch für Schüler? Ergebnisse einer Umfrage. *ru: Zeitschrift für die Praxis des Religionsunterrichts, 3*, 93–96.

Berg, H. K. (1993). *Grundriss der Bibeldidaktik*. München: Kösel/Stuttgart: Calwer.

Biehl, P. (1993). *Symbole geben zu lernen II: Zum Beispiel: Brot, Wasser und Kreuz: Beiträge zur Symbol- und Sakramentendidaktik*. Neukirchen-Vluyn: Neukirchener Verlag.

Biehl, P. (2000). An Schlüsselerfahrungen lernen: Schlüsselerfahrungen in hermeneutischer, theologischer Perspektive. *Jahrbuch der Religionspädagogik, 16*, 3–49.

Bizer, C. (1976). Die Geschichte von Zachäus (Lk 19,1–10) – religionsunterrichtlich, religionskundlich und alternativisch buchstabiert. *Evangelischer Erzieher, 28*, 217–224.

Bizer, C. (2002). Die Bibel als Form – in ihren Formen. *Jahrbuch für Religionspädagogik, 18*, 124–134.

Bönsch, M. (2011). *Heterogenität und Differenzierung: Gemeinsames und differenziertes Lernen in heterogenen Lerngruppen* (Grundlagen der Schulpädagogik 67). Hohengehren: Schneider.

Bovon, F. (2001). *Das Evangelium nach Lukas, 3. Teilband Lk 15,1-19,27*. Zürich: Benziger.

Bröking-Bortfeld, M. (1984). *Schüler und Bibel: Eine empirische Untersuchung religiöser Orientierungen. Die Bedeutung der Bibel für 13- bis 16-jährige Schüler*. Aachen: Graphische Werkstätten.

Brozo, W. G. (2010). *To be a boy, to be a reader: Engaging Teen and Preteen Boys in Active Literacy*. Newark: International Reading Association.

Bucher, P. (2004). *Leseverhalten und Leseförderung: Zur Rolle von Schule, Familie und Bibliothek im Medienalltag Heranwachsender*. Zürich: Pestalozzianum.

Büttner, G. & Dieterich, V.-J. (2013). *Entwicklungspsychologie in der Religionspädagogik*. Göttingen: Vandenhoeck & Ruprecht.

Busch, C., Knödler, O., Petri, D., Rabus, A., Thierfelder, J. & Trautwein, J. (1976). *Kursbuch Religion: Arbeitsbuch für den Religionsunterricht im 5./6. Schuljahr*. Stuttgart: Calwer.

Chaplin, L. N. & John, D. R. (2007). Growing up in a material world: Age differences in materialism in children and adolescents. *Journal of Consumer Research, 34*, 480–493.

Charmé, S. Z. (1997). Children's gendered responses to the story of Adam and Eve. *Journal of Feminist Studies in Religion, 2*, 27–44.

Clayton, P. (1992). *Rationalität und Religion: Erklärung in Naturwissenschaft und Religion*. Paderborn: Schöningh.

Crocker, J. & Wolfe, C. T. (2001). Contingencies of self-worth. *Psychological Review, 108* (3), 593–623.

Deutsches PISA-Konsortium (Hrsg.) (2001). *PISA 2000: Basiskompetenzen von Schülerinnen und Schülern im internationalen Vergleich*. Opladen: Leske & Budrich.

Dierk, H., Freudenberger-Lötz, P., Landgraf, M. & Rupp, H. (2015). *Das Kursbuch Religion 1: Arbeitsbuch für den Religionsunterricht im 5./6. Schuljahr*. Stuttgart: Calwer; Braunschweig: Diesterweg.

Dierk, H., Freudenberger-Lötz, P., Landgraf, M. & Rupp, H. (2016). *Das Kursbuch Religion 1: Lehrermaterialien*. Stuttgart: Calwer; Braunschweig: Diesterweg.

Döring, N. (2013). Zur Operationalisierung von Geschlecht im Fragebogen. *Gender, o. Jg.* (2), 94–113.

Ebeling, G. (1979). *Dogmatik des christlichen Glaubens, Bd. 3*. Tübingen: Mohr.

Ebeling, G. (1988). Das rechte Unterscheiden: Luthers Anleitung zur theologischen Urteilskraft. *Zeitschrift für Theologie und Kirche, 85*, 219–258.

Eilerts, W. & Kübler, H.-G. (Hrsg.) (2003). *Kursbuch Religion elementar 5/6: Ein Arbeitsbuch für den Religionsunterricht im 5./6. Schuljahr*. Stuttgart: Calwer.

Eilerts, W. & Kübler, H.-G. (Hrsg.) (2006). *Kursbuch Religion elementar 5/6: Lehrermaterialien*. Stuttgart: Calwer.

Elkind, D. (1978). Understanding the young adolescent. *Adolescence, 13* (49), 127–134.

Emmerich, K., Keßler, W., Knecht, A., Lenhardt, M., Schmidt, U. & Schröder, H. (2002). Scheitern – Schuld – Vergebung: Konkretisierungshilfen für eine Unterrichtsreihe in Klasse 9. *Schönberger Hefte, 32* (2), 20–25.

Enners, J. (2018). *„Kanon im Kanon" und Bibeldidaktik: Eine bibeldidaktische Studie zum „Kanon im Kanon" ausgewählter bibeldidaktischer Konzeptionen, Lehrpläne und Religionsbücher*. Münster: Lit.

Erez, M. & Earley, P. C. (1993). *Culture, self-identity, and work*. New York: Oxford University Press.

Erikson, E. (1973). *Identität und Lebenszyklus*. Frankfurt: Suhrkamp.

Faix, T. & Künkler, T. (2018). *Empirica Jugendstudie 2018: Forschungsbericht*. Online verfügbar unter: https://www.cvjm-hochschule.de/forschung/forschungsinstitut-empirica-fuer-jugend-kultur-und-religion/downloads/ (letzter Abruf: 21.09.2019)

Feige, A., Dressler, B., Lukatis, B. & Schöll, A. (2000). *‚Religion' bei ReligionslehrerInnen: Religionspädagogische Zielvorstellungen und religiöses Selbstverständnis in empirisch-soziologischen Zugängen*. Münster: Lit

Feige, A. & Gennerich, C. (2008). *Lebensorientierungen Jugendlicher*. Münster: Waxmann.

Feige, A. & Tzscheetzsch, W. (2005). *Christlicher Religionsunterricht im religionsneutralen Staat*. Ostfildern: Schwabenverlag.

Fontaine, J. R. J., Duriez, B., Luyten, P., Corveleyn, J. & Hutsebaut, D. (2005). Consequences of a multidimensional relationship between religiosity and value priorities. *International Journal for the Psychology of Religion, 15* (2), 123–143.

Fricke, M. (2005). *‚Schwierige' Bibeltexte im Religionsunterricht: Theoretische und empirische Elemente einer alttestamentlichen Bibeldidaktik für die Primarstufe*. Göttingen: V&R unipress.

Fuchs-Heinritz, W. (2000). Religion. In Deutsche Shell (Hrsg.), *Jugend 2000* (Bd. 1, S. 157–180). Opladen: Leske & Budrich.

Gärtner, S. (2002). Identitätsbildung durch Glauben? *Religionspädagogische Beiträge, 48*, 53–67.

Garbe, C. (2007). Lesen – Sozialisation – Geschlecht: Geschlechterdifferenzierende Leseforschung und -förderung. In A. Bertschi-Kaufmann (Hrsg.), *Lesekompetenz – Leseleistung – Leseförderung: Grundlagen, Modelle und Materialien* (S. 66–82). Seelze: Klett.

Gennerich, C. (2010a). *Empirische Dogmatik des Jugendalters*. Stuttgart: Kohlhammer.

Gennerich, C. (2010b). Religiöses Lernen als Sinnkonstruktion. *Theo-Web. Zeitschrift für Religionspädagogik, 9*, 85–99.

Gennerich, C. (2011). Gottesbilder Jugendlicher: Ihre Erfahrungsabhängigkeit und Bildungsrelevanz. In P. Freudenberger-Lötz & U. Riegel (Hrsg.), *„Mir würde das auch gefallen, wenn er mir helfen würde" - Baustelle Gottesbilder* (S. 176–192). Stuttgart: Calwer.

Gennerich, C. (2012a). Religiosität Jugendlicher in kompetenztheoretischer Perspektive: Das Konzept der Selbstregulation und die Leitkategorie von „Gesetz und Evangelium" als Heuristiken einer empirisch basierten religiösen Kompetenzvermittlung. *Theo-Web. Zeitschrift für Religionspädagogik, 11* (1), 128–163.

Gennerich, C. (2012b). Narrative Religionsdidaktik: Ansätze, empirische Grundlagen und Entwicklungsperspektiven. *Theo-Web. Zeitschrift für Religionspädagogik, 11* (1), 226–247.

Gennerich, C. (2013). Religiosität bei jungen Menschen – eine Frage des Geschlechts? *BRU-Magazin für den Religionsunterricht an berufsbildenden Schulen, 59*, 2–5.

Gennerich, C. & Zimmermann, M. (2016). *Abmeldung vom Religionsunterricht: Statistiken, empirische Analysen, didaktische Perspektiven.* Leipzig: Evangelische Verlagsanstalt.

Gennerich, C. (2017a). Adolescent lifestyle groups, their favorite places and challenges for religious education: An empirical study in a rural area of Germany. In M. Rothgangel, K. von Brömssen, H.-G. Heimbrock & G. Skeie (Hrsg.), *Location, Space and Place in Religious Education* (S. 163–183). Münster: Waxmann.

Gennerich, C. (2017b). Religiosität Jugendlicher in der Lebensstil-Perspektive. *Österreichisches Religionspädagogisches Forum, 25* (1), 47–63.

Gennerich, C. (2018a). *Lebensstile Jugendlicher.* Opladen: Budrich UniPress.

Gennerich, C. (2018b). Values and the value space as a coordinate system for understanding xenosophia and interreligious prejudice. In H. Streib & K. Klein (Hrsg.), *Xenosophia and religion: Biographical and statistical paths for a Culture of Welcome* (S. 255–281). Berlin: Springer.

Gennerich, C., Riegel, U. & Ziebertz, H.-G. (2008). Formen des Religionsunterrichts aus Schülersicht differentiell betrachtet: Eine Analyse im Wertekreis. *Münchener Theologische Zeitschrift, 59* (2), 173–186.

Gennerich, C. & Riegel, U. (2015). Wissenschaftstheorie. In M. Zimmermann & H. Lindner (Hrsg.), *Das wissenschaftlich-religionspädagogische Lexikon im Internet.* Online verfügbar unter: https://doi.org/10.23768/wirelex.Wissenschaftstheorie.100001 (letzter Abruf: 15.04.2019)

Gibbs, J. C., Potter, G. B., Goldstein, A. P. (1995). *The EQUIP program: Teaching youth to think and act responsibly through a peer-helping approach.* Campaign, IL: Research Press.

Gignac, G. E. & Szodorai, E. T. (2016). Effect size guidelines for individual differences researchers. *Personality and Individual Differences, 102*, 74–78.

Goldmann, R. (1964). *Religious Thinking from Childhood to Adolescence.* London: Routledge & K. Paul.

Gräb, W. (1993). Kirche als Ort religiöser Deutungskultur. In U. Barth & W. Gräb (Hrsg.), *Gott im Selbstbewusstsein der Moderne* (S. 222–239). Gütersloh: Gütersloher Verlagshaus.

Gräb, W. (1998). Bildung als Selbstbildung und lebenskundliche Deutungskompetenz. In M. Faßler, M. Lohmann & E. Müller (Hrsg.), *Bildung, Welt, Verantwortung* (S. 145–157). Gießen: Focus.

Graf, F. W. (1984). Gesetz VI. Neuzeit. In G. Müller (Hrsg.), *Theologische Realenzyklopädie* (Bd. 13, S. 90–126). Berlin: de Gruyter.

Greiner, T. (2003). „Verstehst Du, was Du liest?" Jugendumfrage zum Thema Bibellesen. *Zeitschrift für Theologie und Gemeinde, 8*, 322–358.

Hahn, M. & Schulte, A. (Hrsg.) (2013a). *reli plus. Evangelische Religion: Unterrichtswerk für Nordrhein-Westfalen.* Stuttgart: Klett.

Hahn, M. & Schulte, A. (Hrsg.) (2013b). *reli plus 1. Evangelische Religion: Lehrerband mit CD-ROM.* Stuttgart: Klett.

Hanisch, H. & Bucher, A. (2002). *Da waren die Netze randvoll: Was Kinder von der Bibel wissen.* Göttingen: Vandenhoeck & Ruprecht.

Harter, S. (1990). Self and identity development. In S. S. Feldman & G. R. Elliott (Hrsg.), *At the threshold: The development of adolescent* (S. 352–395). New York: Harvard University Press.

Hartmann, P. H. (1999). *Lebensstilforschung: Darstellung, Kritik und Weiterentwicklung.* Opladen: Leske & Budrich.

Hartmann, P. H. (2011). Methodische und methodologische Probleme der Lebensstilforschung. In J. Rössel & G. Otte (Hrsg.), *Lebensstilforschung* (S. 62–85). Wiesbaden: VS Verlag.

Hötger, A. & Wuckelt, A. (2002). Feministische Religionspädagogik. In E. Gössmann, H. Kuhlmann, E. Moltmann-Wendel, I. Praetorius, L. Schottroff, H. Schüngel-Straumann, D. Strahm & A. Wuckelt (Hrsg.), *Wörterbuch der Feministischen Theologie* (S. 138–144). Gütersloh: Gütersloher Verlagshaus.

Hohn, K., Schiepe-Tiska, A., Sälzer, C. & Artelt, C. (2013). Lesekompetenz in PISA 2012: Veränderungen und Perspektiven. In M. Prenzel, C. Sälzer, E. Klieme & Köller, O. (Hrsg.), *PISA 2012: Fortschritte und Herausforderungen in Deutschland* (S. 217–244). Münster: Waxmann.

Hurrelmann, B. & Groeben, N. (2006). Geschlecht und Mediensozialisation – ein immer noch unaufgeklärtes Verhältnis. In P. Josting & H. Hoppe (Hrsg.), *Mädchen, Jungen und ihre Medienkompetenzen: Aktuelle Diskurse und Praxisbeispiele für den (Deutsch-)Unterricht* (S. 50–64). München: Kopaed.

Hußmann, A., Wendt, H., Bos, W., Bremerich-Vos, A., Kasper, D., Lankes, E.-M., McElvany, N., Stubbe, T. C. & Valtin, R. (2017) (Hrsg.), *IGLU 2016: Lesekompetenzen von Grundschulkindern in Deutschland im internationalen Vergleich (Pressemappe).* Dortmund: Waxmann. Online verfügbar unter: https://www.kmk.org/fileadmin/Dateien/pdf/ PresseUndAktuelles/ 2017/ IGLU_2016_Pressemappe.pdf (letzter Abruf: 12.11.2019)

Ilg, W. (2014). Sinus-Milieu-Studien: Viel genutzt, kaum hinterfragt. *Zeitschrift für Pädagogik und Theologie, 66* (1), 68–84.

Ilg, W. & Schweitzer, F. (2015). Empirische Bestandsaufnahme der Arbeit mit Kindern und Jugendlichen in Baden und Württemberg. *Zeitschrift für Pädagogik und Theologie, 67* (1), 88–100.

Institut für Demoskopie Allensbach (2005). Geschichten aus der Bibel. *Allensbacher Berichte, o. Jg.* (20), 1–4.

Kammeyer, K. & Büttner, G. (2011). Erfolgreiche Bibelperikopen und ihre Lernorte: Woher 6.- und 7. Klässler/-innen ihr Bibelwissen haben und welche Geschichten zu Lieblingsgeschichten werden. *Schönberger Hefte, 4*, 16–20.

Karle, I. (2001). Die Bibel als Medium der Identitätsbildung. *Zeitschrift für Pädagogik und Theologie, 53*, 6–22.

Kessler, M. (2016). Scham als Schutz: Das Beispiel Zachäus. *Entwurf, o. Jg.* (3), 22–26.

Klein, S. (2000). *Gottesbilder von Mädchen: Bilder und Gespräche als Zugänge zur kindlichen religiösen Vorstellungswelt.* Stuttgart: Kohlhammer.

Kliemann, P. & Rupp, H. (2000). *1000 Stunden Religion: Wie junge Erwachsene den Religionsunterricht erleben.* Stuttgart: Calwer.

Körtner, U. H. (1993). Noch einmal: Evangelium und Gesetz. *Theologische Zeitschrift, 49*, 248–266.

Körtner, U. H. (2001). *Theologie des Wortes Gottes: Positionen, Probleme, Perspektiven.* Göttingen: Vandenhoeck & Ruprecht.

Koretzki, G.-R. & Tammeus, R. (Hrsg.) (2000a). *Religion entdecken – verstehen – gestalten: 5./6. Schuljahr.* Göttingen: Vandenhoeck & Ruprecht.

Koretzki, G.-R. & Tammeus, R. (Hrsg.) (2000b). *Werkbuch 5/6. Religion entdecken – verstehen – gestalten: 5./6. Schuljahr.* Göttingen: Vandenhoeck & Ruprecht.

Kraft, G., Petri, D., Rupp, H., Schmidt, H. & Thierfelder, J. (Hrsg.) (2005). *Das Kursbuch Religion 1: Ein Arbeitsbuch für den Religionsunterricht im 5./6. Schuljahr.* Stuttgart: Kohlhammer.

Kuchenbauer, C. (2003). Schau mal beim Anderen rein: Der Perspektivwechsel als christlich gebotene Sicht. *Arbeitshilfe für den evangelischen Religionsunterricht an Gymnasium. Gelbe Folge, o. Jg.* (2), 104–116.

Kunze, I. & Solzbacher, C. (Hrsg.) (2008). *Individuelle Förderung in der Sekundarstufe I und II.* Hohengehren: Schneider.

LaFontana, K. M. & Cillessen, A. H. N. (2010). Developmental changes in the priority of perceived status in childhood and adolescence. *Social Development, 19* (1), 130–147.

Loose, A. (2016). Scham überwinden: Bartimäus und Zachäus als Schamüberwindungsgeschichten. *Entwurf, o. Jg.* (3), 16–21.

Ludwig, A. (2011). Zachäus, der Zöllner: Psychodramatischer Konfirmandenunterricht zu Lukas 19. *Zeitschrift für Psychodrama und Soziometrie, 10*, 69–79.

Markus, H. & Nurius, P. (1986). Possible selves. *American Psychologist, 41*, 954–969.

Markus, H. & Ruvolo, A. (1989). Possible selves: Personalized Representations of goals. In L. Pervin (Hrsg.), *Goal concepts in personality and social psychology* (S. 211–241). Hillsdale, NJ: Erlbaum.

McGeown, S. P. (2015). Sex or gender identity? Understanding children's reading choices and motivation. *Journal of research in reading* 38 (1), 35–46.

Mendl, H. (2008). *Religion erleben.* München: Kösel.

MPFS (Medienpädagogischer Forschungsverbund Südwest) (Hrsg.) (2013). *JIM-Studie 2013. Jugend, Information, (Multi-)Media: Basisuntersuchung zum Medienumgang 12- bis 19-Jähriger.* Stuttgart: MPFS. Online verfügbar unter: https://www.mpfs.de/fileadmin/files/Studien/JIM/ 2013/ JIM_Studie_2013.pdf (letzter Abruf: 14.02.2020)

MPFS (Medienpädagogischer Forschungsverbund Südwest) (Hrsg.) (2018). *JIM-Studie 2018. Jugend Information Medien: Basisuntersuchung zum Medienumgang 12- bis 19-Jähriger in Deutschland.* Stuttgart: MPFS. Online verfügbar unter: https://www.mpfs.de/ fileadmin/files/Studien/JIM/2018/Studie/JIM2018_Gesamt.pdf (letzter Abruf: 13.11.2019)

Müller, A. (2011). Diskursive Identität. *Kerygma und Dogma, 57*, 224–242.

Müller, P. (2012). Die synoptischen Evangelien – Jesus und die Menschen um ihn. In R. Lachmann, G. Adam & C. Reents (Hrsg.), *Elementare Bibeltexte: Exegetisch – systematisch – didaktisch* (S. 211–242). Göttingen: Vandenhoeck & Ruprecht.

Müller-Friese, A. (2011). Religiöse Bildung in Förderschulen. *Theo-Web. Zeitschrift für Religionspädagogik, 10*, 166–193.

Nantel-Vivier, A., Kokko, K., Caprara, G. V., Pastorelli, C., Gerbino, M. G., Paciello, M., Coté, S., Pihl, R. O., Vitaro, F. & Tremblay, R. E. (2009). Prosocial development from childhood to adolescence: a multi-informant perspective with Canadian and Italian longitudinal studies. *Journal of Child Psychology and Psychiatry, 50* (5), 590–598.

Neidhart, W. (1975). *Erzählbuch zur Bibel: Theorie und Beispiele.* Zürich: Benziger.

Nipkow, K. E. (1987). *Erwachsenwerden ohne Gott? Gotteserfahrung im Lebenslauf.* München: Kaiser.

Ott, R. (1990). *Dialogische Bibeldidaktik: Korrelative Auslegung der Korintherbriefe in der Kolleg-/Studienstufe.* Frankfurt: Lang.

Otte, G. & Rössel, J. (2011). Lebensstile in der Soziologie. In J. Rössel, G. Otte (Hrsg.), *Lebensstilforschung* (S. 7–34). Wiesbaden: VS Verlag für Sozialwissenschaften.

Parsons, M. C. (2001). „Short in stature": Luke's physical description of Zacchaeus. *New Testament Studies, 47*, 50–57.

Penuel, W. R. & Wertsch, J. V. (1995). Vygotsky and identity formation. *Educational Psychologist, 30*, 83–92.

Peters, A. (1981). *Gesetz und Evangelium.* Gütersloh: Gütersloher Verlagshaus.

Petri, D. & Thierfelder, J. (Hrsg.) (2006). *Kursbuch Religion 1: Ein Arbeitsbuch für den Religionsunterricht im 5./6. Schuljahr. Lehrermaterialien*. Stuttgart: Calwer.
Philipp, M. & Garbe, C. (2007). Lesen und Geschlecht – empirisch beobachtbare Achsen der Differenz. In A. Bertschi-Kaufmann (Hrsg.), *Lesekompetenz – Leseleistung – Leseförderung: Grundlagen, Modelle und Materialien (auf der CD-ROM)*. Seelze: Klett.
Philipp, M. (2011a). *Lesen und Geschlecht 2.0: Fünf empirisch beobachtbare Achsen der Differenz erneut betrachtet*. Online verfügbar unter: http://www.leseforum.ch/myUploadData/ files/ 2011_1_Philipp.pdf (letzter Abruf: 14.03.2018)
Philipp, M. (2011b). *Lesesozialisation in Kindheit und Jugend: Lesemotivation, Leseverhalten und Lesekompetenz in Familie, Schule und Peer-Beziehungen*. Stuttgart: Kohlhammer.
Philipp, M. (2015). Geschlecht und Lesen. In U. Rautenberg & U. Schneider (Hrsg.), *Lesen: Ein interdisziplinäres Handbuch*. Berlin: De Gruyter
Pirner, M. (2010). Heterogenität und Differenzierung: Herausforderungen und Chance für die Religionspädagogik. *Entwurf, o. Jg.* (41), 6–9.
Pokrandt, A. & Herrmann, R. (1998). *Elementarbibel*. Lahr: Kaufmann.
Reiher, D. (1978). Wie Zachäus sein Versprechen einlöst: Erfahrungen mit Lukas 19,1–10. *Christenlehre, 31*, 332–336.
Renner, A. (2013). *Identifikation und Geschlecht: Die Rezeption des Buches Judit als Gegenstand empirischer Bibeldidaktik*. Münster/Berlin: Lit.
Riegel, U. (2005). Sich selbst finden im Schnittpunkt von Handeln und Erzählen: Religiöse Identität als interaktive und narrative Selbstverortung. *Religionspädagogische Beiträge, 54*, 1–22.
Riegel, U. (2013). Bibelverständnis und soziales Milieu. In M. Zimmermann & R. Zimmermann (Hrsg.), *Handbuch Bibeldidaktik* (S. 614–687). Tübingen: Mohr.
Riegel, U. (2018, 2. Aufl.). Bibelverständnis und soziales Milieu. In M. Zimmermann & R. Zimmermann (Hrsg.), *Handbuch Bibeldidaktik* (S. 674–677). Tübingen: Mohr.
Riegel, U. & Ziebertz, H.-G. (2010). Geschlechtergerechtes Lernen im Religionsunterricht. In G. Hilger, S. Leimgruber & H.-G. Ziebertz (Hrsg.), *Religionsdidaktik* (S. 387–399). München: Kösel.
Röckel, G. (1993). Die Geschichte von Zachäus (Lk 19,1–10) im Unterricht gemalt: Ein Versuch in der Eingangsstufe des Gymnasiums. *Religionsunterricht an höheren Schulen, 36*, 311–314.
Rössel, J. & Otte, G. (Hrsg.) (2011). *Lebensstilforschung*. Wiesbaden: VS Verlag für Sozialwissenschaften.
Roth, M. (2005). Protestantische Ethik als Explikation der Ethosgestalt des Glaubens? *Luther, 76*, 28–42.
Rothermund, J. (1981). Argumentieren in der Predigt. *Pastoraltheologie, 70*, 146–163.
Saur, M. (2007). Politische Argumentation in der alttestamentlichen Prophetie. In A. Pečar, & K. Trampedach (Hrsg.), *Die Bibel als politisches Argument: Voraussetzungen und Folgen biblizistischer Herrschaftslegitimation in der Vormoderne* (S. 19–35). München: Oldenbourg.
Schibilsky, M. (1991). Dann bist du ja einer von uns: Bericht über die Zachäusgeschichte als Bibliodrama. *Religionsunterricht an höheren Schulen, 34*, 258–260.
Schlag, T. & Schweitzer, F. (2011). *Brauchen Jugendliche Theologie? Jugendtheologie als Herausforderung und didaktische Perspektive*. Neukirchen-Vluyn: Neukirchener Verlag.
Schmidt, K. (2008). Der Zöllner Zachäus im Zentrum: Narrative und exegetische Kompetenzen von Kindern am Beispiel Lukas 19,1–10. In A. Bucher, G. Büttner, P. Freudenberger-Lötz & M. Schreiner (Hrsg.), *„Sehen kann man ihn ja, aber anfassen ...?“ Zugänge zur Christologie von Kindern* (S. 66–76). Stuttgart: Calwer.
Schwartz, S. H. (1992). Universals in the content and structure of values: Theoretical advances and empirical tests in 20 countries. *Advances in Experimental Social Psychology, 25*, 1–65.

Schwartz, S. H. (2006). *Basic Human Values: An Overview.* Online verfügbar unter: https://www.yourmorals.org/ schwartz.2006.basic%20human%20values.pdf (letzter Abruf: 10.12.2019).

Schwartz, S. H., Cieciuch, J., Vecchione, M., Davidov, E., Fischer, R., Beierlein, C., Ramos, A., Verkasalo, M., Lönnqvist, J.-E., Demirutku, K., Dirilen-Gumus, O. & Konty, M. (2012). Refining the theory of basic individual values. *Journal of Personality and Social Psychology, 103* (4), 663–688.

Schwier, H. (2005). Verschiedene Arten des Bibelgebrauchs. *Glaube und Lernen, 20*, 19–31.

Seidner, L. B., Stipek, D. J., & Feshbach, N. D. (1988). A developmental analysis of elementary school-aged children's concepts of pride and embarrassment. *Child Development, 59* (2), 367–377.

Sieberg, L. (2015). „Du Opfer!" Oder wie Jesus mit Ausgrenzung umging. *Religion 5-10, o. Jg.* (20), 12–15.

Spellerberg, A. (1996). *Soziale Differenzierung durch Lebensstile.* Berlin: Edition Sigma.

Spilka, B., Shaver, P. R. & Kirkpatrick, L. A. (1985). A general attribution theory for the psychology of religion. *Journal for the Scientific Study of Religion, 24*, 1–20.

Starck, R., Hahn, K., Szepanski-Jansen, S. & Weber, J. (2008). *Grundkurs - Neuausgabe: Arbeitsbuch für Konfirmandinnen und Konfirmanden.* Gütersloh: Gütersloher Verlagshaus.

Stefan, M. (2009). Religiöse Erklärungsweisen und deren Rationalität. *Zeitschrift für katholische Theologie, 131*, 280–299.

Steinkühler, M. (2019). Bibeldidaktik, diskursiv. In M. Zimmermann & H. Lindner (Hrsg.), *Das wissenschaftlich-religionspädagogische Lexikon im Internet.* Online verfügbar unter: https://www.bibelwissenschaft.de/de/stichwort/200567/ (letzter Abruf: 02.10.2019)

Streib, H. & Gennerich, C. (2011). *Jugend und Religion.* Weinheim und München: Juventa.

Sundén, H. (1966). *Die Religion und die Rollen: Eine psychologische Untersuchung der Frömmigkeit.* Berlin: Töpelmann.

Tamminen, K. (1993). *Religiöse Entwicklung in Kindheit und Jugend.* Frankfurt: Lang.

Tatums, A. (2009). *Reading for their Life: (Re)Building the Textual Lineages of African American Adolescent Males.* Portsmouth, NH: Heinemann.

Taylor, S. E. (1983). Adjustment to threatening events. *American Psychologist, 38*, 1161–1173.

Theißen, G. (2003). *Zur Bibel motivieren.* Gütersloh: Gütersloher Verlagshaus.

Ulrich-Eschemann, K. (1989). Ein biblischer Neuanfang (Lk 19,1–10): Hinführung zu einer Unterrichtsplanung. *Glaube und Lernen, 4*, 82–85.

Vaden, V. C. & Woolley, J. D. (2011). Does God Make it Real? Children's Belief in Religious Stories from the Judeo-Christian Tradition. *Child Development, 82*, 1120–1135.

Vos, J. S. (2001). Sophistische Argumentation im Römerbrief des Apostels Paulus. *Novum Testamentum, 43*, 224–244.

Weick, K. E. (1995). *Sensemaking in organizations.* Thousand Oaks: Sage.

Weißphal, F. (2018, 2. Aufl.). Die Bibel als patriarchales Buch. In M. Zimmermann & R. Zimmermann (Hrsg.), *Handbuch Bibeldidaktik* (S. 754–759). Tübingen: Mohr Siebeck.

Welzel, C. (2010). How selfish are self-expression values? A civicness test. *Journal of Cross-Cultural Psychology, 41* (2), 152–174.

Whitehouse, E. (1972). Children's reactions to the Zacchaeus story. *Learning for Living, 11* (4), 19–24.

Wieser. R. (2015). Gender. In M. Zimmermann & H. Lindner (Hrsg.), *Das wissenschaftlich-religionspädagogische Lexikon im Internet.* Online verfügbar unter: https:// www. bibelwissenschaft.de/de/stichwort/100084/ (letzter Abruf: 26.09.2019)

Wolter, M. (2008). Das Lukasevangelium. Tübingen: Mohr.

Woolley, J. D., Cornelius, C. A. & Lacy, W. (2011). Developmental changes in the use of supranatural Explanations for unusual events. *Journal of Cognition and Culture 11*, 311–357.

Wulff, J. (1997). *Psychology of Religion: Classic and contemporary*. New York: Wiley.

Ziebertz, H.-G. (2010). Wozu religiöses Lernen? Religionsunterricht als Hilfe zur Identitätsbildung. In G. Hilger, S. Leimgruber & H.-G. Ziebertz (Hrsg.), *Religionsdidaktik* (S. 142–154). München: Kösel.

Ziegler, T. (2001). Abschied von Jesus, dem Gottessohn? Christologische Fragen Jugendlicher als religionspädagogische Herausforderung. In G. Büttner & J. Thierfelder (Hrsg.), *Trug Jesus Sandalen? Kinder und Jugendliche sehen Jesus Christus* (S. 106–139). Göttingen: Vandenhoeck & Ruprecht.

Zimmermann, M. (2011). „Hiob reloaded" - nach Gerechtigkeit fragen: Schülerinnen und Schüler schreiben moderne Hiob-Erzählungen. *Religion 5-10, 4*, 28–33 (zusätzlich 11–13 im Materialheft).

Zimmermann, M. (2012a). Faszination Jesus: Kreatives Schreiben zu biblischen Texten. *Religion 5-10, 4*, 8–13 (zusätzlich 3–9 im Materialheft).

Zimmermann, M. (2012b). *Kindertheologie als theologische Kompetenz von Kindern: Grundlagen, Methodik und Ziel kindertheologischer Forschung am Beispiel der Deutung des Todes Jesu.* Neukirchen-Vluyn: Neukirchener Verlag.

Zimmermann, M. (2013). „Wunder dauern etwas länger!" Theologisieren mit Jugendlichen zum Thema „Wunder". *Religion 5-10, 4*, 23–25.

Zimmermann, M. (2015). Mimetic Bible Didactics - An outline in the context of religious education. *HTS Theologiese Studies/Theological Studies, 71* (1), Art. 2785. Online verfügbar unter: https://hts.org.za/index.php/hts/article/view/2785/6516 (letzter Abruf 19.12.2018)

Zimmermann, M. (2018). „In Wahrheit erfunden!" Plädoyer für eine biblische Didaktik, die die Wahrheitsfrage stärker berücksichtigt. *Jahrbuch für biblische Theologie, 33*, 337–353.

Zimmermann, M. & Zimmermann, R. (2003). *Vom Textsinn zum Lebenssinn*. Göttingen: Vandenhoeck & Ruprecht.

Zimmermann, M. & Zimmermann, R., (2014). Skizze einer mimetischen Bibeldidaktik: Schrifthermeneutik im religionspädagogischen Kontext. *Praktische Theologie, 3*, 165–172.

Zimmermann, M. & Zimmermann, R. (2018, 2. Aufl.). Aneignende Methoden der Exegese. In M. Zimmermann & R. Zimmermann (Hrsg.), *Handbuch Bibeldidaktik* (S. 497–502). Tübingen: Mohr Siebeck.